通鑑節要增損校註

一

국립중앙도서관 출판예정도서목록(CIP)

通鑑節要增損校註

原著者: 江贄 ; **編著者**: 時習學舍.
서울 : 다운샘, 2014. 320p. ; 25.7 × 18.8cm.

ISBN 978-89-5817-309-0 94910 : ₩25000
ISBN 978-89-5817-308-3 (세트) 94910

중국 고대사[中國古代史]

912.03-KDC5
951.01-DDC21
CIP2014033482

通鑑節要增損校註

一

卷一～卷六

江 贄 原著

時習學舍 編著

도서출판
다운샘

目 次

•凡例 / 7

•出典及略號 / 11

•通鑑節要增損校註序 / 13

•通鑑節要序 / 15

•歷代帝王傳授總圖 / 17

•資治通鑑總要通論 / 19

通鑑節要增損校註 卷一

周紀

威烈王 ……… 49

安王 ……… 66

烈王 ……… 73

顯王 ……… 74

愼靚王 ……… 94

赧王 上 ……… 97

通鑑節要增損校註 卷二

周紀

赧王 下 ……… 129

東周君 ……… 134

秦紀

莊襄王 ……… 137

後秦紀

始皇帝 上 …… 140

通鑑節要增損校註 卷三

後秦紀

始皇帝 下 …… 155
二世皇帝 …… 168

通鑑節要增損校註 卷四

漢紀

太祖高皇帝 上 …… 193

通鑑節要增損校註 卷五

漢紀

太祖高皇帝 下 …… 243

通鑑節要增損校註 卷六

漢紀

孝惠皇帝 …… 297
附 高皇后呂氏 …… 302

附 錄

主要記事一覽表 / 311

凡 例

1. 本書以江贄所著通鑑節要, 爲增補删削校勘集註, 使覽者便於讀解耳.
2. 本書所用底本, 用己卯新刊春坊藏板, 而其刊本之情況, 如下.
   通鑑節要(天地人3册), 學民文化社, 1992. 大田. 影印本.
3. 文段過長者分之, 以資辨別焉.
4. 各文段之中, 抽出其小題目, 顯示於其文段之上, 以要約之文句, 使便於誦讀.
5. 本文之中, 摘取主要事件與文句, 而與小題目俱提示於該頁面之左側, 使便於考覽且誦讀.
6. 各句讀處, 皆標點之.
7. 甲子乙丑等各干支之後, 用括弧, 竝記西紀年度, 使備於參考.
8. 集註採錄於通鑑類, 在於同年度者, 不錄其年度. 而或在於不同年度者, 錄其公元年度, 使知其出處. 其例如'(胡前111年)'者, 謂在於資治通鑑胡註本之公元前111年, 如'(新33年)'者, 謂在於資治通鑑新註本之公元33年也.
9. 又添加附錄, 而主要記事以年度順配列之, 爲一覽表, 載於各册之末, 以供一覽之資焉.
10. 出典表示亦用略號, 而其正名提示於參考文獻矣. 其例如下.
    (春) : ≪通鑑節要≫, 學民文化史, 春坊藏板, 1999. 影印本.(底本)
    (胡) : ≪資治通鑑≫, 司馬光 編撰, 胡三省 音注, 洪氏出版社, 臺北, 民國69.
11. 增損校註之實例, 各擧其一端, 如下.
    增補 : "葬始皇於驪山, 下⁋錮三泉⁋."(【辛卯(前210) 始皇帝三十七年】)
    (新注)云, "下錮, 灌熔銅使錮塞." 則下錮三泉者, 謂灌注銅液以塞深泉之水也. 而(春)本作'葬始皇於驪山下', 則'下'謂'驪山之下', 其文義不合矣. 於是不可不增補於資治通鑑等書以完其文也.
    删削 : "皇°·子弗陵生."(【丁亥(前94) 太始三年】)
    (春)本作'皇太子弗陵生', 則有一'太'字添書焉者. 此時皇太子, 卽衛太子(戾太子)劉據也. 弗陵(衛太子之異母弟. 後日爲昭帝)之爲皇太子, 定於甲午(前87 後元二年), 則'太'字爲衍文, 當削.

校勘(特擧誤字之例) : "… 徙而從者七°千˙餘家."(【丙寅(前355) 顯王十四年】)

(春)本作'徙而從者七十餘家', 則'十'是'千'之誤. 當改.

集註 : "諸生傳相告引, 乃自除犯禁者四百六十餘人, 皆坑之咸陽."(【己丑(前212) 始皇帝三十五年】)

(新注)云, "自, 始皇親自. 除, 判決." 則'乃自除犯禁者四百六十餘人'者, 謂于是始皇親自判決犯法之人四百六十餘名, 而非謂于是諸生親自脫出於犯法之人四百六十餘名也.

其外, 又有句讀彝整者, 頻頻有之, 而亦擧其一端, 如下.

"以司徒掾潁川韓韶爲嬴長. … 韶曰, '長活溝壑之人, 而以此伏罪, 含笑入地矣.'"(【丙申(156) 桓帝 永壽二年】)

漢語大詞典云, "長活, 使生存." 則長活溝壑之人者, 謂使生存瀕死之人也, 故長非謂縣長之長矣. 而諺解口訣與飜譯云, "長이 活溝壑之人ᄒᆞ고/長이 溝壑의 人을 活ᄒᆞ고" 則'長'謂'縣長之長', 其文義亦不合矣. 於是提示其註釋'使生存', 因以解之, 不使謂縣長使生存瀕死之人也.

12. 本書一帙編成六册五十卷矣. 此爲其第一册, 其收錄卷者, 自首至第六卷凡六卷之記事也.

符 號

【　】: 年度標示符.
○ : 文段標示符. 文段過長者分之之處, 則不標之, 使屬在上之○下.
【某】: 小題目符. 此與年度標示符同.

例如

【韓信背水陣】: 韓信與趙軍對敵時, 以背水陣大破趙軍, ………
此以‘韓信背水陣’爲題目, 顯示於文頭也. 而以‘韓信背水陣’, 又提示於該頁面之左側.

⁋某¶ : 增補符

例如

⁋朝聞道¶ : 指以‘朝聞道’爲增補焉者

°˙ : 刪削符

例如

百姓無°˙賦 : 指以°˙符爲刪削焉者.
其被刪削之字句, 則以脚註明示之.

°某˙ : 改正符

例如

°道˙ : 指以‘道’爲改正焉者. °˙符指刪削, 而°˙符中有字, 指其改正字加焉. 其被改正之字句, 則亦以脚註明示之. 此與刪削符同, 而刪削符則但有°˙符, 無改正字, 改正符則有°˙符, 又有改正字加焉.

°☜˙ °☞˙ ◤ ◥ : 移記符

例如

°☜˙ : 指以在此之文句移記於前面者. 其前面被移記之文句, 則以◤ ◥符標示之, 使知移記焉.

˚☞˙ : 指以在此之文句移記於後面者. 其後面被移記之文句, 則以◤ ◥符標示之, 使知移記焉.

①②③… : 同一字句之重複註釋番號.

⊙ : 註釋者之自註符.

出典及略號

(春) : ≪通鑑節要≫(3冊), 學民文化社, 春坊藏板, 1999. 影印本. (底本)

(國) : ≪少微家塾點校附音通鑑節要≫(15冊), 江贄 編, 史炤 音譯, 王逢輯義, 劉剡 增校. 古活字本(戊申字), 刊寫者未詳[1674～1720 추정], 고서, 국립중앙도서관고전운영실(보존). 청구기호 한古朝50-163.

(國1) : ≪少微家塾點校附音通鑑節要≫, 江贄 編, 國立中央圖書館所藏本, 刊寫者未詳, 刊寫者未詳. 청구기호 한古鮮50-171. (此本間或有所缺漏處, 則以同種古書代用之.)

≪集註通鑑節要≫(2冊), 金都鍊 編著 亞細亞文化社, 1986.

(要) : ≪通鑑要解≫, 學民文化社, 1994.

≪標點索引 少微通鑑節要≫, 뿌리문화사, 1999.

(諺) : ≪註釋通鑑諺解≫, 池松旭, 唯一書館, 京城, 大正7. (學民文化社, 大田, 1992. 影印本, 3冊)

≪通鑑節要≫, 李忠九 譯註, 뿌리문화사, 1993.

≪懸吐完譯通鑑節要≫1, 金都鍊・鄭珉 譯註, 傳統文化硏究會, 1997.

≪譯註通鑑節要≫(9冊), 成百曉 譯註, 傳統文化硏究會, 2011.

≪資治通鑑≫(3冊), 金忠烈 譯解, 三省出版社, 1987.

≪新譯通鑑≫, 趙洙翼 譯解, 홍신문화사, 1991.

(資治) : ≪資治通鑑≫

(胡) : ≪資治通鑑≫(11冊), 司馬光 編撰, 胡三省 音注, 洪氏出版社, 臺北, 民國69.

(今) : ≪資治通鑑今註≫(15冊), 司馬光 著作, 李宗侗等 校註, 臺灣商務印書官, 臺北, 民國74.

(新) : ≪資治通鑑新註≫(10冊), 自治通鑑新註編纂委員會, 陝西人民出版社, 西安, 1998.

(目) : ≪資治通鑑綱目≫(4冊), 朱熹 撰(思政殿訓義), 保景文化社, 1987.

(目標) : ≪資治通鑑綱目≫(4冊), 朱熹 撰, 朱子全書(共27冊, 8・9・10・11冊. 標點本), 新華書店上海發行所, 2002.

(輯) : ≪歷代通鑑輯覽≫(4冊), 臺灣商務印書館股份有限公司, 民國61.

(綱鑑) : ≪綱鑑易知錄≫(10冊), 吳楚材 編纂, 新興書局, 臺北, 民國44.

(綱合) : ≪綱鑑合編≫(4冊), 北京市新華書店, 1985.

(中白) : ≪白話資治通鑑≫(20冊), 沈志華・張宏儒 主編, 中華書局, 北京, 1997.

(文白) : ≪傳世經典文白對照 資治通鑑≫(18冊), 沈志華・張宏儒 主編, 中華書局, 北京, 2012.

(岳白) : ≪白話資治通鑑≫(5冊), 周國林・顧志華 主編, 岳麓書社, 湖南省長沙市, 2005.

(白楊) : ≪資治通鑑≫(36冊), 白楊 譯(白楊白話版), 北岳文藝出版社, 太原市, 2006.

≪通鑑故事全集≫(4冊), 尹黎雲 主編, 崑崙出版社, 北京, 2006.

(日資) : ≪國譯資治通鑑≫(4冊), 加藤繁・公田連太郎 譯幷註, 景仁文化社, 1996.

≪二十四史全譯≫(88冊), 世紀出版集團・漢語大詞典出版社, 上海, 2004.1.

≪資治通鑑大辭典≫, 施丁・沈志華 主編, 吉林人民出版社, 1994.

(和) : ≪大漢和辭典≫(13冊), 諸橋轍次, 大修館書店, 東京, 昭和43年. 縮寫版第2刷.

(中) : ≪中文大辭典≫(10冊), 中文大辭典編纂委員會, 中國文化學院華岡出版有限公司, 臺北市, 民國 68年. 4版.

(漢) : ≪漢語大詞典≫(13冊), 漢語大詞典編輯委員會漢語大詞典編纂處, 漢語大詞典出版社, 上海, 1993. 1版.

(漢字典) : ≪漢語大字典≫(9冊), 漢語大字典編輯委員會, 湖北辭書出版社・四川辭書出版社, 湖北省・四川省, 1990. 1版.

≪中華字海≫(1冊), 冷玉龍 等, 中國友誼出版公司, 北京. 1994.

(檀) : ≪漢韓大辭典≫(16冊), 檀國大學校東洋學研究所, 檀國大學校出版部, 서울, 2008. 初版.

(形) : ≪正中形音義綜合大字典≫, 高樹藩, 正中書局, 臺北市, 民國18年, 增訂3版.

(人) : ≪中國歷代人名大辭典≫(2冊), 張撝之・沈起煒・劉德重 主編, 上海古籍出版社, 2006. 6.

(華典) : ≪重篇國語辭典修訂本≫, 中華民國教育部. 1994. http : //dict.revised.moe.edu.tw

百度百科, http://www.baidu.com

어학사전, http://www.naver.com

어학사전, http://www.daum.net

通鑑節要增損校註序

此書以少微通鑑節要增損其本文, 而加校勘且集諸家之註, 使覽者便於讀文解義耳. 增損者, 謂增補節要本文之不足而刪削其衍文者也. 校勘者, 謂彛整其闕誤者也. 集註者, 謂集節要及資治通鑑等諸書之註以取捨選擇者也. 其間或附己意以補註焉.

節要一書, 自戰國至五代, 歷千三百六十三年之史,[1] 而前輩以爲"節其繁而聚其要, 詳略適宜"云,[2] 則合於所謂中國編年史之綱領也.[3] 然而其所載年紀與字句及其註釋之當改修者, 不可勝數, 此增損校註之所以作也. 史書之有誤脫衍字者多, 則是莫大之闕典, 不能容過之, 此當加修整者也. 節要既有註釋, 而近年所刊資治通鑑今註新註及辭書等之註釋, 誠可謂博而精者, 固非昔日諸註釋書之所能及焉, 又其能釋所未解者頗多, 此亦當取捨選擇以加修整者也.

蓋是書東方初學之士, 無不讀而誦之, 甚至於以節要爲武科之一科目, 則其爲吾國所重者, 爲何如哉! 第節要之評

---

1) 千三百六十三年 : 資治通鑑自紀元前403年(周威烈王戊寅23年)至969年(五代周世宗己未顯德6年), 其歷年數1362年, 而通鑑節要(內閣藏板本)至970年(恭帝(周世宗長子)庚申顯德7年), 則又加一年焉, 其歷年數1363年矣.(◉)

2) 節其繁而聚其要 詳略適宜 : 在通鑑節要江鎔序所載之句, 而拔萃'節要'二字, 爲此書之名.(◉)

3) 編年史之綱領 : 亦在江鎔序所載之句.(◉)

有兩說，栗谷以爲得文理之書而重之，[4] 茶山以爲不可讀之書而斥之.[5] 斥之者，以其有三國正統不正而年月訛舛事實誤繆也.[6] 於是竊有論焉，節要旣爲士子所讀，將不可使之不讀，與其因仍舊文而玩繹，孰若彛整闕誤以讀解之！而常擬其彛整，因循度日，未能就緖焉者久矣.

余嘗譯解節要之前篇，因此略知其原文之未穩處矣. 近年與同學士友，講論經史，及丙戌初，設時習學舍於京師，爲講論之所矣. 自其歲春，相與攻治節要，讀而解之，增而損之，校而註之，其業實艱澀而浩繁也. 吾等不顧才劣學淺，冒其僭越，而敢當其不敢當者，唯有志於正其文解其義也. 而此增損校註，何能盡其蘊奧哉！當俟後之君子之添補焉. 惟望諸君子，讀節要之際，或賴此以得其萬一之助，而又諒恕吾等苦衷，則何其幸乎！於是乎序.

2014年 甲午立春之日 後學李忠九謹序

4) 栗谷 … 重之：栗谷全書卷32語錄下，參看.(◉)

5) 茶山 … 斥之：與猶堂全書補遺2，通鑑節要不可讀說，參看.(◉)

6) 三國正統不正：司馬光之資治通鑑歸三國正統於魏，江贄之通鑑節要歸正統於蜀，則茶山以歸正統於蜀者爲不正也.(◉)

序

通鑑一書,[7] 易紀傳爲編年,[8] 上下數千百載, 興亡治亂瞭然在目, 誠史學之綱領也.[9] 然編帙甚繁, 未易周覽, 後之君子固嘗節其繁, 而取其要矣. 其間詳者猶失之泛, 略者又失之疎, 學者病焉.

少微先生江氏家塾,[10] 有通鑑節要, 詳略適宜, 於兩漢隋唐則精華畢備, 於六朝五代則首末具存, 點抹以擧其綱,[11] 標題以撮其要, 識者寶之.

其後建寧公默游晦庵先生門,[12] 嘗以此書質之, 先生深加賞嘆. 自是士友爭相傳錄, 益增重焉. 今南山主人淵力學淸

---

7) 通鑑 : 自治通鑑之簡稱.(中)

8) 紀傳 : 指紀傳體史書體裁. 亦指紀傳體史書.(漢)　編年 : 按年代順序編排史料著作等. 指編年體.(漢)

9) 綱領 : 總綱要領.(漢)

10) 少微先生 : 宋江贄之賜號.(中)　江贄 : ① 宋建州崇安人, 字叔圭. 初學八行, 游上庠. 與龔深之以學易著名. 後隱居, 征召不赴. 徽宗政和中擧遺逸, 三聘不起, 賜號少微先生. 有通鑒節要.(人) ② 字叔圭, 崇安人, 與龔深之並以易學著名. 遭父喪, 廬墓終制. 政和中, 太史奏少微星見, 特擧遺逸, 邑宰親詣其廬, 聘以殊禮, 復以詩勉其行, 凡三聘不起, 賜號少微先生, 立少微坊以旌之. 所著有通鑑節要, 行世.(福建通志　卷53　隱逸)　家塾 : 私家所設之學塾也.(中)

11) 點抹 : 評點.(漢)

12) 默 : ① 江默, 宋建寧府崇安人, 字德功. 孝宗乾道五年進士. 曾從朱熹游.(人) ② 江默, 字德功, 崇安人. 乾道中第進士, 歷安溪光澤尉, 皆有政聲. 後知建寧縣, 卒於官, 邑民像而祠之, 無不瞻仰. 默從朱文公游, 文公稱其無他嗜好, 一意訂書. 嘗考本朝典章爲書, 名曰綱集, 凡三十六卷, 上之. 又有易訓解四書訓詁六卷.(萬姓統譜　卷3)　晦庵先生 : 朱熹, 仲晦, 號晦菴先生, 居建安, 仕至秘閣修撰, 卒贈太師徽國公, 謚文.(周易會通)

修, 有光前烈,[13] 復取此書, 附益而潤色之,[14] 增入諸史表志序贊, 參以名公議論音注, 簡嚴明白, 得失曉然, 以爲庭下訓.[15] 客有過之曰, "善則善矣, 與其襲珍以私於家,[16] 孰若鋟梓以公於世![17]" 主人笑曰, "少微先生養高林泉, 名動京闕,[18] 皇帝三使人聘之,[19] 終不能移其囂囂樂道之志,[20] 凡著書立言, 亦惟自明其心, 非欲求知於人也. 先世有書, 惟恐人知, 余得其書, 顧乃恐人不知耶![21]" 客固請,[22] 予嘉其言, 以贊其請, 主人曰, "諾." 於是乎書.

嘉熙丁酉良月朔,[23] 迪功郎新邵武郡南尉巡捉私茶塩礬私鑄銅器兼催綱江鎔謹序.[24]

---

13) 前烈 : 祖先, 前輩.(漢)
14) 附益 : 增加, 增益.(漢)
15) 庭下訓 : 庭訓.(◉) 庭訓 : 泛指家敎.(漢)
16) 與其 : 連詞. 在比較兩件事或兩種情況的利害得失而表示有所取捨時, '其'用在捨棄的一面.(漢)
17) 孰若 : 猶何如, 怎么比得上. 表示反詰語氣.(漢) 鋟梓 : 刻板印刷. 書板多用梓木, 故稱.(漢)
18) 京闕 : 指皇宮. 亦借指京城.(漢)
19) 皇帝 : 宋徽宗.(◉)
20) 囂囂 : 自得無欲貌.(漢)
21) 顧 : ① 乃卻, 反而.(漢) ② 表示相反, 相當於'却''反而'.(漢字典)
22) 固請 : 力請, 再三邀請.(華典)
23) 嘉熙 : 宋理宗(趙昀)年號.(中) 良月 : 以良月作爲十月的代稱.(漢)
24) 迪功郎 : 古代官名. 始于宋. 爲從九品.(漢) 江鎔 : 宋建寧崇安人, 字成叔. 江埴子, 聰穎敏悟, 歷官知福淸縣, 有政聲.(人)

歷代帝王傳授總圖

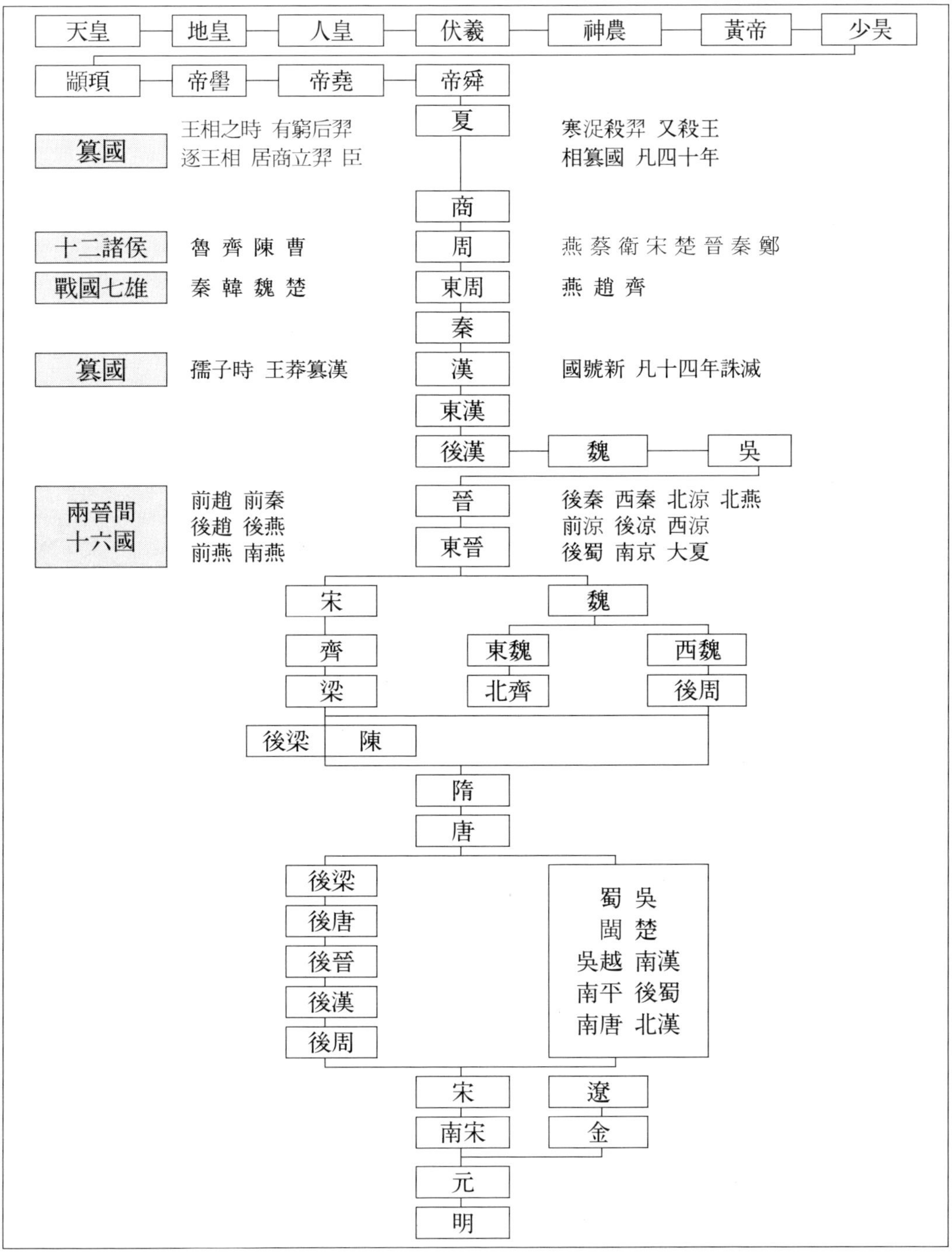
天皇
地皇
人皇
伏羲
神農
黃帝
少昊
顓頊
帝嚳
帝堯
帝舜
夏
簒國
王相之時 有窮后羿
逐王相 居商立羿 臣
寒浞殺羿 又殺王
相簒國 凡四十年
商
十二諸侯
魯 齊 陳 曹
周
燕 蔡 衛 宋 楚 晉 秦 鄭
戰國七雄
秦 韓 魏 楚
東周
燕 趙 齊
秦
簒國
孺子時 王莽簒漢
漢
國號新 凡十四年誅滅
東漢
後漢
魏
吳
兩晉間
十六國
前趙 前秦
後趙 後燕
前燕 南燕
晉
東晉
後秦 西秦 北涼 北燕
前涼 後涼 西涼
後蜀 南京 大夏
宋
魏
齊
東魏
西魏
梁
北齊
後周
後梁
陳
隋
唐
後梁
後唐
後晉
後漢
後周
蜀 吳
閩 楚
吳越 南漢
南平 後蜀
南唐 北漢
宋
遼
南宋
金
元
明

資治通鑑總要通論

○【唐虞三代之治 教化大行 三代之衰 百令不從】

唐虞三代之治 教化大行 三代之衰 百令不從

陽節潘氏榮曰,[25] 治天下有道, 親賢遠姦明而已矣. 治天下有法, 信賞必罰斷而已矣.[26] 治天下有本, 禮樂敎化順而已矣. 明則君子進而小人退, 斷則有功勸而有罪懲, 順則萬事理, 人心悅而天下和, 三者之要在身, 身端心誠, 不令而行矣. 故唐虞三代之治,[27] 純用禮樂, 敎化大行, 不言而信, 不怒而威, 無爲而治,[28] 如斯而已, 及其衰也, 夏以妺喜,[29] 商以妲己,[30] 周以褒姒,[31] 是佚欲之亡人,[32] 而百令不從矣.

---

25) 潘榮 : ① 字伯誠, 婺源桃溪人, 隱居博學, 通諸經. 尤長於史, 嘗著通鑒總論, 又嘗集蘇句一百篇, 危承旨太樸爲之贊. 學者, 稱節齋先生. 其歿也, 桃溪人祀之於社.(萬姓統譜) ② 元婺源桃溪人, 字伯誠. 博學, 通諸經, 尤長于史. 隱居不仕, 學者稱節齋先生. 有通鑒總論.(人) 潘 : 반. 普官切. 성(姓).(檀)

26) 信賞必罰 : 有功必賞, 有罪必罰, 賞罰嚴明.(漢)

27) 唐虞 : 唐堯與虞舜的幷稱. 亦指堯與舜的時代. 古人以爲太平盛世.(漢) 三代 : 指夏商周.(漢)

28) 無爲而治 : 儒家主張任用賢人, 以德化民, 使國家得到治理.(漢) 治 : 直吏翻.(胡806年)

29) 妺喜 : 或作末喜妺嬉. 夏桀妃. 有施氏女. 相傳桀伐有施, 有施獻其女. 女子行, 丈夫心, 佩劍帶冠. 桀聽用其言, 昏亂失德. 湯伐桀, 妺喜與桀同奔南方而死.(人) 妺 : 莫撥反.(國語補音 卷2 晉語1 第7)

30) 妲己 : 商王紂寵妃. 有蘇氏女, 己姓. 紂有蘇氏, 有蘇氏獻女. 得紂寵, 助紂爲虐. 武王滅商, 殺之.(人)

31) 褒姒 : ① 西周人. 姒姓, 幽王妃.(人) ② 幽王欲褒姒喜, 無故擧烽火, 後犬戎伐王, 王擧烽火徵兵, 莫至, 王遂見殺.(國1)

○【周室東遷之後 王政不行 秦漢而下 安危不一】

周室東遷之後 王政不行 秦漢而下 安危不一

周室東遷之後,[33] 王政不行, 諸侯多僭. 故夫子自衛反魯,[34] 作春秋以正王化,[35] 至於戰國,[36] 王室陵夷,[37] 分崩離析.[38] 故孟子去魏適齊, 陳王道以正人心, 是皆聖賢爲萬世生民而發也. 自玆以還,[39] 迹熄澤竭,[40] 人私其身,[41] 士私其學,[42] 異論蜂起,[43] 聖學榛蕪.[44] 秦漢而下, 安危不一, 難以悉擧, 姑取其最關於綱紀者而論之.

○【前漢後漢之治亂得失】

前漢後漢之治亂得失

漢高之興, 去古未遠, 豁達大度, 從諫如流,[45] 可與

---

32) 佚欲：逸欲. 謂貪圖安樂, 嗜欲無節.(漢)

33) 東遷：周始建都于鎬, 至平王. 又遷都於洛, 分河南北等路爲東西周, 諸侯皆反, 不相統一.(要)

34) 夫子：孔門尊稱孔子爲夫子, 後因以特指孔子.(漢)　自衛反魯：反魯, 魯哀公十一年冬. 是時道衰樂廢, 孔子來還.(史記 卷47 孔子世家 集解)

35) 春秋：編年體史書名. 相傳孔子據魯史修訂而成. 所記起于魯隱公元年, 止于魯哀公十四年, 凡二百四十二年. 敘事極簡, 用字寓褒貶. 爲其傳者, 以左氏公羊穀梁最著.(漢)

36) 戰國：秦韓魏楚燕趙齊爭國.(國1)

37) 陵夷：如山林之崩于平地.(要)

38) 離析：土地分裂, 君臣離散.(要)

39) 以還：猶云以後, 以來.(漢)

40) 熄：如火之熄.(要)　竭：如水之竭.(要)

41) 私其身：以保身爲貴, 而不知忠君之義, 如楊朱之徒, 是也.(要)

42) 私其學：以異端爲高, 而不識聖學之眞, 如荀卿之流, 是也.(要)

43) 蜂起：如蜂蠆之亂起.(要)

44) 榛蕪：如榛莿荒蕪.(要)

45) 從諫如流：謂聽從善意的規勸, 就象水從高處流下一樣順暢. 形容樂意接受別人意見. 多用

有爲之君也.[46] 然以輕士嫚罵,[47] 凌辱大臣,[48] 張良托以辟穀,[49] 何參平勃以詐以力,[50] 天下雖安, 而古禮不復,[51] 古樂不作,[52] 從玆始矣, 可勝惜哉![53] 漢文沈潛而不能剛克,[54] 漢武高明而不能柔克,[55] 西向讓三, 南向讓再,[56] 夫何踐祚之初, 示民以詐, 短喪之制, 又安用之![57] 故民雖富庶,[58] 而修己立誠之道, 幾乎

于帝王.(漢)

46) 可與有爲 : ① 自棄者, 不可與有爲也.(孟子 離婁上) ② 有爲自棄者, 不可與之有所爲也.(疏)

47) 嫚罵 : 如踞床吐哺罵酈生之類.(國1)

48) 大臣 : 如夷族韓彭之類.(國1)

49) 辟穀 : ① 良見族滅大臣, 托仙不食穀, 非眞有此也.(要) ② 謂不食五穀. 道教的一種修煉術.(漢) 辟 : 賓亦反.(史記 卷15 荊燕系家 索隱)

50) 何參平勃以詐以力 : 蕭何勸王就封, 雖有養民致賢之語, 於聖賢大學之道, 亦有公私之異, 曹參攻城略地之類, 陳平六出奇詐之類, 周勃一擧三失之類, 皆爲以詐以力, 何平詐多, 參勃力多.(要)

51) 古禮 : 如吉凶軍賓嘉之類.(要)

52) 古樂 : 如咸英韶濩之類.(要)

53) 勝 : 平聲.(論語集註大全 憲問 第14)

54) 沈潛 : 亦指人性深沈柔弱.(漢) 不能剛克 : 不能以剛克柔也.(要) 剛克 : 謂以剛强取勝.(漢)

55) 不能柔克 : 不能以柔克剛也.(要) 柔克 : 亦作'柔剋'. 謂和柔而能成事.(漢)

56) 西向讓三 南向讓再 : ① 面向西以賓主之禮接待衆人, 而三次謙讓, 又面向南以君臣之禮對待群臣, 而再次謙讓.(新前180年) ② 漢文西向讓三, 南向讓再, 是皆求得其中, 是君之進以其漸也. 伊尹三聘而後起, 太公待文王而後興, 諸葛孔明以三顧而後出, 是皆止而巽, 動不窮者, 臣之進以其漸也.(讀易紀聞 卷4 明張獻翼撰)

57) 夫何踐祚之初 … 又安用之 : 按, 史記代王至長安, 見太尉周勃等跪上璽, 讓曰, "奉高帝宗廟重選, 寡人不才不足稱, 願請楚王計議, 若寡人不堪當." 潘云, "踐祚之初, 示民以詐." 愚竊以爲不然, 文帝自藩入承正統, 慮不克勝, 發於中心也. 何以詐爲? 若治喪以日易月, 不能無君德之累. 一說, 文帝治喪, 二十二日爲數.(國1) 踐祚 : 亦作'踐阼'. 卽位.(漢) 祚 : 位也.(胡5年) 短喪 : 縮短服喪期限.(漢)

58) 富庶 : 論語・子路, "冉有曰 '旣庶矣, 又何加焉.' 曰, '富之.'" 後因以'富庶'指物資豐富, 人口衆多. 亦單指物産豐富.(漢)

息矣. 窮兵黷武,[59] 虐民事神,[60] 而海內虛耗, 至輪臺之詔,[61] 天理藹然, 其悔心之萌乎! 不然, 則亦亡秦之續耳.[62] 漢昭十四而識上官傑之詐, 似可有爲, 惜霍光不學無術[63], 不能以道事君,[64] 光武有志於治,[65] 而輔相亦非其人.[66] 孔明有王佐之才, 而當姦雄僭竊之際,[67] 董子雖有大°志˙,[68] 而亦不得其位, 鄧騭楊震之徒, 不識保身之機,[69] 外戚之禍,[70] 內竪之變,[71] 中移於王莽, 卒壞於董卓, 曹操承之, 以移漢祚,[72] 又何言哉!

---

59) 窮兵黷武 : 如武帝征伐之類.(要)　黷武 : 濫用武力, 好戰.(漢)

60) 虐民事神 : 如封禪之類.(要)

61) 輪臺詔 : 漢武帝一生, 致力開拓西域, 國力大損. 至晩年深悔之, 遂棄輪臺之地, 幷下詔罪己, 謂之'輪臺詔'. 事見漢書・西域傳贊.(漢)　輪臺 : 西域邑名. 在今新疆輪臺東.(新前89年)

62) 亡秦之續 : 言其繼秦而亡也.(國1)

63) 不學無術 : 不能學習古代聖賢, 故所行不合於道術.(新前66年)

64) 漢昭十四 … 不能以道事君 : 按史記, 上官桀詐爲燕王上書, 誣霍光, 出警入蹕, 擅調幕府校尉, 光聞不敢入, 詔入, 光免冠頓首謝. 帝曰, "將軍冠, 無罪, 朕知是書詐也. 將軍調校尉, 未十日, 燕王何以知之." 時帝年十四, 尙書左右皆驚, 光不能以道事君, 如輔帝廢昌邑王之類是也.(國1)

65) 有志於治 : 如首擧文臣卓茂之類.(要)

66) 輔相其人 : 如馮異耿弇之屬.(要)

67) 姦雄 : 曹操.(國1)

68) 董子 : 蜀漢董和也. 昭烈以和爲邑宰, 以禮樂敎民. 一說卽仲舒也. 大志謂王道也.(要)　志 : (春)本作'意', 據(國1)改.(◉)

69) 鄧騭楊震 不識保身之機 : 騭爲大將軍, 權盛不止, 被讒自殺. 震爲太尉, 忤宦官, 得罪, 收印綬, 歸故郡, 鴆死也.(要)

70) 外戚 : 王莽等也.(要)

71) 內竪 : 曹節等也.(要)

72) 祚 : 帝位.(漢字典)

○【唐之治亂得失】

唐之治亂得失

唐之太宗，號爲英主，百戰而有天下，偃武修文，勵精求治，[73] 身致太平，刑措不用，[74] 亦希世之賢君也. 然以君德論之，[75] 則用宮人私侍，以劫其父，[76] 納巢剌王妃而封子明，[77] 其謬已甚，若非魏徵辰嬴之喩，則明母又繼文德而后矣.[78] 閨門如此，其子孫又烏得有正家之法乎！是故，武氏經事先帝，[79] 太眞已配壽王，[80] 中宗親爲點籌於韋后，[81] 明皇賜洗兒錢於貴妃，[82] 卒爲天下後世非笑，[83] 豈不皆由太宗垂統之所致歟！[84] 房

---

73) 勵精求治：振奮精神，盡力設法治好國家.(漢)

74) 刑措：置刑法而不用. 刑錯.(漢)

75) 君德：三綱五常.(要)

76) 劫其父：世民欲起兵，使裴寂以宮人侍其父也.(要)

77) 巢剌王妃：王，太宗弟元吉也. 妃，楊氏也. 元吉死，太宗納楊氏，生子明，封曹王，以繼元吉之後.(要) 巢剌王：唐李元吉之封諡號.(中) 剌：盧達翻.(胡643年)

78) 辰嬴文德云云：文德太宗后，文德皇后長孫氏. 太宗入楊氏，又爲后，故魏徵引辰嬴事以諫乃止，不然則楊氏又繼文德而后矣. 辰嬴秦穆公之女，晉太子圉爲質秦，秦以辰嬴妻之，子圉逃歸晉，是爲懷公，故號嬴氏，爲懷嬴. 此時懷嬴不與子圉同歸，後子圉之叔重耳. 復質於秦，秦以五女妻之，辰嬴與焉. 晉以叔侄亂倫，唐以兄弟亂倫醜哉.(要)

79) 武氏經事：武氏太宗妃，高宗納爲后.(要)

80) 太眞：明皇子壽王之妃，明皇奪之.(要)

81) 點籌韋后：中宗之后韋后，與武三思雙陸，中宗爲之點籌.(要) 點籌：記點數也.(中)

82) 明皇賜洗兒錢於貴妃：洗祿山也.(要) 明皇：卽唐玄宗. 因諡號爲至道大聖大明孝皇帝，故稱.(漢) 洗兒錢：洗兒時，親朋賜贈給嬰兒的錢. 洗兒，舊俗，嬰兒出生後三日或滿月時替其洗身，稱'洗兒.'(漢) 貴妃：① 指玄宗楊貴妃.(◉) ② 女官名. 南朝宋孝武帝始置，僅次于皇后. 隋唐以下，多沿用其名，位尊卑或有不同.(漢)

83) 非笑：譏笑.(漢)

84) 垂統：把基業留傳下去. 多指皇位的承襲.(漢)

杜王魏無忌遂良狄仁傑張九齡姚崇宋璟李泌裴度之賢,[85] 猶不能救其君於蕩敗禮義之際, 而或以見疎,[86] 張柬之桓彦範崔玄暐袁恕己敬暉等, 討武氏之亂, 反正廢主,[87] 有大功於唐, 而淩辱以死,[88] 韓愈陸贄勤勤懇懇於章奏之間,[89] 而亦以獲罪, 他尙何說哉! 蓋唐之亂也, 始於武韋,[90] 危於貴妃, 壞於藩鎭,[91] 亡於宦官,[92] 而李勣李義府許敬宗鄭愔崔湜武三思李林甫楊國忠李輔國盧杞元載之流, 與后妃宦竪, 內外交締, 始終爲難, 非一朝一夕之故.

○【秦漢以下之治亂得失】

秦漢以下之治亂得失

暴秦以呂易嬴,[93] 是嬴亡於莊襄之手, 弱晉以牛易馬,[94]

---

85) 房杜王魏無忌遂良 : 房玄齡杜如晦王珪魏徵長孫無忌褚遂良.(◉)
86) 見疎 : 如太宗疑魏徵, 高宗疑無忌之類.(要)
87) 反正 : 指帝王復位.(漢)
88) 淩辱以死 : 柬之等廢武氏, 斬張易之, 昌宗等復中宗之位, 後被武三思之謗, 淩辱以死.(國1)
89) 韓愈陸贄 : 貶愈潮陽, 貶贄忠州.(要)
90) 武韋 : 武后韋后.(要)
91) 藩鎭 : 魏博田承嗣輩, 各用兵戰殺.(要)
92) 宦官 : 如韓全誨等, 廢昭宗劫車駕類.(要)
93) 易嬴 : 始皇呂不韋之子.(要)
94) 易馬 : ① 元帝母夏侯妃, 與琅邪國小史姓牛私通, 而生元帝.(宋書 卷27 符瑞 上) ② 瑯琊王妃夏后氏與小吏牛金, 通而生睿, 冒姓司馬.(要) 元帝母夏侯妃 : 元夏侯太妃名光姬, 琅邪武王爲世子覲納焉, 生元帝. 及恭王薨, 元帝嗣立, 稱王太妃. 永嘉元年, 薨于江左.(晉書 卷31 元夏侯太妃列傳) 司馬睿 : 晋元帝.(人) 晋元帝 : 諱睿, 字景文, 宣帝曾孫, 琅邪恭王覲之子也.(晉書 卷6 元帝紀) 牛繼馬後 : 在唐時已有傳疑之論.(諸史然疑 晉書)

是馬滅於懷愍之時.[95] 隋楊廣弑其父而自立,[96] 卽以敗亡, 又何足與論治天下之道乎! 蓋以趙高楊素之姦,[97] 而致扶蘇楊勇之死,[98] 是天所以速秦隋之滅也, 且秦政之暴, 過於隋堅,[99] 楊廣之惡, 浮於胡亥,[100] 覆宗絶祀,[101] 不亦宜乎! 宋齊梁陳, 至於五季,[102] 禍亂相尋,[103] 戰爭不息, 名爲君臣, 實爲仇敵, 世降至此, 壞亂極矣. 惟柴世宗,[104] 粗有三代之風,[105] 而使之不壽, 豈天將啓宋世之治也歟! 且自晉武之後, 惠懷無親, 骨肉相殘,[106] 群胡乘釁,[107] 濁亂中原, 生民塗

---

95) 懷愍：懷帝(西晉3代帝)與愍帝(4代帝).(◉)

96) 隋楊廣弑其父而自立：廣爲太子時, 文帝寢疾, 太子廣手書問, 楊素條列以報, 宮人誤送帝所, 帝覽之大恨, 會陳夫人出, 更衣, 爲太子所逼, 拒而僅免, 夫人泣訴, 帝抵床曰, "畜生, 豈付大事." 後果見弑於太子.(要) 楊廣：隋煬帝之姓名.(◉)

97) 趙高：秦人. 始皇卒, 嗾使胡亥與丞相李斯矯詔賜始皇長子扶蘇死, 立胡亥爲二世皇帝. 二世三年, 劉邦率軍入關, 高殺二世, 立子嬰. 卒爲子嬰所殺.(人) 楊素：字處道. 晉王楊廣與之深相結交. 文帝病篤, 矯詔執柳述, 殺勇.(人)

98) 扶蘇：秦始皇長子. 始皇卒于沙丘, 臨終前爲璽書召扶蘇回咸陽繼位. 趙高李斯奉始皇少子胡亥矯詔賜之死. 卽自殺于上郡軍中.(人) 楊勇：隋文帝楊太子. 文帝開皇二十年廢爲庶人. 帝疾篤, 廣矯詔賜勇死.(人)

99) 堅：楊堅. 隋文帝之名.(◉) 胡亥：秦第爲二代皇帝. 始皇少子.(人)

100) 浮：過也.(中)

101) 覆宗：毁敗宗族. 滅族.(漢) 絶祀：斷絶祭祀. 謂亡國.(漢)

102) 五季：卽後梁後唐後晉後漢後周五代.(漢)

103) 相尋：相繼, 連接不斷.(新348年)

104) 柴世宗：① 名榮, 太宗養子.(要) ② 五代後周皇帝. 郭威內侄, 後被收爲養子, 改姓郭. 顯德元年卽位, 在位六年卒, 廟號世宗, 一稱柴世宗.(人)

105) 三代之風：愛民薄斂之類.(國1)

106) 骨肉相殘：如亮與瑋等八王, 互相殺戮也.(國1)

107) 群胡乘釁：如石勒劉聰等爲亂也.(國1)

炭,[108] 未有甚於此時者也. 王謝陶阮,[109] 富貴風流, 節行標致,[110] 沛乎有餘,[111] 江左之民,[112] 亦賴以安. 然朝廷之得失, 姦雄之簒弑,則亦邈乎其不能正也. 逮拓跋氏興,[113] 佐以崔浩高允之徒, 旣治且安, 至於孝文, 風移俗易, 庶幾爲禮義之邦矣. 宇文高祖,[114] 完顔世宗,[115] 其亦賢乎! 江左君臣, 寧不知愧!

○【漢晉魏宋之禮義廉恥之風】

漢晉魏宋之禮義廉恥之風

夫三年之喪, 自天子達於庶人, 文景以後,[116] 能行之者, 惟晉武帝魏孝文周高祖數君而已, 此夫子所謂不如諸夏之亡也.[117] 然自晉至隋, 南北之君, 率多不得

---

108) 塗炭 : 若陷泥墜火, 喩窮困之極也.(胡26年)

109) 王謝陶阮 : 王導謝安陶侃阮籍, 或阮當作庾亮也.(國1)

110) 標致 : 風格. 文采. 韻致.(漢)

111) 沛乎 : 盛大之貌.(中)

112) 江左 : 東晉及南朝宋齊梁陳各代的基業都在江左. 故當時人又稱這五朝及其統治下的全部地區爲江左, 南朝人則專稱東晉爲江左.(漢)

113) 拓跋氏 : 石跋姓, 名珪, 國號魏. 至孝文帝, 改姓元氏, 故又號元魏.(國1)　拓跋 : 北魏之姓. 亦作托跋托拔.(中)

114) 宇文 : 宇文姓, 名玩, 國號後周.(要)

115) 完顔 : 完顔姓, 名裵, 國號金.(要)

116) 文景 : 西漢文帝與景帝的幷稱. 兩帝相繼, 社會比較安定富裕, 史稱'文景之治'.(漢)

117) 夫子所謂不如諸夏之亡也 : ① 子曰, "夷狄之有君, 不如諸夏之亡也."(論語 八佾) ② 吳氏曰, "亡, 古'無'字通用." 程子曰, "夷狄且有君長, 不如諸夏之僭亂, 反無上下之分也." 尹氏曰, "孔子傷時之亂而歎之也. 亡, 非實亡也, 雖有之, 不能盡其道爾."(論語 八佾 集註) ③ 夏所以異於夷, 以有君臣之分耳. 今居中國, 去人倫, 反夷狄之不如, 春秋所以作也.(論語 八佾 大全) ④ 集註與大全所論者, 諸夏不如夷狄, 而邢昺疏所論者, 夷狄不如諸夏, 則所論相反, 此當擇其所論而解之.(◉)　諸夏 : 周代分封的中原各個諸侯國. 泛指中原地區.(漢)

其死,[118] 盡以國亡族滅, 其故何也? 蓋得之以不仁, 上行而下效, 身爲天子, 死無噍類,[119] 嗚呼哀哉! 至於宋祖, 未嘗爲學, 晩好讀書. 歎曰, "堯舜之世, 四凶之罪,[120] 止於投竄,[121] 何近代法網之密邪![122]" 於是立法, 鞭扑不行於殿陛,[123] 罵辱不及於公卿. 故臣下得以有爲, 而忠君愛國之心, 油然而興矣.[124] 命曹彬下江南,[125] 則戒以切勿暴掠生民. 故彬至城下, 焚香約誓, 一不妄殺, 凱還之日,[126] 行李蕭然,[127] 遣吳越歸國而使知不留之意.[128] 處將相之間, 則喩以相安之情,[129] 待諸降主以賓禮,[130] 易諸節鎭以儒臣,[131] 使學

---

118) 率多不得其死 : 惠帝爲司馬越所鴆, 懷愍並爲劉聰所弑, 安帝爲劉裕所弑, 隋文帝爲太子楊廣所弑, 陽帝爲宇文化及所弑, 南朝宋文帝爲太子邵所弑, 前廢帝爲湘東王彧所弑, 後廢帝爲蕭道成所弑, 齊昭業昭文俱爲蕭鸞所弑, 梁孝元爲蕭詧所弑, 魏太武帝爲宦官宗愛所弑, 獻文帝爲馮太后所鴆, 孝明帝爲胡太后所鴆, 節閔帝爲高歡所鴆, 孝武帝爲宇文太所鴆, 孝靜帝爲高洋所弑, 後周閔帝明帝又俱爲宇文護所弑.(國1)　率多 : 大率, 通常.(新前65年)

119) 噍類 : 有生命而能嚼食者, 謂生民也.(中)

120) 四凶 : 四凶人也. 舜時之共工驩兜三苗鯀.(中)

121) 投竄 : 放逐流放.(漢)

122) 堯舜之世 … 何近代法網之密邪 : 此據宋史卷3太祖3之文, 而增損焉者.(◉)

123) 鞭扑 : 鞭, 官刑也. 扑, 教刑也. 轉爲體罰之義.(中)

124) 油然 : 盛興貌.(漢)

125) 曹彬 : 931~999. 五代後漢乾德中爲成德軍牙將. 入宋遷客省使. 征南唐, 克金陵, 不妄殺一人. 卒諡武惠.(人)

126) 凱還 : 戰勝則奏凱歌而還. 還, 音旋.(胡833年)

127) 行李 : 出行所帶的東西.(漢)

128) 吳越 : 吳越王錢俶來朝, 群臣多欲留之, 太祖獨封群臣章疎, 使歸國, 視其此不留之意.(要)

129) 喩以相安之情 : 喩石守信等是也, 杯酒釋兵權之類.(國1)

德行孝悌之士，以隆禮義廉恥之風，嗚呼！人主如是，亦庶乎其知九經之義哉！[132] 且◗令洞開諸門，謂左右曰，"此◖正如我心，少有邪曲，[133] 人皆見之.[134]" 蕩蕩平平之道不外是矣.[135]

○【唐宋之人才】

唐宋之人才 太宗卽位之初，首開崇文館，[136] 與諸王宰相，繙閱書籍，[137] 次選文章有德之士，教道王子，[138] 且戒之曰，"必以忠孝爲先". 又能作興文學，以風四方，[139] 而人才於是乎出矣. 至於仁宗，[140] 力行恭儉，正身率人，終始如一. 升遐之日，[141] 雖深山窮谷，亦莫不奔走悲

130) 待諸降主以賓禮：如待吳越王錢俶荊南王高保權廣南漢王劉鋹西州蜀王孟昶江南唐王李昱以客禮也.(國1)

131) 節鎭：指節度使.(漢)

132) 九經：① 儒家治國平天下的九項准則.(漢) ② 脩身也，尊賢也，親親也，敬大臣也，體羣臣也，子庶民也，來百工也，柔遠人也，懷諸侯也，(中庸 20章)

133) 邪曲：不正直.(漢)

134) 且令洞開諸門 … 人皆見之：(宋太祖)汴京新宮成，御正殿坐，令洞開諸門，謂左右曰，"此如我心，少有邪曲，人皆見之."(宋史 卷3 太祖3)

135) 蕩蕩平平：尙書，無偏無黨，王道蕩蕩，無黨無偏，王道平平也.(要)

136) 崇文館：官署名. 唐太宗貞觀十三年，于東宮設崇賢館，至高宗上元二年，避太子李賢諱，改名崇文館. 設學士，掌經籍圖書，教授生徒，設校書郎，掌校理典籍.(漢)

137) 繙閱：翻閱. 翻看書畫文件等.(漢)

138) 教道：教導.(漢)

139) 風：教育，感化.(漢)

140) 仁宗：宋第四代之帝，趙禎之廟號.(中)

141) 升遐：帝王去世的婉辭. 亦指后妃等死亡.(漢)

號, 如喪考妣, 非有得於人心而能如是乎! 英宗氣質尤美, 謙恭以任賢臣,[142] 而天下無事, 暨于哲宗之初, 寔爲垂簾之政. 宣仁有言曰,[143] "苟有利於社稷, 吾無愛於髮膚". 任賢不貳,[144] 去讒不疑.[145] 故自建隆,[146] 至於元祐,[147] 號稱治平之世, 而人才之盛, 亦莫過於宋矣.

○【宋之治亂得失】

宋之治亂得失

初有趙普范質李沆張齊賢向敏中寇準蔡襄晏殊王旦王曾杜衍趙抃諸呂之輩,[148] 復有韓范富歐陽蘇張文呂司馬之徒,[149] 俱爲大賢. 文章德業, 前世無比, 相繼以興, 爲之輔相, 當此之時, 君君臣臣父父子子夫夫婦婦, 百姓謳歌, 謂之太平天°子˙.[150] 又稱宣仁, 爲女

---

142) 賢臣 : 文彦博等.(要)

143) 宣仁 : ① 高皇后.(國1) ② 宋英宗皇后. 生神宗. 哲宗嗣位, 尊爲太皇太后, 權同聽政. 臨政九年, 抑絶外家私恩. 卒謚宣仁聖烈.(人)

144) 任賢 : 司馬光.(要) 貳 : 不信任, 懷疑.(漢)

145) 去讒 : 去蔡確等.(國1)

146) 建隆 : 宋太祖趙匡胤之年號.(中)

147) 元祐 : 宋哲宗之年號.(中)

148) 向 : 式亮切. 姓.(漢字典) 諸呂 : 未詳. 宋初呂氏宰相有呂端呂蒙正, 則此等人可以當之.(◉)

149) 呂 : 未詳. 當時有呂夷簡呂公著呂大防, 則此等人可以當之.(◉)

150) 子 : (春)本作'下', 誤.(◉) 謂之太平天子 : 都民垂白者相謂曰, "我輩少經亂離, 不圖今日復觀太平天子." 儀衛有泣下者.(續(資治)通鑑長編 卷17 宋太祖 開寶九年) 太平天子 : 謂能治國平天下的皇帝.(漢)

中堯舜. 嗚呼休哉! 神宗刻意圖治,[151] 上慕唐虞, 傾心安石.[152] 君臣之間, 求濟斯道,[153] 未嘗不以堯舜相期, 東周以來, 未之有也.[154] 世方仰其有爲, 庶幾復見都兪吁咈之治,[155] 惜安石之學, 旣執而蔽, 引用凶邪,[156] 反治爲亂, 使天下之人, 囂然喪其樂生之心,[157] 卒之群姦繼進,[158] 釀成靖康之禍,[159] 用人可不謹哉!

○【宋不得與於斯文】

宋不得與於斯文

當此之時, 上有好治之君, 下有慕治之民, 而濂洛群哲,[160] 曾無一人登相臣之位者, 是宋不得與於斯文也.[161] 豈天未欲使玆世躋堯舜之域歟! 何道之不行

151) 刻意：潛心致志. 用盡心思.(漢) 圖治：想辦法把國家治好.(漢)

152) 傾心安石：謂專用王安石.(國1)

153) 斯道：謂仁義之道, 孔孟之敎.(中)

154) 東周：朝代名. 從公元前770年周平王把國都從鎬京東遷至洛邑起, 至公元前256年被秦所滅爲止. 其間戰國時代, 作爲中央政權的東周王朝, 已名存實亡.(漢)

155) 都兪吁咈：① 都, 歎美之辭. 兪, 然之之辭, 君臣相然美也. 吁, 歎其不然之辭. 咈, 甚不然之辭. 見舜典.(要) ② 都兪吁咈, 均爲嘆詞. 以爲可, 則曰都兪, 以爲否, 則曰吁咈. 後因用'都兪吁咈'形容君臣論政問答, 融洽雍睦.(漢)

156) 凶邪：呂惠卿輩.(要)

157) 囂然：擾攘不寧貌.(漢)

158) 卒之：卒, 終也, 之, 至也.'卒之'是個先秦用語, 義同終于最後結果. 例見莊子盜跖.(百度快照) 群姦：如章惇蔡卞之類.(國1)

159) 靖康之禍：北宋靖康二年, 金軍南下, 陷宋都汴京, 徽宗欽宗被虜, 史稱靖康之變.(中) 釀成：如造酒也.(國1)

160) 濂洛群哲：周程張朱之輩.(要)

161) 斯文：指禮樂敎化典章制度.(漢)

也！嗚呼！眞儒輩出，悉皆王佐之才，哲宗以後，寧宗以前，指以朋黨，斥爲僞學，[162] 竄逐禁錮，[163] 殆無虛日，姦邪疊興，爲國大蠹，始於呂惠卿，[164] 終於賈似道，[165] 互爲汲引，[166] 相繼升于廟堂，[167] 用舍如此，[168] 安得不亡乎！蓋宋之人君，仁厚有餘而剛斷不足，宋之人臣，德業有加而道則未盡，[169] 明乎二帝三王之道，[170] 以接夫孟氏之傳者，[171] 又謹其進退之義. 故終宋之世，亦只如此而已，使學者不能無遺恨於斯世也.

○【宋君之累】

宋君之累 且眞宗不知寇準之貶，[172] 神宗不識惠卿之姦，[173] 又豈

162) 指以朋黨 斥爲僞學：崇寧元年，蔡京指司馬光蘇軾程頤等爲奸黨. 韓侂冑斥朱熹等爲僞學.(國1)

163) 竄逐：放逐，流放.(漢)

164) 呂惠卿：1032~1112. 宋泉州晋江人，字吉甫. 仁宗嘉祐二年進士，與王安石論經義多合，遂定交. 熙寧七年，任參知政事，堅行新法. 後與王安石交惡，… 歷知延安府，築米脂諸寨以備西夏侵擾. 徽宗時，因事安置宣州，移廬州.(人)

165) 賈似道：1213~1275. 宋台州天台人. 字師憲，號秋壑. 開慶初，元兵攻鄂州，領兵出援，私向元軍稱臣納幣，還，詐稱大捷. 以右丞相入朝，由是權傾中外，排斥異己. 咸淳七年，元兵破鄂，不得已出師，先潰敗，被革職，貶徙婺州循州，爲監送使臣鄭虎臣擅殺.(人)

166) 汲引：引薦. 提拔.(漢)

167) 升：登也. 與'昇''陞'通.(中)

168) 用舍：取舍. 亦作'用捨'.(漢)

169) 德業有加而道則未盡：如寇準王旦之徒是也.(國1)

170) 二帝三王：指唐堯虞舜夏禹商湯周文王(或周武王).(漢)

171) 傳者：周程張朱.(要)

172) 不知寇準之貶：天僖四年, 丁謂貶寇準於雷州，眞宗不知也.(國1)

173) 不識惠卿之姦：熙寧七年，惠卿復新法事，神宗反謂惠卿爲忠.(國1)

不爲明君之累邪！至於哲宗，昏庸尤甚，信任姦慝，屛逐忠賢，却問，"大防何以至虔州？[174)]" 左右不對，亦可羞也．岳飛破虜，[175)] 幾還兩宮，[176)] 秦檜矯詔，[177)] 班師而殺之，[178)] 高宗若不聞也，通天之罪，尙忍言哉！張浚趙鼎眞德秀魏了翁之賢，立朝未久，非惟不能以正群邪之罪，而反有貶責竄逐之寃．

○【宋興以大臣之賢 宋亡以大臣之姦】

宋興以大臣之賢 宋亡以大臣之姦

秦檜韓侂胄史彌遠賈似道以元°勳居相位˙，[179)] 登進同類，布滿朝廷，祇爲身謀，卒以誤國，而人主方以爲忠，豈復望其有三代之治乎！文天祥拜相於國事旣去之餘，[180)] 而能以身任三百年綱常之重，[181)] 從容就義於

---

174) 至虔州：章惇貶大防，哲宗不知何以至虔州．(要)

175) 岳飛：1103～1142．宋相州湯陰人，字鵬擧，農家出身．徽宗宣和中從軍，以功遷秉義郞，隷宗澤部下．高宗建炎元年上書反對京師南遷，被奪官 … 十一年，受召赴臨安，被解兵柄，任樞密副使．旋被誣入獄，以'莫須有'罪名被殺害．(人)　虜：指金．(◉)

176) 兩宮：宋徽宗與欽宗．二帝値靖康之禍，被留於金．(◉)

177) 矯詔：假托詔令．(漢)

178) 岳飛破虜 … 班師而殺之：徽欽二宗，在北庭，岳飛進兵，將破其虜，秦檜矯詔班師殺之，惜哉．(要)　班師：調回軍隊．(漢)

179) 秦檜韓侂胄史彌遠賈似道以元勳居相位：紹興五年，鼎浚皆相．紹興八年，秦檜入相，鼎浚皆貶．理宗慶元八年，召德秀了翁，未期年爲彌遠所貶．(國1)　勳居相位：(春)本作'凶居首相'．據(國1)改．(◉)

180) 文天祥拜相：端宗景炎元年．(國1)　文天祥：1236～1283．吉州廬陵人，字履善，又字宋瑞，號文山．寶祐四年進士第一．開慶元兵攻宋，宦官董宋臣主遷都，天祥上書請斬宋臣，進御敵之計，未被采納．任軍器監兼權直學士院，草制語譏賈似道，遭劾罷 … 祥興元年被俘于五坡岭，次年拒元將弘範誘降，書過零丁洋詩以明心志．後被因于元大都三年，屢拒威逼利誘，視死如歸．(人)

顚沛流離之際,[182] 爲國之光,[183] 是亦豈非祖宗尊賢敬士之報歟![184] 蓋其興也, 以大臣之賢,[185] 其亡也, 以大臣之姦.[186] 故雖有大臣之誤,[187] 而亦有大臣之報,[188] 爲人君者, 可不辨其邪正而端其本原哉!

○【正身以正朝廷】

正身以正朝廷 夫正身以正朝廷, 正朝廷以正百官, 百官正則萬民莫敢不正, 萬民正則四夷賓服,[189] 而天下安矣. 東夷西戎南蠻北狄,[190] 自古有之. 舜生於諸馮,[191] 東夷之人也. 文王生於岐周, 西夷之人也,[192] 匈奴突厥五胡北魏契丹女眞世有位號,[193] 若使吾無間而可入,[194] 則幽

---

181) 三百年：自宋建國(960)至文天祥拜相(1276)之時, 其間約三百年.(◉) 綱常：'三綱五常'的簡稱. 封建時代以君爲臣綱父爲子綱夫爲妻綱爲三綱, 仁義禮智信爲五常.(漢)

182) 就義：爲正義而死.(漢)

183) 國光：本指國家的禮樂文物. 後多指國家的威望和榮譽.(漢)

184) 祖宗：特指帝王的祖先.(漢)

185) 大臣之賢：趙普等.(要)

186) 大臣之姦：秦檜等.(要)

187) 有大臣之誤：王安石等.(國1)

188) 大臣之報：文天祥等也.(要)

189) 賓服：歸順, 服從.(漢)

190) 東夷：倭子.(要) 西戎：回回.(要) 南蠻：鴂舌.(要) 北狄：靼韃.(要)

191) 諸馮：地名.(要) 馮：① 房戎切. 說文馬行疾. 又馮翊, 郡名. 又姓, 畢公高之後, 食采於馮城, 因以爲氏. 孟子舜生於諸馮.(佩文韻府 上平聲 東韻) ② 扶冰切, 乘也, 相視也. 又東韻. 舜生諸馮, 及馮婦等, 皆音皮氷切, 古不音符容切也.(佩文韻府 下平聲 蒸韻) ③ 據(漢), 則於諸馮馮婦, 當讀曰'풍', 於馬行疾馮翊, 當讀曰'빙'. 此與下面所論'左馮翊'(丁巳(前64)元康二年條)參看.(◉)

192) 舜生於諸馮 東夷之人也 文王生於岐周 西夷之人也：舜生於諸馮, 遷於負夏, 卒於鳴條, 東夷之人也. 文王生於岐周, 卒於畢郢, 西夷之人也.(孟子 離婁下) 岐周：地名.(國1)

王不死於犬戎,[195] 明皇不敗於祿山,[196] 呼延晏劉曜不能以陷晉都,[197] 而懷愍不辱於强虜矣.[198] 斡离不粘罕不能以犯宋京,[199] 而徽欽不死於漠北矣.[200]

○【唐虞以下之治】

唐虞以下之治

蓋天下有道, 則四夷來王,[201] 萬邦咸休, 天下無道, 則干戈之禍, 不特在於四夷, 而且在蕭墻之內矣.[202] 故得其道則治, 失其道則亂, 堯舜之道, 孝悌而已矣. 修己以安百姓,[203] 唐虞之治也.[204] 勞身而焦思, 夏禹

193) 五胡 : 晉武帝死後, 晉室內亂, 北方少數民族匈奴族的劉淵及沮渠氏赫連氏, 羯族石氏, 鮮卑族慕容氏及禿發氏乞伏氏, 氐族苻氏呂氏, 羌族姚氏, 相繼在中原稱帝, 史稱五胡.(漢) 北魏 : 拓跋等.(國1)

194) 無間可入 : 間, 隙也, 吾中國治安無間隙而可入也.(要)

195) 幽王不死於犬戎 : 十七年周幽王爲犬戎所殺.(國1)

196) 明皇不敗於祿山 : 天寶十四年.(國1)

197) 呼延晏 : 懷帝永嘉五年事.(國1) 劉曜 : 愍帝建興四年事.(國1) 不能以陷晉都 : 晉室諸王自相魚肉, 致呼延晏劉曜等並陷晉都, 虜懷愍二帝.(國1)

198) 懷愍不辱於强虜 : ① 更衣執蓋.(國1) ② 漢主聰宴羣臣於光極殿, 使(晉)懷帝著青衣, 行酒, 庾珉王雋等不勝悲憤, 因號哭. … 聰殺珉雋等故晉臣十餘人, 懷帝亦遇害.(胡313年) ③ 聰饗羣臣于光極殿, 使愍帝行酒洗爵, 已而更衣, 又使之執蓋. … 愍帝遇害於平陽.(胡317年)

199) 斡离不 : ① (國1)本作'斡離不'. '斡离不'與'斡離不', 混用者既多, 而國音皆爲'알리불'耳.(◉) ② ?~1127. 完顔宗望. 金太祖第二子, 本名斡魯補, 又作斡離不. … 與宗翰虜宋徽欽二帝北還. 旋病死.(人) ③ 斡離不, 알리불.(檀) ④斡離不, オリブ.(和) 斡離不粘罕 : 斡離不與粘罕二人, 乃金將也.(國1) 粘罕 : 1079~1136. 完顔宗翰. 金宗室, 本名粘沒喝, 亦作粘罕. 太宗五年, 俘宋徽欽二帝. 熙宗卽位, 封晉國王. 謚桓忠.(人)

200) 徽欽不死於漠北矣 : 虜去徽欽二帝.(國1) 漠北 : 指蒙古高原大沙漠以北的地區.(漢)

201) 來王 : ① 謂來朝見王.(新50年) ② 指古代諸侯定期朝覲天子.(漢)

202) 蕭牆 : 古代宮室內作爲屛障的矮牆. 借指內部.(漢) 墻 : 同'牆'.(漢)

203) 脩己以安百姓 : 脩己以安百姓, 脩己以安百姓, 堯舜其猶病諸.(論語 憲問)

204) 治 : 直吏翻.(胡前135年)

之治也，六事以自責，[205] 成湯之治也.[206] 作無逸陳豳詩，[207] 文武成康之治也. 除秦苛法，與民自新，偃武修文，[208] 勵精求治，[209] 擧德行，興孝悌，隆禮義，尙廉恥，此漢祖唐宗宋祖之所以興也.

○【虛無邪說 不補於治道】

虛無邪說 不補於治道

至於末世，崇尙虛無，[210] 信誘邪說，垂及敗亡，[211] 猶不能悟. 齊元爲周師所圍，尙講老子，[212] 梁武爲侯景所迫，[213] 惟談苦空.[214] 事佛之謹，舍施之多，[215] 無以逾於梁武.[216] 奉道之勤，設醮之厚，[217] 又何以加於道

---

205) 六事以自責：昔成湯遭旱，以六事自責曰，"政不節邪，使民疾邪，宮室營邪，女謁盛邪，苞苴行邪，讒夫昌邪."(胡60年)

206) 成湯：伐桀，武功成，故號成湯. 一云，成，諡也.(經典釋文 卷3 尙書音義 上)

207) 無逸：書篇名. 成王卽位，周公作無逸以勉之.(要)　豳詩：詩篇名，周公以冢宰攝政，乃述後稷公劉之化，作詩以戒成王，謂之豳風，而後人又取周公所作及凡爲周公而作之詩以附焉.(國1)

208) 偃武修文：停息武備，修明文教.(漢)

209) 勵精求治：振奮精神，盡力設法治好國家.(漢)

210) 虛無：① 道家用以指'道'的本體. 謂道體虛無，故能包容萬物. 性合於道，故有而若無，實而若虛.(漢)　② 初，帝聞西域有神，其名曰佛. … 其書大抵以虛無爲宗，貴慈悲不殺.(胡65年)

211) 垂及：將至.(漢)

212) 講老子：齊元，北齊後主高緯也. 周兵至城下，被甲尙講道德經.(要)

213) 迫：(國1)作'逼'，而'迫'與'逼'義同，則兩用亦可.(◉)

214) 苦空：佛教語. 謂人世間一切皆苦，凡事俱空. 後亦用作佛門的代稱.(漢)

215) 舍施：猶施舍. 謂以財物人力資助寺院或救濟貧民.(漢)

216) 梁武：武帝爲侯景所逼，將死曰荷荷，三入爲寺家奴，故云捨施.(要)

217) 設醮：道士設立道場祈福消災.(漢)

君.[218] 然則餓死臺城,[219] 而佛不之救, 受辱漠北, 而道亦不聞. 秦皇漢武窮極以求神仙, 了無證驗,[220] 楚王英敬信沙門之法,[221] 卒以誅夷, 契丹入寇, 王欽若出守天雄軍,[222] 束手無策, 閉門修齋誦經而已.[223] 用此數者, 曾何補於治道哉!

○【毁焚淫祠 萬代之所瞻仰】

毁焚淫祠 萬代之所瞻仰

狄仁傑巡撫°江˙南,[224] 奏毁吳楚淫祠千七百所,[225] 所存惟夏禹太伯季子伍員四祠而已.[226] 胡穎經略廣東, 毁佛像而殺妖蛇, 杖僧人以脫愚俗, 所過淫°祠˙則必焚之,[227] 此萬代之所瞻仰也.

---

218) 道君：指徽宗也.(異本)

219) 臺城：六朝時的禁城. 其地本三國吳後苑城, 東晉成帝時改建作新宮, 遂爲宮城. 歷宋齊梁陳, 遂爲臺省(中央政府)和宮殿所在地, 因專名臺城.(漢)

220) 了無：全無, 毫無.(漢)

221) 楚王英：漢之藩王也.(國1)　沙門：指佛教僧侶.(漢)

222) 王欽若：962～1025. 宋臨江軍新喩人, 字定國. 太宗淳化三年進士. … 景德元年, 契丹大擧南下, 圍瀛州, 進逼貝魏, 密請眞宗往金陵, 爲寇準所阻. 後出判天雄軍. 因與寇準不協, 要求去職主修冊府元龜. 諡文穆.(百度快照)　天雄軍：唐置魏博節度使, 授田承嗣, 天祐初賜號天雄軍. … 周又置天雄軍, 宋初仍之, 尋廢.(中)

223) 閉門修齋誦經而已：契丹入寇之時, 寇準爲相, 出欽若, 守天雄軍使, 自爲戰兵, 至城下, 束手無策, 但閉門脩齋而已.(國1)　修齋：會集僧人或道徒供齋食, 作法事.(漢)

224) 狄仁傑：630～700. 唐代並州太原人, 字懷英, 狄知遜子. 擧明經. 爲並州都督府法曹, 轉大理丞 … 神功初複相, 爲河北道行軍元帥, 安撫大使等職, 率軍擊突厥兵. 入爲內史. 封燕國公. 卒諡文惠, 追封梁國公.(人)　江南：或作'河南'者非.(國1)

225) 淫祠：不合禮義而設置的祠廟邪祠.(漢)

226) 季子：延陵季子.(◉)　伍員：員, 音云.(胡164年)

227) 胡穎 … 必焚之：胡穎三國時人, 或云南朝陳時人, 爲廣東經略, 使蛇在佛像中, 每祭出食酒肉. 又云, 必要人祭, 穎碎而殺之, 而杖其守護之僧, 以脫愚俗之惑, 淫祠盡焚毁之, 以

○【自漢以來 老佛漸盛】

自漢以來老佛漸盛

嗚呼！自漢以來，不能紹述三王之道，而佛老之教，反自明帝始．永平之間，[228] 遣使之天竺，[229] 得佛經四十二章，緘之蘭臺石室，以佛像繪之淸凉臺顯節陵．[230] 靈帝始立祠于宮中以奉之．[231] 又有飛仙變化之術，丹藥符籙之技，[232] 禱祠醮祭之法，[233] 沈淪鬼獄之論，[234] 皆以老氏爲宗，[235] 而名曰道．晉魏以來．其法漸盛．僧尼道士日以益衆，元魏孝文，[236] 號爲賢主．亦幸其寺，修齋聽講．[237]

○【老佛流弊千有餘載】

老佛流弊千有餘載

至如石勒之於佛圖澄，[238] 符堅之於沙門道安，[239] 姚興

解世人之疑.(國1) 祠：(春)本作'祀'，據(國1)改.(◉)

228) 永平：後漢孝明帝(劉莊)之年號．西紀58～75.(中)

229) 天竺：印度之古稱.(中)

230) 明帝始 … 以佛像繪之淸凉臺顯節陵：明帝時，遣博士蔡愔等十八人，往迎佛法，而釋迦佛始入中國，心經大悲呪等四十二章，緘之蘭臺石室，以佛像繪於淸凉臺．其臺在北鴈門郡，外有五峯，又名五臺山，冬無大寒，夏無大暑故名．顯節陵，卽明帝之陵曰壽陵.(國1) 蘭臺：漢代宮內收藏典籍之處.(漢) 顯節：① 明帝陵也.(後漢書 卷75 張酺傳 注) ② 明帝令畫工，圖佛像，置淸涼臺及顯節陵上.(魏書 卷114 釋老10)

231) 靈帝始立祠于宮中以奉之：又聞宮中立黃老浮屠之祠.(胡166年)

232) 丹藥：道教稱用丹砂煉制的藥物.(漢) 符籙：亦作'符錄'．道士巫師所畫的一種圖形或線條，相傳可以役鬼神，闢病邪.(漢)

233) 禱祠：謂向神求福及得福而後報賽以祭.(漢) 醮祭：設壇祈禱，祭奠.(漢)

234) 沈淪：謂墮落於地獄之中不得超升.(漢) 鬼獄：地獄.(漢)

235) 老氏：卽老聃．其母懷孕，七十餘年生，頭白能言，生於李樹下，故以李爲姓也.(要)

236) 元魏：北魏也.(國1)

237) 修齋：會集僧人或道徒供齋食，作法事.(漢)

之於鳩摩羅什,[240] 拓跋太武之於寇謙之,[241] 唐武宗之於趙歸眞,[242] 宋道君之於林靈素,[243] 往往事以師禮,不聞有福利之報, 而皆得奇異之禍, 覆轍相尋,[244] 迷而不悟, 流弊千有餘載, 漢明『帝』烏得以逃其責哉![245] 先儒有言,[246] "佛老之害, 甚於楊墨.[247]" 況復有鬼怪人妖, 邪說暴行, 雜然竝興, 以惑世誣民者乎! 孟子曰, "楊墨之道不息, 孔子之道不著.[248]" 韓愈之說曰, "人其人, 火其書, 廬其居, 明先王之道以道之.[249]" 嗚呼! 其要固在於明先王之道耳. 此盛彼衰, 自然之理也.

---

238) 石勒之於佛圖澄 : 石勒者, 五胡之亂首也. 佛圖澄, 僧名, 石勒信事之, 後石勒爲石虎所殺.(國1) 石勒 : 274~333. 十六國時後趙建立者.(人)

239) 符堅 : ① 亦一胡也.(國1) ② 338~385. 十六國時前秦國君.(人) 道安 : 僧名. 符堅敬事之, 後符堅爲慕容庬所殺.(國1)

240) 姚興之於鳩麻羅什 : 姚興者, 亦五胡之一也. 奉事番僧鳩麻羅什.(國1) 姚興 : 366~416. 十六國時後秦國君.(人) 鳩摩羅什 : 十六國時高僧.(人)

241) 拓跋太武之於寇謙之 : 拓跋太武, 北魏之主也. 寇謙之, 道士之名, 太武敬事之. 後爲宦官宗愛所殺.(國1) 拓跋太武 : 408-452. 北魏太武帝. 卽拓跋燾.(人)

242) 趙歸眞 : 亦道士之名, 武宗敬事之.(國1)

243) 林靈素 : 亦道士之名.(國1)

244) 覆轍 : 翻車的軌迹. 比喩招致失敗的教訓.(漢) 尋 : 連續.(漢)

245) 帝 : (國1)有'帝'字, 今據補.(◉)

246) 先儒 : 程子.(國1)

247) 楊墨 : ① 楊朱墨翟.(國1) ② 楊子取爲我, … 墨子兼愛.(孟子 盡心 上)

248) 楊墨之道不息 … 不著 : 此句見孟子滕文公下. 息, 或作'熄', 熄與'息'通.(◉)

249) 人其人 … 以道之 : ①此句見韓愈所作原道.(◉) ②人其人, 上人字爲動詞, 使其爲人也. 言使僧尼道士還俗爲常人也. 廬其居, 廬, 居舍也, 此處用爲動詞, 言使佛寺道觀, 改爲民房也. 道之, 道, 通'導'字.(新譯古文觀止 原道 注, 三民書局 臺北 民國66年)

○【用舍之間 安危所繫】

用舍之間 安危所繫

辨人才, 審治體, 美教化, 厚人倫, 此明道之實也. 武帝好儒術, 董仲舒進修己治人之策,[250] 而帝之所與論者, 公孫弘東方朔司馬相如之徒. 卒事封禪,[251] 以蕩其志, 神宗慕王道, 程伯子上稽古正學定志之論, 而上之所與謀者, 王安石呂惠卿章惇蔡卞之流.[252] 創置新法,[253] 以擾其民, 用舍之間, 安危所繫.

○【壅蔽聰明 以圖利己者 皆所以自滅】

壅蔽聰明 以圖利己者 皆所以自滅

袁紹不起, 則五族忠賢之禁不除.[254] 劉裕不興, 則藩鎭强臣之禍不息.[255] 朱溫不來, 則宦官宮妾之亂不止.[256] 然癰疽旣潰,[257] 而大命隨之,[258] 蓋人君之喜用

---

250) 董仲舒：前179～前104. 西漢廣川(今河北凍强東)人. 箸名的儒者, 主張罷黜百家, 獨尊儒術. 宣揚天人感應學說及"天不變, 道亦不變"的思想. 傳見史記卷121漢書卷56.(新前140年)

251) 封禪：古代帝王在泰山作壇以祭天, 稱封. 在泰山下梁父山劃區以祭地, 稱禪.(新前133年)

252) 王安石：1021～1086. 宋撫州臨川人, 字介甫, 小字獾郎, 號半山. 神宗卽位, 知江寧府, 旋召爲翰林學士兼侍講. 熙寧三年, 拜參知政事, 力爲變法, 與神宗意合. … 元豐三年, 封荊國公, 卒謚文.(人) 蔡卞：(國1)本作'蔡抃', 誤.(◉)

253) 新法：宋神宗時, 王安石所倡之政治財政社會兵制各方面之新法也.(中)

254) 袁紹不起 則五族忠賢之禁不除：漢靈帝熹平五年, 宦官專權, 羅織賢士, 禁錮黨人, 爰及五屬, 袁紹時爲勃海太守, 起兵討宦官, 其禁始除.(國1) 五族：謂五服(斬衰齊衰大功小功緦麻)內的親族.(漢)

255) 劉裕不興 則藩鎭强臣之禍不息：劉裕者, 晉臣也. 藩鎭擁兵相戰, 桓玄簒位, 劉裕起兵京口滅之. 裕後受晉禪, 爲宋高祖.(國1) 强臣：桓玄輩.(國1)

256) 宦官宮妾之亂不止：朱溫唐末人, 時宦官宮妾, 互相爲亂, 朱溫入汴, 收而誅之, 後爲梁高祖.(國1)

姦邪者，冀得以從已之欲而已．人臣之欺罔其君者，亦欲以固其寵祿而已．然君以逸欲滅國，臣以寵祿殺身，前車既覆，後車不戒，[259] 及至君亡國滅，其臣又安得以獨存哉！是故秦未亡，而李斯趙高先夷三族，[260] 漢未滅，而宦官張讓等二千餘人，已就誅夷，王莽盜竊神器，[261] 以傳首詣宛，[262] 梁冀七侯三后六貴人二大將軍卿將尹校五十七人，[263] 無少長，皆棄市，[264] 收其財貨，合三十餘萬萬，[265] 以充王府之用．明皇幸蜀，李林甫斲棺鞭尸，[266] 楊國忠斷頭注槊，[267] 唐祚未終，而先斬韓全誨等一百六十二人，[268] 復殺第五可範以下

257) 癰疽：毒瘡名．比喩禍患(漢)

258) 大命：天命.(漢)

259) 前車既覆 後車不戒：謂前人之失敗，後人不之戒也．此句據于韓詩外傳卷5之'前車覆而後車不誡，是以後車覆也.'之文.(◉)

260) 三族：父族母族妻族.(國1)

261) 神器：代表國家政權的實物，如玉璽寶鼎之類．借指帝位政權.(漢)

262) 以傳首詣宛：光武在宛，諸將既誅王莽，以其首傳至於宛.(國1)　傳：轉，去聲．驛遞.(綱鑑23年)　宛：於元翻.(胡23年)

263) 三后：和帝之母冀之姑也，順帝之后冀之姊也，桓帝之后冀之妹也.(要)　二大將軍：固冀父子.(國1)

264) … 皆棄市：冀專權侍寵，而致家中大小皆受誅夷.(國1)

265) 合三十餘萬萬：收入共計三十餘億.(中白159年)　萬萬：一萬個萬，億.(漢)

266) 李林甫斲棺鞭尸：林甫唐之姦相，祿山之亂，明皇入蜀，林甫已死，將士啓其屍以鞭之.(國1)　斲棺：劈開棺材.(漢)

267) 楊國忠：貴妃之兄，明皇相也．國忠激祿山爲亂，明皇幸蜀，將士飢餓忿怒，皆由國忠，爭殺之，以頭注槊.(要)

268) 韓全誨等：爲李茂貞所殺.(要)

數百,[269] 寃號之聲, 徹于內外, 崔胤之徒, 亦隨授首.[270] 徽欽未亡, 而蔡京童貫王黼梁師成, 已先就戮, 南宋未滅,[271] 而賈似道先死于鄭虎臣之手,[272] 秦檜削奪官爵, 韓侂冑梟首淮濱,[273] 由此觀之, 昔之壅蔽聰明, 以圖利己者, 皆所以自滅而已. 可不戒哉! 故爲君難, 爲臣不易, 治亂興亡之所由也, 可不愼哉!

○【英雄心一道同】

英雄心一道同

嗚呼! 觀人才之吉凶, 知邦家之休戚.[274] 漢儒有言曰,[275] "正其誼, 不謀其利, 明其道, 不計其功." 蓋人品不同, 而事業亦異, 是不可以成敗論英雄也. 諸葛亮輔漢於蜀,[276] 狄仁傑反周爲唐,[277] 其心一也. 郭汾陽克復二京,[278] 而終身富貴, 岳武穆志存雪恥,[279] 而

269) 第五可範 : 朱全忠所殺.(要)

270) 崔胤之徒 亦隨授首 : 天祐元年.(國1) 崔胤 : 唐人. 帝自鳳翔還, 胤揣全忠將簒奪, 欲握兵自固, 全忠令其子友諒殺之.(中) 授首 : 謂投降或被殺.(漢)

271) 南宋 : 朝代名. 自公元1127年趙構(高宗)建炎元年在南京(今河南商丘)稱帝起, 至1279年趙昺祥興二年被元滅亡止, 共歷九帝, 一百五十三年, 史稱南宋.(漢)

272) 賈似道先死于鄭虎臣之手 : 似道貶於嶺南監押官, 鄭虎臣誅之.(國1)

273) 韓侂冑梟首淮濱 : 檜與侂冑皆姦相, 侂冑梟首淮水之濱, 以示衆.(國1)

274) 休戚 : 猶喜憂也.(中)

275) 漢儒 : 董仲舒.(國1)

276) 蜀 : 力輔劉備.(國1)

277) 狄仁傑反周爲唐 : 武后號國曰周, 仁傑力復之.(國1)

278) 郭汾陽 : 子儀封汾陽王也.(要) 二京 : ① 唐初建都長安曰西京, 開元初, 又以河南爲東都, 改名東京, 故曰二京.(國1) ② 二京, 東西二京.(要)

身死權姦,[280] 其道同也.

○【誅亂賊 正名分 定褒貶 示勸懲 此綱目之所以繼獲麟而作】

誅亂賊 正名分 定褒貶 示勸懲 此綱目之所以繼獲麟而作

孟德睥睨神器,[281] 狐媚欺孤,[282] 恨文若九錫之勸而致之死,[283] 簒逆之所爲也. 子儀功蓋天下, 位極人臣, 杖郭曖肆言之失,[284] 而歸朝待罪, 臣子之所安也. 平生姦僞, 死見眞性,[285] 操之所以如鬼也.[286] 鞠躬盡力, 死而後已,[287] 亮之所以°如˙龍也.[288] 蘇武持漢節於匈

---

279) 武穆：宋岳飛之諡.(中)

280) 權姦：秦檜.(國1)

281) 孟德：姓曹氏, 名操也.(要)　神器：國家也.(要)

282) 欺孤：孟德如狐狸嫵媚, 以欺漢獻帝幼弱也.(國1)

283) 恨文若九錫之勸而致之死：董昭欲加曹操九錫, 荀文若曰, 曹公興義兵以匡國, 君子愛人以德 不宜如此, 操不悅. 文若恐治之以法, 飮藥死.(別本)　九錫：古代天子賜給諸侯大臣的九種器物, 是一種最高禮遇.(漢)　文若：後漢荀彧之字.(中)

284) 杖郭曖肆言之失：… 子儀聞之, 囚曖, 入待罪. 上曰, "鄙諺有之, '不痴不聾, 不作家翁.' 兒女子閨房之言, 何足聽也!" 子儀歸, 杖曖數十.(胡767年)　杖郭曖：郭曖, 子儀子也, 尙昇平公主, 琴瑟不調, 曖曰, 汝倚乃父爲天子耶! 我父薄天子不爲, 主恚入, 奏天子. 子儀囚曖, 入待罪. 代宗曰, "'不痴不聾, 不作阿家翁.' 兒女閨闈之言, 勿聽."(要)

285) 死見眞性：曹操臨終, 始知簒位爲非, 戒其子曰, "題我墓云, '安漢公曹將軍之墓.'" 故云死見其性也.(要)

286) 如鬼：曹操臨終, 知人窃聽, 但云, "分香賣履." 餘無一言及他事, 故云, "曹之所以如鬼也."(國1)　分香賣履：東漢末, 曹操造銅雀台, 臨終時吩咐諸妾, "汝等時時登銅雀臺, 望吾西陵墓田." 又云, "餘香可分與諸夫人. 諸舍中無爲, 學作履組賣也." 見晉陸機吊魏武帝文序. 後以"分香賣履"喩臨死不忘妻妾.(漢)

287) 鞠躬盡力 死而後已：① 恭敬勤謹, 盡心竭力工作, 一直到死爲止.(漢)　② 此孔明本心.(古文集成 卷22 後出師表 注)

288) 亮之所以如龍也：蘇東坡作諸葛亮祭文, 視亮如龍, 視操如鬼.(國1)　如：(春)本作'爲', 誤.(◉)

奴，是舍生而取義，[289] 眞卿陳禍福於希烈，[290] 乃殺身以成仁．李陵衛律罪通于天，[291] 邦昌劉豫心委于虜，[292] 霍光擁立二君，而子孫夷滅，[293] 是履盛滿而不止也．韓琦定策兩朝，[294] 而德望蓋世，識用舍行藏之道也．[295] 陶潛爲晉處士，[296] 心逸而日休，[297] 揚雄爲莽大夫，[298] 心勞而日拙．[299] 諸葛入寇[300]，晉史自帝魏也．[301] 丞相

---

289) 舍生而取義：武留匈奴十九年，節旄盡落後，漢假得鴈足書而歸.(國1)

290) 眞卿陳禍福：李希烈僞立，顔眞卿曉以逆順禍福之理.(要)　顔眞卿：709~784．唐人，字淸臣．顔師古五世從孫．玄宗開元十二年進士．安祿山反，約從兄平原太守顔杲卿等起兵抵抗，響應者衆，共推爲盟主，兵至二十萬．歷遷尙書右丞吏部尙書太子太師，封魯國公，世稱顔魯公．德宗時，盧杞惡之，會李希烈反，命往勸諭，遂爲希烈縊死．諡文忠．工書法，初學褚遂良，後從張旭，創爲顔體.(人)

291) 李陵衛律罪通于天：李衛二人，出使匈奴，就臣服之，故云罪通于天.(國1)

292) 邦昌劉豫心委于虜：張邦昌宋臣，元人立以爲帝，于時元逼宋，南渡．劉豫亦宋臣，元人亦欲立之，如邦昌故事，二人皆服于虜.(要)

293) 霍光擁立二君 而子孫夷滅：霍光擁昭帝，立宣帝，而後其子孫謀反，夷滅.(要)

294) 韓琦：1008~1075．宋相州安陽人，字稚圭，號贛叟．仁宗天聖五年進士．嘉祐中拜同中書門下平章事，時仁宗有疾，琦力請立皇嗣．英宗卽位，拜右僕射，封魏國公．神宗立，拜司空兼侍中，尋改判永興軍相州等地．卒諡忠獻.(人)　定策：亦作'定冊'．古時尊立天子，書其事於簡策，以告宗廟，因稱大臣等謀立天子爲'定策'.(漢)

295) 韓琦定策兩朝 … 行藏之道也：琦定英宗哲宗兩朝之策也，當進而進，當退而退．如王安石專權，琦卽引退是也.(國1)　用捨行藏：謂被任用就行其道，不被任用就退隱.(漢)

296) 陶潛：365 或 376~427．東晉人，字淵明．一說名淵明，字元亮．陶侃曾孫．起家州祭酒，不堪吏職，辭歸．復爲鎭軍建威參軍彭澤令．郡遣督郵至，潛不願爲五斗米折腰，安帝義熙二年，卽去官隱居，賦'歸去來兮'以明志．入南朝宋，不肯復仕．所著文章，皆題年月．義熙以前，書晋代年號，南朝宋以後，唯云甲子．躬耕自資，嗜酒，善爲時文．私諡靖節.(人)　處士：本指有才德而隱居不仕的人．後亦泛指未做過官的士人.(漢)

297) 心逸而日休：作德也，見書傳．潛爲彭澤令，知劉裕移晉祚，賦歸去來辭，解印歸，故云日休．休者，美也.(要)

298) 莽大夫：指漢代揚雄．揚雄本仕漢朝，王莽稱帝時，仕莽爲大夫.(漢)

299) 心勞日拙：作僞也．亦見書傳．揚雄字子雲，漢成帝時人，王莽簒位，轉爲大夫，稱莽比伊周，後連坐幾死.(要)

300) 諸葛入寇：晉書(卷37安平獻王孚列傳)曰，"每諸葛亮入寇關中，邊兵不能制敵."又資治通

出師,[302] 漢賊明大義也.[303] 廢帝爲王,[304] 唐經亂周紀也.[305] 帝在房州, 萬古開群蒙也.[306] 故自初命晉大夫爲諸侯以來,[307] 千三百六十二年之間,[308] 誅亂賊於旣死, 正名分於當時, 定褒貶於往前, 示勸懲於來世, 此綱目之所以繼獲麟而作也.[309]

○【是非得失 公論不泯 其亦可畏】

是非得失 公論不泯 其亦可畏

廣微魁天下於少年,[310] 敬仲戒之, 必念千里生民之寄, 希元以命訊日者,[311] 和叔教以須忘富貴利達之心. 是

鑑(卷71魏紀3烈祖明皇帝上之下太和二年)曰, "諸葛亮將入寇, 與羣下謀之."(◉)

301) 自帝魏：晉史以魏承大統, 書諸葛亮入寇也.(要)

302) 丞相：指蜀丞相諸葛亮.(◉)

303) 漢賊：指曹操也.(要)

304) 廢帝爲王：武后廢中宗, 爲廬陵王.(國1)

305) 唐經亂周紀：① 武后國號周, 周紀亂乎唐經.(要) ② 歐陽子反紀周之年號, 以亂唐之歷統.(性理羣書句解 卷3 感興七首)

306) 萬古開群蒙也：① 朱子感興詩, 春秋二三策, 萬古開群蒙. 朱子書綱目, 書中宗爲王, 每年之首, 書帝在房州, 人皆不識, 故云萬古開群蒙也.(國1) ② 乙酉二年, 春正月, 帝在均州. 劉友益曰, 每歲首, 必書帝所在, 存正統也.(通鑑輯覽 卷52 唐中宗皇帝嗣聖二年) ③ 乙酉二年, 春正月, 帝在均州. 昔季氏逐其君, 春秋每歲, 必書公所在.(目 卷41下 中宗皇帝嗣聖二年)

307) 自初命晉大夫 …：趙籍韓虔魏斯三大夫, 共滅晉, 天子不能正其罪, 後反命爲諸侯.(國1)

308) 千三百六十二年之間：自威烈王二十三年戊寅, 至周顯德六年己未, 一千三百六十二年, 載於通鑑.((資治)通鑑外紀 序)

309) 獲麟：哀十四年, 鉏商獲獜, 折其左足, 孔子反袂拭目, 泣涕沾襟, 孔子作春秋, 至獲獜而絶筆也.(要)

310) 廣微：袁甫字也, 定海人. 少年登宋嘉定九年壯元及第, 嘗受業於敬仲, 敬仲, 楊簡字也, 慈谿人. 理宗朝召爲寶謨閣學士, 廣微爲青田縣尹, 敬仲故戒之, 必念千里生民之寄.(國1)

311) 希元：眞德秀字也, 未第時, 以命訊日者, 和叔, 袁燮字也. 理宗朝爲國子祭酒, 因教德秀, 須忘富貴利達之心.(要) 日者：古時以占候卜筮爲業的人.(漢)

故，建安與青田俱爲百世師，[312] 循序及修省，工夫齊妙用，實殊轍而同歸，[313] 何後學之有異！ 且晝所爲，則夜必焚香，以奏于帝，豈閱道之治其心乎！[314] 因妻邪謀，而毁謗朱子，以媚侂胄，乃鄕人之喩於利也.[315] 馮道歷事於五季，[316] 惟恐失之，[317] 嚴光加足於帝腹，忘其貴也.[318] 明燭以達旦，乃雲長之大節，[319] 却衣而凍死，實陳三之細事，[320] 少事僞朝，[321] 官至郎署，[322] 陳情之謬也.[323] 求仁得仁，抑又何怨，告墓之正也.[324]

---

312) 百世師：廣微爲靑田先生，能受生民所寄之戒，希元爲建安先生，能忘富貴利達之心，故可爲百世師.(國1)

313) … 殊轍而同歸：循序，言生而知之者，修省，言學而知之者，殊轍同歸，言生而知之與學而知之者，成功一也. 學而知之與修省，皆指建安靑田而言也.(要)

314) 閱道：趙抃字也，宋神宗時人也. 晝出夜歸，必以日所爲焚香告天，此其治心之正.(要)

315) … 喩於利也：朱子爲浙東提刑，至°台'，知州唐仲友爲民所訟. 朱子按得其實，上狀劾奏，王淮爲丞相，其妻與仲友爲外兄弟，淮匿其奏不以聞. 淮旣罷，侂胄爲相，朱子上書忤侂胄，侂胄怨之. 淮妻謀於侂胄曰，"凡所爲異者，皆道學之人，" 卽以道學目爲僞學也. 朱子行常平等法，賑貸鄕人，皆識其有利於民，而侂胄輩短之，故曰，"鄕人之喩於利也." 一說，鄕人皆知仲友輩利於己而謗也.(要) 至台：(要)作'至治'，誤. 據(綱鑑)卷7'九年壬寅金大定二十二年(1182)等文改.(◉)

316) 馮道：882-954，五代時瀛州景城人. 字可道. 好學能文. 歷事四朝與契丹，未嘗諫諍. 自號長樂老，有長樂老敍.(人) 五季：五代. 梁唐晉漢周. 季，謂世之末也.(中)

317) 惟恐失之：恐失其位.(國1)

318) 嚴光加足於帝腹，忘其貴也：光武召光至，朝夜同寢，光以足加帝腹，明日太史奏曰，"昨夜客星 犯御座甚急." 光武曰，"朕故人子陵共臥耳."(國1)

319) 大節：雲長，關羽字也. 與昭烈之后俱爲曹操所虜，操欲亂其君臣之義，與后共處一室，羽避嫌，執燭侍后也.(要)

320) 陳三：① 卽陳無已也，從徽宗郊天，時天寒，趙挺之與一裘，無已嫌其貪汚，卻之而凍死.(要) ② 陳師道，宋徐州彭城人，字履常，一字無已，號後山居士.(人)

321) 僞朝：① 謂蜀朝也.(古文集成 卷22 陳情表 注) ② 指僭僞非正統的王朝.(漢)

322) 郎署：代稱皇帝的宿衛侍從官.(漢)

323) 陳情之謬：李令伯不知蜀承正統，而陳情表云，"少事僞朝，" 故曰謬也.(要)

君親雖曰不同, 忠孝本無二致,[325] 是非得失, 乃在乎人, 千載之下, 公論不泯, 其亦可畏也哉!

○【治天下者 必本之身】

治天下者 必本之身

蓋人才難得, 爲民上者, 宜有以作成之也.[326] 是故, 欲治之君, 須知爲治之要.[327] 夫治也者, 親賢遠奸,[328] 信賞必罰, 明禮義, 謹學術, 以身先之, 使民知趨向之方, 上下相師而人才出矣. 如此則師道尊而善人多, 朝廷正而天下治, 百姓大和, 萬物咸若.[329] 盖爲治必以人才爲本, 求人才之道, 又以敎化爲先, 欲行敎化, 非興禮樂不可也. 不興禮樂, 則敎化不行, 敎化不行, 則民無所措手足, 無所措手足, 則三綱不正,[330] 九疇不叙,[331] 而欲致天下之治者遠矣. 故治天下者, 必本之身, 身端心誠, 則賢才輔而天下治矣. 書云, "愼厥身修, 思永.[332]" 詩云, "上帝臨汝, 無貳爾心,[333]"

324) 告墓之正也 : ① 文天祥被虜安南, 遣人祭父革齋先生, 故曰告墓之正也.(國1) ② 我生不辰, 罹此百凶, 求仁得仁, 抑又何怨.(文山集 卷20 告先太師墓文)

325) 忠孝本無二致 : 言令伯與天祥.(國1)

326) 作成 : 培育.(漢)

327) 治 : 直吏翻.(胡237年)

328) 奸 : 亦作'姦'.(漢)

329) 若 : 順也.(國1)

330) 三綱 : 君爲臣綱, 父爲子綱, 夫爲妻綱, 爲三綱.(國1)

331) 九疇 : 五行五事庶徵五福五紀三德稽疑六極八政, 爲九疇, 見書.(要)

"無貳無虞, 上帝臨汝,[334]" 此之謂也.

332) 愼厥身修 思永 : 皐陶謨, 愼者, 言不可不致其謹也. 身修則無言行之失, 思永則非淺近之謀, 此皐陶告禹之辭也.(要)

333) 上帝臨汝 無貳爾心 : 詩大明篇, 言武王伐紂之時, 武王以衆寡不敵有疑, 故文王勉之曰, "上帝臨汝, 無貳爾心." 貳, 疑也. 爾, 指武王也.(要) 大明 : (要)與(國1)皆作'文王', 誤.(◉)

334) 無貳無虞 上帝臨汝 : 詩閟宮篇, 成王封伯禽, 引文王篇以戒之之辭.(要)

通鑑節要增損校註 卷一

周紀[1]

■ 威烈王[2]

在位二十四年.

1) 周紀：① 因太王居周原, 國號曰周. 紀, 理也, 統理衆事而繫之年月. 溫公繫年用春秋之法, 因史漢本紀而謂之紀.(胡) ② 帝王之書稱紀者, 爲後代綱紀也.(要)

2) 威烈王：① 諡法, 猛以剛果曰威, 有功安民曰烈.(胡) ② 周, 第三十二代王.(中) ③ 武王至威烈王二十世, 戰國時周世系如下.(今) 二十世：當作三十二世.(◉)

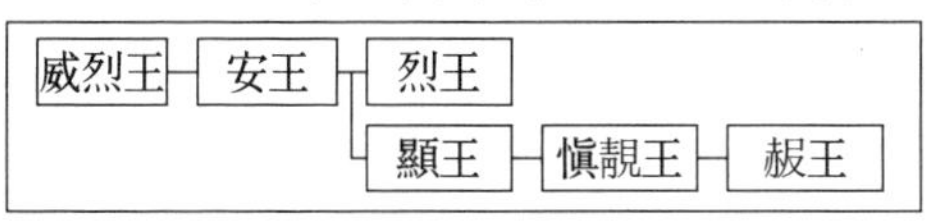

周威烈王二十三年, 爲楚聲王五年. 戰國時楚世系如下.(今前402年)

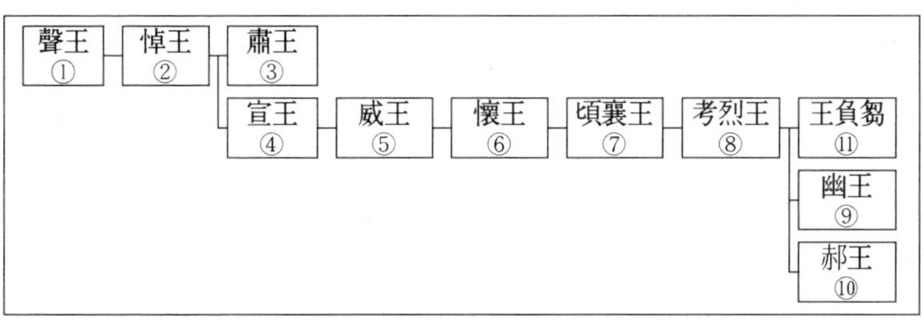

周威烈王二十三年, 爲秦簡公之十二年. 簡公以下世系如後.(今前401年)

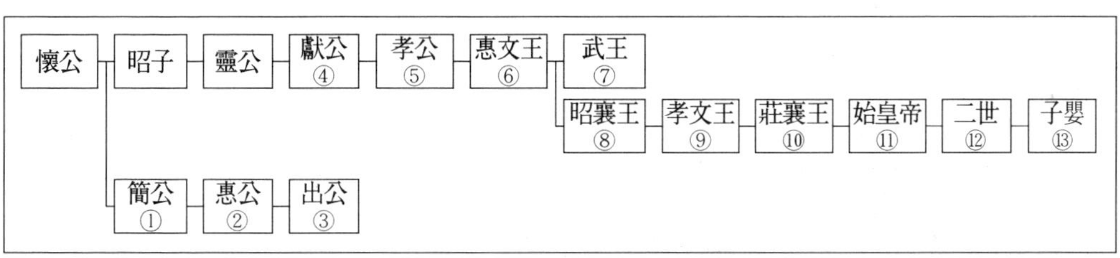

名午，考王子．周自武王至平王，凡十三世，自平王至威烈王，又十八世．[3] 是時周室衰微，徒擁虛器，[4] 號爲天下共主．[5] 傳至赧王，五世爲秦所滅．

【戊寅(前403) 威烈王二十三年】[6]

○【三家分晉】

三家分晉 初命晉大夫魏斯趙籍韓虔爲諸侯．[7]

---

3) 十八世：當作十九世．平王周之十三世君主，而威烈王三十二世君主，則其相傳十九世矣．(◉)

4) 虛器：言空有帝王的名位而無其實．(漢)

5) 共主：共同崇奉的宗主．亦指天子帝王．(漢)

6) 二十三年：上距春秋獲麟七十八年，距左傳趙襄子惎智伯事七十一年．(胡)

7) 初命晉大夫魏斯趙籍韓虔爲諸侯：① 此溫公書法所由始也．魏之先，畢公高後，與周同姓．其苗裔曰畢萬，始封于魏，至魏舒，始爲晉正卿，三世至斯．趙之先，造父後，至叔帶，始自周適晉，至趙夙，始封於耿．至趙盾始爲晉正卿，六世至籍．韓之先，出於周武王，至韓武子事晉，封於韓原．至韓厥，爲晉正卿，六世至虔．三家者，世爲晉大夫，於周則陪臣也．周室既衰，晉主夏盟，以尊王室，故命之爲伯．三卿竊晉之權，暴蔑其君，剖分其國，此王法所必誅也．威烈王不惟不能誅之，又命之爲諸侯，是崇奬奸名犯分之臣也．通鑑始於此，其所以謹名分歟!(胡) ② 春秋之世，晉有范氏中行氏智氏及韓魏趙，是爲六卿．後三家皆爲韓魏趙所滅，三分晉地而有之．至此始請命於天子爲諸侯．(春) ③ 通鑑紀事本末題此事曰，“三家分晉.”(◉) ④ 自三家滅智伯，至是五十一年，始列爲諸侯，是年九鼎震．(通鑑輯覽 卷9 周 威烈王 23年) 初：① 始．(新) ② 初命何? 病周也．三家分晉，各三四世矣．三家滅智氏，分其田，趙自襄子始，襄子卒．桓子立，桓子卒，獻子立，獻子卒，籍立，魏自桓子始，桓子孫斯．韓自康子始，康子卒，武子立，武子卒，虔立，命之爲諸侯，則於是始也，以周爲固亂，故病之．(綱鑑) 晉：退溪頭註，晉姬姓，侯爵，周成王封母弟叔友於唐，至燮，改國號曰晉．(要) 魏斯：魏桓子之子，魏國第一君魏文侯，公元前446年至公元前387年在位．事詳史記魏世家．(新) 趙籍：趙獻侯之子，趙國第一君趙烈侯，公元前408年至公元前387年在位．事詳史記趙世家．(新) 韓虔：韓武子之子，韓國第一君韓景侯，公元前408年至公元前400年在位．事詳史記韓世家．周威烈王二十三年(前403)始命魏斯趙籍韓虔爲諸侯．(新)

○【三晉之列於諸侯 非三晉之壞禮 天子自壞之】

三晉之列於諸侯 非三晉之壞禮 天子自壞之

溫公曰,[8] 『臣聞』天子之職莫大於禮, 禮莫大於分,[9] 分莫大於名.[10] 何謂禮? 紀綱是也.[11] 何謂分? 君臣是也. 何謂名? 公侯卿大夫是也.

天子之職莫大於禮

夫以四海之廣,[12] 兆民之衆,[13] 受制於一人,[14] 雖有絶倫之力,[15] 高世之智,[16] 莫不奔走而服役者,[17] 豈非以禮爲之紀綱哉! 是故天子統三公, 三公率諸侯, 諸侯制卿大夫, 卿大夫治士庶人.[18] 貴以臨賤,[19] 賤以承貴.[20] 上之使下猶腹心之運手足,[21] 根本之制枝葉, 下之事上猶手足之衛心腹, 枝葉之庇本根,[22] 然後能上

腹心之運手足 根本之制枝葉

---

8) 溫公曰 : 此(資治)所書'臣光曰'之變文也. 今註云, "臣光曰, 此司馬溫公仿左傳中君子曰及仲尼曰而下之議論. 因通鑑是進呈御覽之書, 故稱'臣光'而不用姓." 則'臣光曰'而下之文是尊待語, 而變'溫公曰', 則非尊待語耳. 此當以尊待語解之.(◉) 溫公 : 卽宋司馬光之敬稱.(中) 司馬光(公元 1019~1086) : ① 字君實, 北宋時傑出的史學家.(新) ② 在相位八月卒, 贈太師溫國公, 謚文正.(人)

9) 分 : ① 地位.(今) ② : 扶問翻, 下同.(胡)

10) 名 : 指爵位.(新)

11) 紀綱 : 法度.(新)

12) 夫 : 音扶, 語辭.(目) 四海 : 天下.(新)

13) 兆民 : 指萬民.(新) 衆 : 多.(新)

14) 受制於一人 : 受天子一人所統治.(岳白)

15) 絶倫之力 : 超越羣倫的才力.(今)

16) 高世之智 : 高出同時代人的智慧.(今)

17) 奔走 : 受人役使.(新)

18) 治 : ① 直之翻.(胡) ② 理. 施政統民曰治.(新)

19) 臨 : 統治.(新)

20) 賤以承貴 : 言賤者接受貴者之治. 承, 受.(新)

21) 使 : 令.(新)

下相保而國家治安.[23] 故曰, 天子之職莫大於禮也. 文王序易,[24] 以乾坤爲首. 孔子繫之曰, "天尊地卑, 乾坤定矣.[25] 卑高以陳, 貴賤位矣.[26]" 言君臣之位猶天地之不可易也. 春秋抑諸侯,[27] 尊周室, 王人雖微,[28] 序於諸侯之上,[29] 以是見聖人於君臣之際未嘗不惓惓也.[30] 非有桀紂之暴,[31] 湯武之仁[32], 人歸之,[33] 天命之, 君臣之分當守節伏死而已矣.[34] ▶是故以微子而代紂, 則成湯配天矣,[35] 以季札而君吳, 則太伯血食矣.[36] 然二子寧亡國而不爲者,[37] 誠以禮之大節

春秋抑諸侯尊周室

王人序於諸侯之上

---

22) 庇：寄托, 依托.(新)

23) 治安：政治清明, 社會安定.(新)　治：直吏翻.(胡)

24) 文王：姓姬名昌, 周武王之父. 被囚羑里, 後釋歸, 爲西方諸侯之長, 稱西伯. 武王滅紂, 建立周王朝, 尊其爲文王.(新)　序：通'叙', 述.(新)

25) 天尊地卑 乾坤定矣：見周易大傳繫辭上. 高亨周易大傳今注, "尊, 高也. 卑, 下也 乾爲天, 坤爲地, 天尊地卑, 則乾尊坤卑, 因之以定."(新)

26) 卑高以陳 貴賤位矣：見繫辭上. 以, 通'已'. 陳, 列, 顯示. 位, 通'立'. 此言天高爲貴, 地卑爲賤, 天高地卑之勢已明, 則天貴地賤之位因此而定.(新)

27) 抑：貶.(新)

28) 王人：猶言周王室之官.(新)

29) 序：列.(新)

30) 聖人：孔丘.(柏楊)　惓惓：猶言勤勤也.(胡)

31) 桀：夏朝末代君, 姓姒名癸.(新)　紂：商朝末代君, 姓子名辛.(新)

32) 湯：商朝開國之君, 姓子名履.(新)　武：周武王, 文王之子, 姓姬名發.(新)

33) 歸：往.(新)　之：湯武.(新)

34) 守節伏死：意謂君辱臣死.(新)　伏死：甘願捨棄生命.(漢)

35) 是故以微子而代紂 則成湯配天矣：微子, 史記宋微子世家, "殷帝乙之首子而紂之庶兄也." 殷本紀, "帝乙長子曰微子啓, 啓母賤, 不得嗣, 少子辛, 辛母正后, 辛爲嗣." 紂立後, 商竟至於亡. 王者祀天以其祖配, 商之國祚不絶, 則成湯永能配天, 言微子若立則商不亡.(今)

36) 以季札而君吳 則太伯血食矣：吳國爲太伯之後. 諸樊讓位於弟季札, 季札不受. 後公子光與

不可亂也.¶ 故曰禮莫大於分也.

夫禮,[38] 辨貴賤, 序親疎,[39] 裁羣物,[40] 制庶事,[41] 非名不著, 非器不形,[42] 名以命之, 器以別之, 然後上下粲然有倫,[43] 此禮之大經也. 名器旣亡, 則禮安得獨°在˙哉![44] 昔仲叔于奚有功於衛, 辭邑而請繁纓,[45] 孔子以爲不如多與之邑. 惟°名與器˙,[46] 不可以假人,[47] 君之所司也,[48] 政亡則國家從之. 衛君待孔子而爲政, 孔子欲先正名,[49] 以爲名不正則民無所措手足. 夫繁

名與器不可以假人

王僚爭國, 刺王僚. 至光之子夫差而吳亡. 古祭宗廟用活牲, 因曰血食. 季札若立則吳不亡, 太伯永得受祭祀.(今) 太伯 : ① 吳立國之君. 范寧曰. "太者, 善大之稱, 伯者, 長也. 周太王之元子, 故曰太伯.(胡) ② '太'一作'泰'.(中)

37) 二子 : 指微子季札.(新)

38) 夫 : 音扶.(胡)

39) 序 : 以次配列分別.(新)

40) 裁 : 量度衡量.(新)

41) 制 : 決斷, 裁決.(新) 庶 : 衆.(新)

42) 器 : 車服.(目)

43) 粲然 : 淸楚明白. '然'爲形容詞語尾.(新) 倫 : 序. 此句言, 然後上下關系分明, 秩序井然.(新)

44) 在 : (春)本作'存', 誤.(◉)

45) 昔 … 繁纓 : ① 左傳, 衛孫桓子帥師與齊師戰于新築, 衛師敗績. 新築人仲叔于奚救孫桓子, 桓子是以免. 旣而衛人賞之邑, 辭, 請曲縣繁纓以朝, 許之. 孔子聞之曰, "不如多與之邑, 惟名與器不可以假人."(胡) ② 繁, 音盤, 馬鬣上飾. 纓, 音盈, 馬膺前飾. 皆諸侯之服.(目)

46) 名與器 : (春)本作'器與名', 當作'名與器'.(◉)

47) 假 : 借.(新)

48) 司 : 掌管, 專有.(新)

49) 衛君待孔子而爲政 孔子欲先正名 : 論語子路篇, "子路曰, '衛君待子而爲政, 子將奚先.' 子曰, '必也正名乎!' 子路曰, '有是哉! 子之迂也. 奚其正!' 子曰, '野哉, 由也. 君子於其所不知, 蓋闕如也. 名不正則言不順, 言不順則事不成, 事不成則禮樂不興, 禮樂不興則刑罰不中, 刑罰不中則民無所措手足. 故君子名之, 必可言也, 言之, 必可行也. 君子於其言,

纓，小物也，而孔子惜之，正名，細務也，[50] 而孔子先之，[51] 誠以名器旣亂，則上下無以相°保·故也.[52] 故曰分莫大於名也.

嗚呼！幽厲失德 周道日衰，綱紀散壞，下陵上替，[53] 諸侯專征，[54] 大夫擅政，[55] 禮之大體什喪七八矣，[56] 文武之祀猶緜緜相屬者，[57] 盖以周之子孫尙能守其名分故也. 何以言之？昔晉文公有大功於王室，[58] 請隧於襄王，[59]

襄王不許晉文公請隧

襄王不許曰，“王章也.[60] 未有代德而有二王，[61] 亦叔父之所惡也.[62] 不然，叔父有地而隧，[63] 又何請

無所苟而已矣.””(今)　正名：辨正名稱名分，使名實相符.(漢)

50) 細務：小事.(新)

51) 先：悉薦翻.(胡)　之：指正名.(新)

52) 保：(春)本作‘有’，誤.(◉)

53) 下陵上替：在下位者欺侮在上位者，在位者權勢日衰. 陵，侵犯，欺侮. 替，衰敗.(新)

54) 諸侯專征：征是征伐，諸侯不奉天子命令，獨專有征伐大權.(今)

55) 大夫擅政：擅是專權，大夫不聽諸侯命令，獨專國政，如魯之三桓，晋之六卿，齊之田氏皆是.(今)

56) 什：同‘十’.(新)

57) 文武：周文王，周武王.(新)　祀：漢儒相傳之訓，謂子孫世祀不絶也，滅國卽絶祀. 因此祀指政權的存在.(新)　綿綿：連續不斷貌.(漢)　屬：聯屬也. 音，之欲翻. 凡聯屬之屬，皆同音.(新)

58) 晉文公：前697～前628. 姓姬名重耳，獻公之子，晉第二十二君.(新)

59) 請隧：① 楊伯峻春秋左氏傳“晉文請天子允許于其死後得以天子禮葬己耳”.(第433項).(新) ② 闕地通路曰隧，此乃王者葬禮也. 諸侯皆懸柩而下. 隧，音遂.(胡) ③ 隧，墓道. 羨道.(漢)

60) 王章：王者的葬禮. 章，典章制度.(新)

61) 未有代德而有二王：周德雖衰，天下未有代周之德者，晋欲擬天子，是有二王.(要)

62) 叔父：① 儀禮覲禮“同姓小邦則曰叔父”. 此指晉文公.(新) ② 古者天子謂同姓諸侯爲伯父叔父.(胡)　惡：① 忌諱，不同意.(新) ② 烏路翻.(胡)

63) 有地而隧：自制以爲隧也.(國語 周語 中 韋昭注)　隧：用作動詞. 挖入葬的地道.(新)

焉![64]" 文公於是°‥懼而不敢違.[65] 是故以周之地則不大於曹滕, 以周之民則不衆於邾莒,[66] 然歷數百年, 宗主天下,[67] 雖以晉楚齊秦之强不敢加°‥者,[68] 何哉? 徒以名分尙存故也.[69]

至於季氏之於魯,[70] 田常之於齊,[71] 白公之於楚,[72] 智伯之於晉,[73] 其勢皆足以逐君而自爲, 然而卒不敢者,[74] 豈其力不足而心不忍哉! 乃畏奸名犯分而天下共誅之也.[75] 今晉大夫暴蔑其君,[76] 剖分晉國, 天子旣不能討, 又寵秩之,[77] 使列於諸侯, 是區區之名分復

---

64) 請 : 此言要求周襄王批准.(新)

65) °‥ : (春)本有'乎', '乎'當削.(◉)

66) 曹滕 … 邾莒 : 曹滕邾莒, 春秋時小國. 莒, 居許翻.(胡)

67) 宗主天下 : 爲諸侯的統帥. 宗主, 爲統帥.(新)

68) 加 : 陵, 侵犯.(新)　°‥ : (春)本有'兵', '兵'當削.(◉)

69) 徒以 : 只是因爲.(新)　名分 : '宗主天下'的名分.(新)

70) 季氏之於魯 : 魯大夫季氏, 自季友以來, 世執魯國之政, 季平子逐昭公, 季康子逐哀公, 然終身北面 不敢簒國.(胡)

71) 田常之於齊 : 田常, 卽陳恒. 田氏本陳氏, 溫公避國諱, 改'恒'曰'常'. 陳成子得齊國之政, 殺闞止, 弑簡公, 而亦不敢自立. 史記世家以陳敬仲完爲田敬仲完, 陳成子恒爲田常, 故通鑑因以爲據.(胡)

72) 白公之於楚 : 白公勝殺楚令尹子西司馬子期, 石乞曰, "焚庫弑王, 不然不濟." 白公曰, "弑王不祥, 焚庫無聚."(胡)

73) 智伯之於晉 : 智伯當晉之衰, 專其國政, 侵伐鄰國, 於晉大夫爲最彊, 攻晉出公, 出公道死. 智伯欲并晉而不敢, 乃奉哀公驕立之.(胡)

74) 卒 : 終也.(胡)

75) 奸 : 亦犯也.(胡)　誅 : 討伐.(新)

76) 暴蔑其君 : 對其君虐待而輕視.(今)

77) 寵秩 : 寵愛而授以官爵. 秩, 序官賜爵.(新)

威烈王名分不守而并棄之

不能守而并棄之也.[78] 先王之禮於斯盡矣.

或者以爲當是之時, 周室微弱, 三晉强盛,[79] 雖欲勿許 其可得乎![80] 是大不然. 夫三晉雖强, 苟不顧天下之誅而犯義侵禮, 則不請於天子而自立矣. 不請於天子而自立, 則爲悖逆之臣,[81] 天下苟有桓文之君,[82] 必奉禮義而征之. 今請於天子而天子許之,[83] 是受天

三晋受天子之命而爲諸侯

子之命而爲諸侯也, 誰得而討之! 故三晉之列於諸侯, 非三晉之壞禮,[84] 乃天子自壞之也.

○【趙滅智氏】

趙滅智氏

初,[85] 趙簡子使尹鐸爲晉陽,[86] 請曰, "以爲繭絲乎?[87]

尹鐸損其戶數

抑爲保障乎![88]" 簡子曰, "保障哉!" 尹鐸損其戶數.[89]

---

78) 區區 : 微小, 殘存.(新) 復 : 陸德明經典釋文, 凡復字, 其義訓'又'者, 並音扶又翻.(胡)

79) 三晉 : 公元前453年晉國三大夫趙氏魏氏韓氏瓜分晉國, 成爲三個獨立的諸侯國, 史稱趙魏韓三國爲'三晉'.(新)

80) 得 : 能.(新)

81) 夫 : 音扶.(胡) 悖 : 蒲內翻, 又蒲沒翻.(胡)

82) 桓文 : 齊桓公小伯, 晉文公重耳, 皆霸諸侯也.(要)

83) 請 : 其主語是'三晉'.(新)

84) 壞 : 毁, 破壞.(新)

85) 初 : 往昔, 從前. 亦用作追敍往事之詞, 用于句首.(漢)

86) 趙簡子 : ① 文子之孫鞅也. 謚法, 一德不懈曰簡. 白虎通曰, 子, 孳也, 孳孳無已也, 趙岐曰, 子者, 男子之通稱也.(胡) ② 趙籍之高祖.(◉) 尹鐸 : 趙簡子家臣.(新) 爲 : 治也.(胡)

87) 以爲繭絲 : 抽繭絲, 不盡不止. 譬喻盡量搜括人民財富.(新)

88) 保障 : 優厚百姓如築城堡以自障.(新)

89) 損其戶數 : 減損其戶數, 則賦稅輕, 民力舒也.(綱鑑)

簡子謂無恤曰,[90]"晉國有難,[91] 而無以尹鐸爲少,[92] 無以晉陽爲遠, 必以爲歸."

及智宣子卒, 智襄子爲政,[93] 請地於韓康子,[94] 康子致萬家之邑.[95] 智伯悅[96]. 又求地於魏桓子,[97] 桓子復與之萬家之邑.[98] 智伯又求蔡皐狼之地於趙襄子,[99] 襄

智伯攻趙

子弗與. 智伯怒, 帥韓魏之甲以攻趙氏.[100] 襄子將出曰,[101]"吾何走乎?[102]" 從者曰,"長子近,[103] 且城厚完." 襄子曰,"民罷力而完之,[104] 又斃死以守之,[105] 其誰與

---

90) 無恤 : 簡子子也.(春)

91) 難 : 乃旦翻, 患也, 阨也.(胡)

92) 而 : 汝也.(胡) 少 : 輕之也.(春)

93) 智宣子 : 晉卿荀躒之子申也. 按謚法, 聖善周聞曰宣, 智氏溢美也(胡) 瑤 : 宣子之子智伯也, 謚曰襄子.(胡) 爲政 : 爲晉國之政.(胡)

94) 韓康子 : ① 韓宣子之曾孫莊子之子虔(虎)也. 謚法, 溫柔恕恭曰康.(胡) ② 韓虔之祖.(◉)

95) 致 : 獻, 送.(新)

96) 智伯 : 襄子, 卽智伯也. 宣子之子.(要)

97) 魏桓子 : ① 魏獻子之子曼多之孫駒也. 謚法, 辟上服遠曰桓.(胡) ② 魏斯之祖.(◉)

98) 與 : 予, 給.(新)

99) 蔡皐狼之地 : 胡三省曰,"史炤曰,'皐狼春秋蔡地, 後爲趙邑.' 余據春秋之時, 晉楚爭盟, 晉不能越鄭而服蔡. 三家分晉, 韓得成皐, 因以幷鄭. 時蔡已爲楚所滅, 鄭之南境亦入于楚. 就使皐狼爲蔡地, 趙襄子安得而有之. 漢書地理志, 西河郡有皐狼縣, 又有藺縣. 漢之西河, 春秋以來皆爲晉境, 而古文藺字與蔡字近, 或者蔡字其藺字之訛歟!" 按胡氏此說極近理, 皐狼絶對非蔡地, 史炤之誤無疑. 皐狼縣古城在今陝西省永寧縣西北, 藺縣古城在永寧縣西.(今) 趙襄子 : 無恤.(綱鑑)

100) 帥 : 讀曰'率'.(胡)

101) 出 : 出逃.(中白)

102) 走 : 趨向曰走.(春)

103) 長子 : 今山西長子縣.(新)

104) 罷力 : 精疲力竭. 罷通'疲'.(新)

105) 斃死以守之 : 卽以死守之. 斃, 死.(新)

我![106]" 從者曰, "邯鄲之倉庫實.[107]" 襄子曰, "浚民之

浚民之膏澤 膏澤以實之,[108] 又因而殺之, 其誰與我![109] 其晉陽乎![110] 先主之所屬也,[111] 尹鐸之所寬也, 民必和矣." 乃走晉陽.

沈竈產鼃 三家以國人圍而灌之,[112] 城不浸者三版,[113] 沈竈產鼃,[114] 民無叛意. 趙襄子使張孟談潛出見二子,[115] 曰,

脣亡齒寒 "臣聞脣亡則齒寒.[116] 今智伯帥韓魏而攻趙,[117] 趙亡則韓魏爲之次矣." 二子乃陰與張孟談約, 爲之期日而遣之.[118] 襄子夜使人殺守隄之吏,[119] 而決水灌智伯軍. 智伯軍救水而亂, 韓魏翼而擊之,[120] 襄子將卒犯其

106) 與 : 帮助, 支持.(新)

107) 邯鄲 : 音寒丹, 古邑名.(綱合)

108) 浚民之膏澤以實之, 又因而殺之 : 地方官榨取了百姓財富充實了倉庫, 我現在又來屠殺百姓. 浚, 榨取.(新)

109) 其誰與我 : 言誰與我同力也.(國)

110) 其 : 表決定的語氣.(新)

111) 先主 : ① 指襄子之父趙簡子.(新) ② 古者諸侯之大夫, 其家之臣子皆稱之曰主, 死則曰先主.(胡) 屬 : 音燭, 委也.(目)

112) 三家 : 智韓魏也.(要)

113) 浸 : 當作'沒'.(春) 三版 : 古代築城皆用版築, 每高二尺用一版, 三版共六尺.(今)

114) 產鼃 : 鼃生於竈也.(目) 鼃 : 與'蛙'同.(胡)

115) 張孟談 : 趙襄子家臣.(新) 潛 : 秘密.(新) 見 : 音現.(綱合) 二子 : 指魏桓子韓康子.(新)

116) 脣亡則齒寒 : 是說嘴脣沒有了, 牙齒就會受寒. 比喩關係密切, 利害相關.(新)

117) 帥 : 讀曰率.(胡)

118) 期日 : 約定日期.(新) 遣之 : 送回張孟談.(新)

119) 隄 : 與'堤'同.(中)

120) 翼而擊之 : 左右夾擊.(新)

三晉滅智伯 前,[121] 大敗智伯之衆, 遂殺智伯, 盡滅智氏之族.

○【智伯之亡 才勝德】

智伯之亡 才勝德 溫公曰, 智伯之亡也, 才勝德也. 夫才與德異,[122] 而世俗莫之能辨, 通謂之賢,[123] 此其所以失人也.[124] 夫聰察彊毅之謂才, 正直中和之謂德. 才者, 德之資也,[125] 德者, 才之帥也.[126] 是故才德兼全謂之聖人, 才德兼亡謂之愚人,[127] 德勝才謂之君子, 才勝德謂之小人. 凡取人之術, 苟不得聖人君子而與之,[128] 與其得小人, 不若得愚人. 何則?[129] 君子挾才以爲善,[130] 小人挾才以爲惡. 挾才以爲善者, 善無不至矣, 挾才以爲惡者, 惡亦無不至矣.[131] 愚者雖欲爲不善, 智不能周,[132] 力不能勝,[133] 譬之乳狗搏人,[134] 人得而制之. 小

---

121) 將卒犯其前 : 率領兵卒攻智伯軍隊的正面.(今) 將 : 領也.(胡) 犯 : 進攻.(新)
122) 夫 : 音扶.(胡)
123) 通 : 都.(新)
124) 失人 : 謂錯過人才, 錯用人才.(漢) 失 : 錯誤. 此用作動詞.(新)
125) 才者 德之資也 : 才, 是德的輔助.(中白)
126) 帥 : ① 統帥.(新) ② 所類翻.(胡)
127) 亡 : '亡''無'古通用.(目)
128) 與之 : 言與之共事.(目)
129) 何則 : ① 猶何也也.(中) ② 爲什么. 多用于自問自答.(漢)
130) 挾 : 挾者, 兼有而恃之之稱.(胡)
131) 惡無不至 : 無惡不做.(新)
132) 周 : 完備, 周密.(新)
133) 勝 : 任. 承擔.(新)

人智足以遂其姦,[135] 勇足以決其暴,[136] 是虎而翼者也, 其爲害豈不多哉![137] 自古昔以來, 國之亂臣, 家之敗子, 才有餘而德不足, 以至於顚覆者多矣, 豈特智伯哉![138] ⁋故爲國爲家者, 苟能審於才德之分而知所先後, 又何失人之足患哉!¶

○【豫讓復仇】

豫讓復仇 趙襄子漆智伯之頭, 以爲飮器.[139] 智伯之臣豫讓欲爲之報仇,[140] 乃詐爲刑人,[141] 挾匕首,[142] 入襄子宮中塗厠.[143] 襄子如厠心動,[144] 索之, 獲豫讓. 左右欲殺之,

豫讓漆身呑炭 襄子曰, "義士也, 吾謹避之耳." 乃舍之.[145] 豫讓又漆身爲癩,[146] 呑炭爲啞.[147] 行乞於市, 其妻不識也.[148]

---

134) 乳狗 : 育子之狗也. 乳, 育也.(胡)
135) 遂 : 成.(新)
136) 決 : 完成.(新)
137) 是虎而翼者也 其爲害豈不多哉 : 虎而傅翼, 其爲害也愈甚.(胡)
138) 特 : 獨. 只.(新)
139) 飮器 : ① 盛酒之器.(新) ② 溲便器也.(綱鑑)
140) 爲 : 音于僞翻, 下同.(胡)
141) 刑人 : 判徒刑做苦工的人.(新)
142) 匕首 : 尺八劍也. 其頭類匕, 故曰匕首.(綱合)
143) 宮 : 住宅.(新) 塗 : 整修.(新) 塗厠 : 塗飾厠所也.(中)
144) 如 : 往.(新) 動 : 驚.(新)
145) 舍 : 釋放.(新)
146) 漆身爲癩 : 變其容.(綱鑑) 癩 : ① 痲風.(新) ② 落蓋翻. 惡疾也.(胡)
147) 呑炭爲啞 : 變其音.(綱鑑) 啞 : 倚下翻, 瘖也.(胡)
148) 其妻不識也 : 其妻曰, "貌不似吾夫, 何其音似吾夫, 讓遂呑炭以變其音也."(要)

其友識之,[149] 爲之泣曰, "以子之才, 臣事趙孟,[150] 必得近幸.[151] 子乃爲所欲爲, 顧不易耶![152] 何乃自苦如此!" 豫讓曰, "不可. 旣已委質爲臣,[153] 而又求殺之, 是二心也. 凡吾所爲者, 極難耳. 然所以爲此者, 將以愧天下後世之爲人臣懷二心者也.[154]" 襄子出, 豫讓伏於橋下.[155] 襄子至橋, 馬驚, 索之, 得豫讓, 遂殺之.[156]

○【魏文侯不失虞人之期】

魏文侯不失虞人之期

魏斯者, 桓子之孫也, 是爲文侯.[157] 文侯以卜子夏田子方爲師.[158] 每過段干木之廬必式.[159] 四方賢士多歸

---

149) 其友 : 左傳, 姓名靑荦也.(要)
150) 趙孟 : 趙襄子毋恤, 自趙盾以後, 趙氏世稱'孟'.(新)　孟 : 長也.(胡)
151) 近幸 : 親近寵信.(新)
152) 顧 : 反也.(目)　易 : 以豉翻.(胡)
153) 委質 : 委, 猶獻. 質, 通'贄'. 古人初次見尊者的禮品. 因此'委質'猶言獻身.(新)
154) 將以 : 欲以.(新)
155) 伏 : 守候.(新)
156) 襄子至橋 … 遂殺之 : 襄子至橋, 馬驚, 襄子曰, "此必是豫讓也." 使人問之, 果豫讓也. 於是襄子乃數豫讓曰, "子不嘗事范中行氏乎! 智伯盡滅之, 而子不爲報讎, 而反委質臣於智伯. 智伯亦已死矣, 而子獨何以爲之報讎之深也?" 豫讓曰, "臣事范中行氏, 范中行氏皆衆人遇我, 我故衆人報之. 至於智伯, 國士遇我, 我故國士報之." 襄子喟然嘆息而泣曰. "嗟乎豫子! 子之爲智伯, 名旣成矣, 而寡人赦子亦已足矣. 子其自爲計, 寡人不復釋子!" 使兵圍之. 豫讓曰, "臣聞明主不掩人之美, 而忠臣有死名之義. 前君已寬赦臣, 天下莫不稱君之賢, 今日之事, 臣固伏誅, 然願請君之衣而擊之, 焉以致報讎之意, 則雖死不恨. 非所敢望也, 敢布腹心!" 於是襄子大義之, 乃使使持衣與豫讓, 豫讓拔劍三躍而擊之, 曰, "吾可以下報智伯矣." 遂伏劍自殺. 死之日, 趙國志士聞之, 皆爲涕泣.(史記 刺客列傳)
157) 文侯 : ① 魏桓子之孫魏斯, 魏國第一君.(新) ② 謚法學勤好問曰文, 慈惠安民曰文.(胡)
158) 卜子夏 : 卽卜商, 字子夏, 春秋晉國溫人, 後爲魏人.(新)　田子方 : 戰國時魏人.(新)　爲

之. 文侯與羣臣飮酒, 樂,[160] 而天雨, 命駕將適野.[161] 左右曰, "今日飮酒樂, 天又雨, 君將安之?[162]" 文侯曰, "吾與虞人期獵,[163] 雖樂,[164] 豈可無一會期哉![165]" 乃往, 身自罷之.[166]

○【任座直言】

任座直言 文侯使樂羊伐中山,[167] 克之, 以封其子擊.[168] 文侯問於羣臣曰, "我何如主?" 皆曰, "仁君." 任座曰, "君得中山, 不以封君之弟而以封君之子, 何謂仁君!" 文侯怒, 任座趨出.[169] 次問翟璜,[170] 對曰, "仁君." 文侯曰, "何以知之?" 對曰, "君仁則臣直. 嚮者任座之言直,[171] 是以知之." 文侯悅, 使翟璜召任座而反之, 親

君仁則臣直

師：古帝王皆有師, 戰國以來, 人君有師者惟文侯.(春)

159) 段干木：晉國大駔, 魏時, 學于子夏, 魏文侯曾以爵祿招他, 辭不受.(新) 廬：住宅.(新) 式：古代車廂前用來扶手的橫木, 立乘車上, 伏身扶式, 表示敬意. 後寫作'軾'.(新)

160) 樂：音洛.(胡)

161) 命駕：命人駕車馬. 謂立卽動身.(漢) 駕：帝王車乘.(新) 適：往.(新) 野：郊外.(新)

162) 安之：猶言何往也.(綱合)

163) 虞人：掌管帝王苑囿的小吏.(新) 期獵：約定要打獵.(新)

164) 雖樂：現在雖然正歡樂.(岳白)

165) 無：不.(新) 一：語詞.(新) 會期：① 赴約. 期, 約會.(新) ② 昔與之期, 今往會之.(要)

166) 身自罷之：身往告之, 以雨而罷獵也.(胡)

167) 樂羊：魏文侯將.(新) 中山：城中有小山, 故曰中山.(要)

168) 子擊：子, 尊稱辭.(要)

169) 趨出：小步疾行退出. 示恭敬.(漢)

170) 翟璜：翟, 狄澤二音, 姓也. 璜, 音黃, 名也.(目)

下堂迎之, 以爲上客.

○【富貴者不可驕人】

富貴者不可驕人

子擊出, 遭田子方於道, 下車伏謁.[172] 子方不爲禮. 子擊怒, 謂子方曰, "富貴者驕人乎? 貧賤者驕人乎?" 子方曰, "亦貧賤者驕人耳, 富貴者安敢驕人! 國君而驕人則失其國, 大夫而驕人則失其家.[173] 失其國者未聞有以國待之者也,[174] 失其家者未聞有以家待之者也. 夫士貧賤者, 言不用,[175] 行不合,[176] 則納履而去耳,[177] 安往而不得貧賤哉![178]" 子擊乃謝之.[179]

○【魏文侯卜相】

魏文侯卜相
家貧思良妻
國亂思良相

文侯謂李克曰,[180] "先生嘗有言曰, '家貧思賢妻,[181] 國亂思良相.' 今所置非成則璜,[182] 二子何如?" 對曰,

171) 鄕者 : 猶言曩時昔時也.(中)
172) 下車伏謁 : 自車降下, 伏地拜見.(今)
173) 而 : 如. 國 … 家 : 國君所轄稱'國', 大夫所轄稱'家'.(新)
174) 待 : 備用, 供給.(新)
175) 言不用 : 建議不被采用.(新)
176) 行不合 : 行爲不合要求.(新)
177) 納履 : 穿鞋. 借指辭別.(漢)
178) 安往而不得貧賤哉 : 何往而得不到貧窮與低賤.(今)
179) 之 : 代田子方.(新)
180) 李克 : 子夏弟子.(新)
181) 賢 : (資治)作'良', 而諸本混用之.(◉)
182) 置 : 立. 猶言選擇, 任用.(新)

"居視其所親,[183] 富視其所與,[184] 達視其所擧,[185] 窮視其所不爲, 貧視其所不取, 五者足以定之矣." 文侯曰, "先生就舍,[186] 吾之相定矣.[187]"

李克出, 翟璜曰, "君召卜相,[188] 果誰爲之?" 克曰, "魏成.[189]" 璜忿然曰, "西河守吳起,[190] 臣所進也.[191] 君內以鄴爲憂,[192] 臣進西門豹, 君欲伐中山, 臣進樂羊. 中山已拔,[193] 無使守之, 臣進先生. 君之子無傅,[194] 臣進屈侯鮒.[195] 以耳目之所睹記,[196] 臣何負於魏成![197]"

克曰, "魏成食祿千鍾,[198] 什九在外, 什一在內,[199] 是

183) 居 : 平時.(新)

184) 所與 : 和什麽人交朋友.(新)

185) 達 : 貴.(新) 擧 : 推薦.(新)

186) 就 : 歸.(新) 舍 : 館也.(綱鑑)

187) 相 : 息亮翻.(胡)

188) 卜 : 擇.(新)

189) 魏成 : 文侯弟也.(要)

190) 吳起 : 衛人, 仕於魯魏, 後仕於楚, 爲楚宗室所殺.(今) 守 : 古時地方長官, 後爲郡守太守刺史的簡稱.(新)

191) 進 : 擧薦.(新)

192) 鄴 : 縣屬魏郡, 西門豹爲鄴令, 鑿渠以利民. 王符潛夫論姓氏篇曰. 如有東門西郭南宮北郭, 皆因居以爲姓. 西門蓋亦此類. 鄴, 魚怯翻.(胡)

193) 拔 : 攻而擧之也.(要)

194) 傅 : 傅者, 傅之以德義, 因以爲官名. 傅, 芳遇翻.(胡)

195) 屈侯鮒 : ① 姓屈侯, 戰國時賢人.(新) ② 屈, 九勿翻, 姓也. 余按屈, 晉地, 時屬魏, 鮒蓋魏封屈侯也. 鮒, 音符遇翻.(胡)

196) 覩記 : 見聞與記憶.(新) 覩 : 同'睹'.(漢)

197) 何負 : 不如.(今)

198) 食祿 : 居官所得之穀.(今) 千鍾 : 極言糧多. 古以六斛四斗爲一鍾, 一說八斛爲一鍾, 又謂十斛爲一鍾. 指優厚的俸祿.(漢)

以東得卜子夏田子方段干木. 此三人者, 君皆師之,[200] 子所進五人, 君皆臣之.[201] 子惡得與魏成比也![202]" 璜再拜曰, "璜, 鄙人也,[203] 失對,[204] 願卒爲弟子.[205]"

○【吳起殺妻求將】

吳起殺妻求將

吳起者, 衛人, 仕於魯. 齊人伐魯, 魯人欲以爲將, 起取齊女爲妻,[206] 魯人疑之, 起殺妻以求將, 大破齊師. 或譖之魯侯曰,[207] "起始事曾參,[208] 母死不奔喪,[209]

曾參絶吳起

曾參絶之, 今又殺妻以求爲君將. 起, 殘忍薄行人也.[210] 且以魯國區區而有勝敵之名,[211] 則諸侯圖魯矣." 起恐得罪, 聞魏文侯賢, 乃往歸之. 文侯問諸李克,[212] 克曰, "起貪而好色, 然用兵, 司馬穰苴弗能過也.[213]"

---

199) 什九在外, 什一在內：十分之九鍾用在廣交賢士, 十分之一鍾留給家人用.(新)
200) 師之：尊之爲師.(新)
201) 臣之：任之爲臣.(新)
202) 惡得：何得.(今)　惡：讀曰烏, 何也.(胡)　比：阿黨爲比.(胡)
203) 鄙：淺陋.(新)
204) 失對：回答得不恰當.(新)
205) 卒爲弟子：終以弟子自比.(今)　卒：終身.(新)
206) 取：通'娶'.(新)
207) 譖之：進譖言.(今)　魯侯：魯穆公.(新)
208) 曾參：當是'曾申'.(新)
209) 奔喪：古代凡聞君親尊長之喪, 從外地趕往吊唁或料理喪事均稱'奔喪'.(漢)
210) 薄行：品行不善.(今)
211) 區區：微不足道.(新)
212) 諸：之於. 之, 指吳起.(新)
213) 司馬穰苴：司馬, 官名. 穰苴本齊田姓, 仕齊爲是官, 故以稱之, 齊景公之賢將也.(胡)

於是文侯以爲將，擊秦，拔五城.

起之爲將，與士卒最下者同衣食，臥不設席，行不騎乘，[214] 親裹贏糧，[215] 與士卒分勞苦. 卒有病疽者，[216] 起爲吮之.[217] 卒母聞而哭之. 人曰，"子，卒也，而將軍自吮其疽，何哭爲?[218]" 母曰，"往年吳公吮其父疽，其父戰不旋踵，[219] 遂死於敵. 吳公今又吮其子，妾不知其死所矣，[220] 是以哭之."

吳起吮卒疽

【己卯(前402) 威烈王二十四年】

○王崩，子安王驕立.

■ 安王

在位二十六年.

名驕，威烈王子.

---

214) 騎乘：騎，騎馬，乘，坐車. 言不騎馬或乘車，與士卒同步行.(今)
215) 親裹贏糧：贏，擔也. 此言起親裹士卒所賫擔之糧.(胡)
216) 疽：癰瘡.(今)
217) 吮之：用口吮瘡.(今) 吮：才兗反.(春)
218) 何哭爲：爲什么哭. 爲，語尾助詞.(新)
219) 戰不旋踵：言向前猛戰不轉身後退.(今)
220) 妾：古時婦女自謙之稱.(新) 不知其死所矣：不知他將死於何處.(今)

【庚寅(前391) 安王十一年】

○【田和簒齊】

田和簒齊 田和遷齊康公於海上, 使食一城, 奉先祀.

【壬辰(前389) 安王十三年】

○【田和求爲諸侯】

田和求爲諸侯 齊田和求爲諸侯, 魏文侯爲之請於王及諸侯, 王許之.

【甲午(前387) 安王十五年】

○魏文侯薨, 太子擊立, 是爲武侯.

○【國之寶 在德不在險】

國之寶在德不在險 武侯浮西河而下,[221] 中流顧謂吳起曰,[222] "美哉山河之固! 此魏國之寶也." 對曰, "在德不在險.[223] 昔三苗氏,[224] 左洞庭,[225] 右彭蠡,[226] 德義不修, 禹滅之. 夏桀之居,[227] 左河濟,[228] 右泰華,[229] 伊闕在其南,[230] 羊

---

221) 西河 : 河在冀州西, 故名西河.(春) 浮 : 乘船遊玩.(新)
222) 中流 : 船在河中行駛之時.(今)
223) 在德不在險 : 國家强盛在于政治淸明, 給百姓福利, 而不在地形險要.(新)
224) 三苗氏 : 舊傳古時强國, 曾爲舜禹所征討.(今)
225) 洞庭 : 卽今湖南省洞庭湖.(今)
226) 彭蠡 : 卽今江西省鄱陽湖.(今)

腸在其北,[231] 修政不仁, 湯放之. 商紂之國, 左孟門,[232] 右太行,[233] 常山在其北,[234] 大河經其南,[235] 修政不德, 武王殺之. 由此觀之, 在德不在險. 若君不修德, 舟中之人皆敵國也.” 武侯曰, “善.”

不修德舟中人皆敵國

○【吳起田文論功】

吳起田文論功

魏置相, 相田文. 吳起不悅, 謂田文曰, “請與子論功可乎?” 田文曰, “可.” 起曰, “將三軍,[236] 使士卒樂死, 敵國不敢謀, 子孰與起?[237]” 文曰, “不如子.” 起曰, “治百官, 親萬民,[238] 實府庫, 子孰與起?” 文曰, “不如子.” 起曰, “守西河, 而秦兵不敢東鄉,[239] 韓趙賓從,[240] 子孰與起?” 文曰, “不如子.” 起曰, “此三者

---

227) 居 : 所都之地.(新)
228) 河濟 : 黃河, 濟水.(新)
229) 泰華 : 泰山, 華山.(新)
230) 伊闕 : 山名. 伊水經流其間, 形成缺口, 故名'伊闕'.(新)
231) 羊腸 : 卽羊腸坂, 太行山的坂道. 因山形曲屈如羊腸, 故名.(新)
232) 孟門 : 在河東北屈縣西, 卽龍門上口也.(胡)
233) 太行 : 山名, 在今河南省河內縣西北.(今)　行 : 音杭.(春)
234) 常山 : 卽恒山, 在今河北省曲陽縣西.(今)
235) 大河 : 黃河.(新)
236) 將 : 卽亮翻.(胡)　三軍 : 軍隊的通稱.(漢)
237) 孰與 : 猶言何如. 意謂還不如, 常用于反詰語氣.(漢)　與 : 如也.(要)
238) 親萬民 : 使百姓親附.(新)
239) 東鄉 : 向東侵擾. 鄉, 通'向'.(新)
240) 賓從 : 歸服. 賓, 服. 這是誇張的說法, 實際上他們是聯盟.(新)

子皆出吾下,[241] 而位加吾上, 何也?" 文曰, "主少國疑,[242] 大臣未附,[243] 百姓不信, 方是之時,[244] 屬之子乎?[245] 屬之我乎?" 起默然良久曰, "屬之子矣."

○【吳起奔楚】

吳起奔楚 久之, 魏武侯疑之, 起懼誅, 遂奔楚. 楚悼王素聞其賢,[246] 至則任之爲相. 起明法審令,[247] 捐不急之官,[248] 廢公族疏遠者,[249] 以撫養戰鬪之士,[250] 要在彊兵,[251] 破遊說之言從橫者.[252] 於是南平百越,[253] 北却三晉, 西伐秦, 諸侯皆患楚之彊, 而楚之貴戚大臣多怨吳起者.

【乙未(前386) 安王十六年】

---

241) 出 : 居于, 處在.(新)
242) 疑 : 猶疑不定, 不安定.(新)
243) 未附 : 不親近.(新)
244) 方是 : 當此.(新)
245) 屬之子 : 卽'屬之(于)子', 省介詞'于'. 屬, 委託交合. 之, 指國政.(新) 屬 : 音蜀.(春)
246) 楚悼王 : 聲王之子, 名羋疑, 一名類, 楚第三十二君.(新)
247) 明法審令 : 明確法規, 審定律令. 卽嚴明法令.(新)
248) 捐 : 裁減.(新) 不急之官 : 冗員.(新)
249) 廢公族疏遠者 : 廢除王族中疏遠者的俸祿.(新)
250) 以 : 其後省介詞賓語'之'.(新) 撫 : 撫慰戰士的家屬.(新) 養 : 供養戰士.(新)
251) 要 : 關鍵.(新)
252) 破 : 屏棄.(新) 說 : 式芮翻.(胡) 從橫 : 從是連合諸侯以反抗秦國, 橫是使諸侯共尊從秦國.(今) 橫 : 與衡通.(春)
253) 百越 : 越種類甚衆, 因總稱爲百越.(今)

○【田和爲諸侯】

田和爲諸侯 初命齊大夫田和爲諸侯.254)

【庚子(前381) 安王二十一年】

○【楚殺吳起】

楚殺吳起 楚悼王薨, 貴戚大臣作亂, 攻吳起, 起走之王尸而伏之.255) 擊起之徒, 因射刺起,256) 並中王尸.257) 既葬,258) 肅王卽位, 使令尹盡誅爲亂者,259) 坐起夷宗者七十餘家.260)

【壬寅(前379) 安王二十三年】

○【田氏幷齊】

田氏幷齊 齊康公薨, 無子, 田氏遂幷齊而有之.

---

254) 初命 … 爲齊侯 : ① 從此田氏之齊遂取姜姓之齊而代之.(今) ② 齊康公十七年(前388)齊相田和(卽太公)遷康公于海上. 周安王十六年(前386)許田和爲諸侯, 是爲田齊.(新) ③ 書齊大夫者, 史之舊文耳. 田和首遷其君, 綱目不與其爲大夫耳, 故改曰初名齊田和爲諸侯.(綱合)

255) 起走之王尸而伏之 : 之, 往也, 往赴王尸而伏其側.(胡)

256) 射刺起 : ① 射死吳起.(柏楊) ② 射, 而亦翻. 刺, 七亦翻.(胡) ③ 有二鵲, 集營中大樹, 度祖欲射之. … 遂射之, 二鵲俱落. 音注, 射, 食亦切, 下同. 泛而言射, 則爲去聲, 若射者正己, 射之者有志之類是也. 以射其物而言, 則爲入聲, 若射隼射宿之類是也.(龍飛御天歌 7章) 刺 : 殺.(漢字典)

257) 中 : 竹仲翻.(胡)

258) 既葬 : 悼王既葬.(史記 卷65 吳起列傳.)

259) 令尹 : 楚相也.(胡)

260) 坐起 : 因射殺吳起而獲罪. 坐, 因 … 獲罪.(新) 夷宗 : 滅族.(新) 夷 : 殺也.(胡)

【甲辰(前377) 安王二十五年】

○【子思言用人】

子思言用人 子思言苟變於衛侯曰,[261] “其材可將五百乘.[262]” 公曰, “吾知其可將, 然變也嘗爲吏, 賦於民而食人二鷄子,[263] 故弗用也.” 子思曰, “夫聖人之官人,[264] 猶匠之用木也, 取其所長, 棄其所短, 故杞梓連抱而有數尺之朽,[265] 良工不棄. 今君處戰國之世, 選爪牙之士,[266] 而以二卵棄干城之將,[267] 此不可使聞於隣國也.” 公再拜曰, “謹受教矣.”

聖人之官人猶用木

衛侯以二卵棄干城之將

○【子思言君闇臣諂】

子思言君闇臣諂 衛侯言計非是,[268] 而羣臣和者如出一口.[269] 子思曰, “以吾觀衛, 所謂‘君不君臣不臣’者也.[270] 夫不察事之

---

261) 子思：孔丘之孫, 孔鯉之子, 名伋, 字子思, 爲魯穆公師. 著中庸.(新)

262) 五百乘：古者兵車一乘, 甲士三人, 步卒七十二人. 五百乘, 三萬七千五百人, (胡)

263) 賦於民：收賦稅於人民.(今)　鷄子：鷄蛋.(新)

264) 官：任用.(新)

265) 杞梓：良材.(新)　連抱：言兩人方合圍.(要)

266) 爪牙之士：得力的助手.(新)　爪牙：鳥獸所用以爲威者也. 鳥用爪, 獸用牙以防衛.(詩經 小雅 祈父之什 祈父 集傳及大全)

267) 干城之將：詩, “赳赳武夫, 公侯干城.” 言能爲國扞禦外敵之將.(今)

268) 言計非是：做出一項錯誤計劃.(新)

269) 和：① 去聲, 稱善也.(春) ② 隨聲附和.(新)　如出一口：異口同聲.(新)

270) 君不君, 臣不臣：此引齊景公對孔子之言, 見論語.(今)

是非而悅人讚己，闇莫甚焉，[271] 不度理之所在而阿諛求容，[272] 諂莫甚焉．君闇臣諂以居百姓之上，民不與也．[273] 若此不已，國無類矣！[274]"

子思言於衛侯曰，"君之國事將日非矣．君出言自以爲是，而卿大夫莫敢矯其非，[275] 卿大夫出言自以爲是，而士庶人莫敢矯其非．君臣旣自賢矣，而羣下同聲賢之，賢之則順而有福，矯之則逆而有禍，如此則善安從生．[276] 詩曰，'具曰予聖，誰知烏之雌雄！'[277] 抑亦似君之君臣乎！"

【乙巳(前376) 安王二十六年】

○王崩，子烈王喜立．

○韓魏趙共廢晉靖公爲家人而分其地．[278]

---

271) 闇：昏而不明理．(今)

272) 度：待落反．(春)　阿諛：有意恭維．(今)

273) 與：助也，擁護．(新)

274) 國無類：國家必亡．無類，滅種滅族．(新)

275) 矯：正其曲曰矯．(國)

276) 善安從生：善政從何處産生．(新)

277) 詩曰 … 烏之雌雄：① 見詩小雅正月．(新) ② 又皆自以爲聖人，亦誰能別其言之是非乎．凡禽鳥雌雄，多以首尾毛色不同別之，烏之首尾毛色雌雄不異，人所難別．(詩經 小雅 正月 集傳及大全)

278) 韓魏趙共廢晉靖公爲家人而分其地：初魏韓趙分晉，尙以晉靖公食一城，至此，共奪其城使爲庶人．(春)　家人：① 謂居家之人也，無官職也．(要) ② 平民．(新)

■ 烈王[279]

在位七年.

名喜, 安王子.

【辛亥(前370) 烈王六年】

○【齊威王來朝】

齊威王 來朝 齊威王來朝.[280] 是時周室微弱, 諸侯莫朝, 而齊獨朝之,[281] 天下以此益賢威王.

○【烹阿封卽墨】

烹阿封 卽墨 威王召卽墨大夫,[282] 語之曰,[283] "自子之居卽墨也, 毁言日至. 吾使人視卽墨, 田野闢, 人民給,[284] 官無事, 東方以寧, 是子不事吾左右以求助也." 封之萬家. 召阿大夫,[285] 語之曰, "自子守阿, 譽言日至. 吾使人視阿, 田野不闢, 人民貧餒. 昔日趙攻鄄, 子不救, 衛

279) 烈王 : 名喜, 安王子.(春)
280) 齊威王 : 田和也, 簒齊者.(要)
281) 朝 : 覲君之摠稱.(目)
282) 卽墨 : 邑名.(新)
283) 語 : 音御, 告也.(目)
284) 人民給 : 人民皆能足給.(今)　給 : 贍之也.(國)
285) 阿 : 邑名.(新)

取薛陵，子不知，是子厚幣事吾左右以求譽也.”是日，烹阿大夫及左右嘗譽者. 於是群臣悚懼,[286] 莫敢飾非,[287] 務盡其情,[288] 齊國大治,[289] 彊於天下.

【壬子(前369) 烈王七年】

○ 王崩，弟顯王扁立.

▪ 顯王

在位四十八年.
名扁，烈王之弟.[290]

【己未(前362) 顯王七年】

○【孝公發憤修政】

孝公發憤修政 秦孝公立.[291] 是時河山以東彊國六,[292] 淮泗之間小國

286) 悚：(資治)作'聳'.(◉) 聳懼：懼怕. 聳，通'竦'，懼.(新)
287) 非：(資治)作'詐'，史記田敬仲完世家作'非'.(◉)
288) 情：實.(新)
289) 治：直吏翻.(胡)
290) 顯王，名扁，烈王之弟.(春)
291) 孝公：名渠梁.(國)
292) 河山：指黃河華山.(新) 彊國六：指燕齊趙魏韓楚六國.(新)

十餘,[293] 楚魏與秦接界. 皆以夷狄遇秦,[294] 擯斥之,[295] 不得與中國之會盟.[296] 於是孝公發憤, 布德修政, 欲以彊秦.

【庚申(前361) 顯王八年】

○【衛鞅入秦】

衛鞅入秦

孝公令國中曰, "賓客群臣有能出奇計彊秦者, 吾且尊官,[297] 與之分土.[298]" 於是衛公孫鞅聞令,[299] 乃西入秦. 因嬖臣景監以求見孝公,[300] 說以富國强兵之術,[301] 公大悅, 與議國事.

【壬戌(前359) 顯王十年】

○【衛鞅變法】

---

293) 小國十餘 : 卽所謂'泗上十二諸侯', 戰國十二個小國, 一般以爲指鄒魯陳蔡宋衛滕薛費任郯邳十二個國.(新)

294) 皆夷狄遇秦 : 諸侯都用對待夷狄的態度對待秦國. 古時稱東方部族爲夷, 北方部族爲狄. 常用來泛稱除漢族以外狄各族.(新) 遇 : 對待.(新)

295) 擯斥之 : 擯斥, 排斥. 之, 指秦國.(新)

296) 得與中國 : 得, 能. 與, 參預, 中國, 指中原各諸侯國.(新)

297) 且 : 將.(新) 尊官 : 給他們高官.(新) 尊 : 用作動詞, 提高.(新)

298) 與之分土 : 謂裂地以封之, 使各有分土. 分, 扶問翻.(胡)

299) 公孫鞅 : ① 卽衛鞅, 衛國貴族的後代, 秦孝公以爲相, 封他於商, 故號商鞅.(新) ② 公孫, 氏也. 鞅, 名也.(春)

300) 嬖臣 : 受寵信的近臣.(新) 因 : 通過.(新)

301) 說 : 讀'稅', 以言語說服人曰說.(今)

衛鞅變法

衛鞅欲變法，秦人不悅．衛鞅言於秦孝公曰，“夫民不可與慮始，[302] 而可與樂成．[303] 論至德者不和於俗，成大功者不謀於衆．是以聖人苟可以彊國，不法其故．[304]”甘龍曰，[305]“不然，緣法而治者，[306] 吏習而民安之．[307]”衛鞅曰，“常人安於故俗，學者溺於所聞，[308] 以此兩者，[309] 居官守法可也，非所與論於法之外也．[310] 智者作法，愚者制焉，賢者更禮，不肖者拘焉．[311]”公曰，“善．”以衛鞅爲左庶長，[312] 卒定變法之令．[313] 令民爲什伍而相收司連坐，[314] 告姦者與斬敵首同賞，[315] 不告姦

民不可與慮始可與樂成

衛鞅定變法之令

---

302) 慮始：謀劃事情的開始.(漢)

303) 樂成：樂音洛，樂其成功.(今)

304) 不法其故：不必遵行舊的法典制度．法，效法，遵守.(新)

305) 甘龍：① 姓名.(要) ② 秦孝公時職位較高的官吏.(新)

306) 緣法：沿襲現行的舊法.(新)

307) 吏習：官吏習慣於舊法.(新)　民安：百姓安於現狀.(新)

308) 溺於所聞：溺，沈溺，沈湎，引伸爲'局限'．局限于自己所知道的老一套.(新)

309) 以：而.(新)　此兩：指'常人'和'學者'.(新)

310) 非所與論於法之外也：不能和他們談論變法的事．法之外，現行法規以外的事，指變法.(新)

311) 智者作法 … 不肖子拘焉：賢智之人，作法更禮，而愚不肖子不明變通，而輒拘制不使之行.(要)　更：音庚.(目)　不肖者：無德無才的人.(新)　制焉：守舊法的制約.(新)　拘焉：拘守舊禮制.(新)

312) 左庶長：秦爵二十等之第十級.(今)

313) 卒：終.(今)

314) 什伍：把居民按五家爲'伍'十家爲'什'地組織起來.(新)　相收司：互相監督揭發．按'收'當作'牧'字之誤．司，通'伺'，監視.(新)　連坐：'什''伍'中一家有罪，其他各家不告發，則與犯罪者按同罪受罰.(新)

315) 同賞：謂告姦一人則爵一級.(國)

者與降敵同罰.[316] 有軍功者, 各以率受上爵,[317] 爲私鬪者, 各以輕重被刑大小.[318] 僇力本業,[319] 耕織致粟帛多者, 復其身,[320] 事末利及怠而貧者,[321] 擧以爲收孥.[322] 有功者顯榮, 無功者雖富無所芬華.[323]

○【徙木立信】

徙木立信

令旣具未布,[324] 恐民之不信, 乃立三丈之木於國都市南門, 募民有能徙置北門者予十金.[325] 民怪之, 莫敢徙. 復曰, "能徙者予五十金.[326]" 有一人徙之, 輒予五十金. 乃下令. 令行朞年,[327] 秦民之國都言新令之不便者以千數.[328] 於是太子犯法. 衛鞅曰, "法之不行, 自上犯之. 太子, 君嗣也, 不可施刑." 刑其傅公

法之不行 自上犯之

316) 降敵同罰 : 與降服敵人者, 同重罰也. 降, 平聲.(綱合)
317) 以率受上爵 : 標準謂之率. 依標準受上等之爵賞.(今) 率 : 通律, 標準.(新)
318) 各以輕重被刑大小 : 各按照情節輕重分別處以大小不同的刑罰.(新)
319) 僇力本業 : 努力從事農業.(新) 僇力 : 幷力. 僇與'戮'同.(今)
320) 復其身 : 免除本人的勞役或賦稅. 復, 免除.(新)
321) 事 : 從事.(新) 末利 : 工商業.(新) 怠而貧 : 因懶惰而貧窮.(新)
322) 擧 : 全部, 一律.(新) 收孥 : 拘捕他們的妻子兒女作爲官府的奴婢. 收, 拘捕. 古時, 一人犯法, 妻子連坐, 沒收爲官府奴婢, 謂之'收孥'.(新)
323) 芬華 : 尊榮. 指政治地位尊貴顯耀.(新)
324) 具 : 準備就緖.(新) 布 : 公布.(新)
325) 募 : 招求.(新) 徙置北門 : 把三丈長的木頭從南門移放在北門.(新) 十金 : 古代十斤金或十鎰斤. 漢代一金指黃金一斤, 値萬錢.(新)
326) 予 : 給與.(今)
327) 朞年 : 朞與'期'同. 朞年卽週年.(今)
328) 之 : 往也, 如也.(胡) 以千數 : 用千爲單位來計算.(新)

子虔，黥其師公孫賈.[329] 明日,[330] 秦人皆趨令.[331] 行之十年，秦國道不拾遺,[332] 山無盜賊，民勇於公戰,[333] 怯於私鬪,[334] 鄕邑大治.[335] 秦民初言令不便者，有來言令便者．衛鞅曰，"此皆亂法之民也." 盡遷之於邊．其後民莫敢議令.

秦國道不拾遺

○【信者 人君之大寶】

信者人君之大寶

溫公曰，夫信者，人君之大寶也.[336] 國保於民,[337] 民保於信，非信無以使民，非民無以守國．是故古之王者不欺四海，霸者不欺四鄰，善爲國者不欺其民,[338] 善爲家者不欺其親．不善者反之，欺其鄰國，欺其百姓，甚者欺其兄弟，欺其父子．上不信下，下不信上，上下離心，以至於敗．所利不能藥其所傷,[339] 所獲不

329) 刑其傅公子虔 黥其師公孫賈：① 黥，音檠．墨刑也．罪其師傅二人，謂其不能敎導也.(綱合) ② 傅．太傅．師，太師.(新)

330) 明日：此明日謂廣義之詞，如言以後.(今)

331) 趨令：遵守法令．趨，向，遵奉.(新)

332) 道不拾遺：謂路有失物，無人拾取．古時用以形容刑法嚴峻或民風淳厚.(漢)

333) 公戰：爲國作戰.(中白)

334) 怯於私鬪：不敢爲個人私利而爭鬪.(新)

335) 鄕邑大治：自是年至三十一年商鞅死，蓋鞅之行其法而致效在十年之間，又十年而致禍．治，直吏翻.(胡)

336) 大寶：最貴重的.(新)

337) 保：安定.(新)

338) 爲國：治國.(新)

339) 藥：治療，醫治.(新) 傷：創傷.(岳白)

能補其所亡,[340] 豈不哀哉! 昔齊桓公不背曹沫之盟,[341] 晉文公不貪伐原之利,[342] 魏文侯不棄虞人之期,[343] 秦孝公不廢徙木之賞. 此四君者道非粹白,[344] 而商君尤稱刻薄, 又處戰攻之世, 天下趨於詐力,[345] 猶且不敢忘信以畜其民,[346] 況爲四海治平之政者哉![347]

【丙寅(前355) 顯王十四年】

○【齊威王寶賢】

齊威王寶賢 齊威王魏惠王會田於郊.[348] 惠王曰, "齊亦有寶乎?" 威王曰, "無有." 惠王曰, "寡人國雖小,[349] 尙有徑寸之珠,[350] 照車前後各十二乘者十枚. 豈以齊大國而無

---

340) 亡 : 失, 損失.(新)

341) 齊桓公不背曹沫之盟 : 史記, 齊桓公伐魯, 魯莊公請平, 桓公許之, 與盟於柯. 將盟, 曹沫以匕首劫桓公於壇上, 請反魯之侵地. 桓公許之, 曹沫去匕首而就臣位. 桓公後悔, 欲殺曹沫, 管仲不可, 遂反所侵地於魯. 諸侯聞之, 皆信齊而欲附焉. 沫, 音亡葛翻.(胡) 曹沫 : 春秋時魯國人.(人)

342) 晉文公不貪伐原之利 : 左傳, 晉文公圍原, 命三日之糧, 原不降, 命去之. 諜出曰, "原將降矣." 軍吏曰, "請待之." 公曰, "得原失信, 所亡滋多." 退一舍而原降.(胡) 伐原 : 攻伐原國.(岳白)

343) 魏文侯不棄虞人之期 : 魏文侯與羣臣飮酒樂, 天雨, 命駕將適野, 左右曰, 今日天雨, 君將安之! 文侯曰, 吾與虞人期獵. 乃往, 告虞人天雨而罷獵.(今)

344) 粹白 : 純粹.(新)

345) 趨 : 七喩翻.(胡)

346) 畜 : 許六翻, 養也.(胡)

347) 治平 : 政治清明, 社會安定.(新) 治 : 直吏翻.(胡)

348) 魏惠王 : ① 卽魏侯之子, 名罃, 後徙大梁而稱梁也.(史記 68卷 商君列傳) ② 卽孟子所謂梁惠王也.(要) 田於郊 : 田, 與畋同, 獵也. 郊, 縣名, 屬沛郡.(綱合)

349) 寡人 : 謂寡德之人. 古王侯自稱之謙辭.(中)

寶乎?" 威王曰, "寡人之所以爲寶者與王異.[351] 吾臣有檀子者,[352] 使守南城, 則楚人不敢爲寇, 泗上十二諸侯皆來朝.[353] 吾臣有盼子者,[354] 使守高唐, 則趙人不敢東漁於河.[355] 吾吏有黔夫者, 使守徐州, 則燕人祭北門,[356] 趙人祭西門, 徙而從者七°千˙餘家.[357] 吾臣有種首者,[358] 使備盜賊, 則道不拾遺.[359] 此四臣者, 將照千里, 豈特十二乘哉![360]" 惠王有慚色.

【庚午(前351) 顯王十八年】

○【明主愛一嚬一笑】

明主愛一嚬一笑

韓昭侯以申不害爲相. 申不害者, 鄭之賤臣也, 學黃老刑名,[361] 以干昭侯.[362] 昭侯用爲相, 內修政敎,[363]

350) 徑寸 : 直徑一寸.(新)
351) 寡人之所以爲寶者與王異 : 寡人所認爲的寶與大王的不同.(新)
352) 檀子 : 檀, 姓也, 史失其名. 古者, 大夫皆稱子.(春)
353) 泗上十二諸侯 : 卽本卷顯王七年所謂淮泗之間小國十餘者.(今)
354) 盼子 : ① 田盼.(新) ② 盼, 匹莧翻, 又披班翻. 按丁度集韻, 盼, 與昐同, 盼子, 齊之同姓, 卽田盼也.(胡)
355) 東漁于河 : 向東到齊國黃河裏來釣漁. 言外之意是, 向東侵犯齊國.(新)
356) 燕人祭北門 : 燕國人畏懼齊國, 故在齊北祭祀以求福.(新)
357) 徙而從者七千餘家 : 遷徙跟隨黔夫的有七千餘家.(新) 千 : (春)本作'十', 誤.(◉)
358) 種首 : 名也, 史失其姓. 種, 上聲.(春)
359) 道不拾遺 : 路上沒有人敢拾取別人遺失的東西.(新)
360) 豈特十二乘哉 : 何止十二輛車上的寶珠呀.(新)
361) 學黃老刑名 : 老卽老子. 黃, 黃帝, 後人假託道家之言. 道家以爲天地不仁, 反儒家仁愛諸說, 態度冷酷無情, 此點與法家主刑名者相近, 故古人恒以黃老刑名並擧.(今) 刑名 : 刑法及名實也. 名者, 循其名以責其實, 尊君卑臣, 崇上抑下, 合於六經也.(要)

外應諸侯,[364] 十五年,[365] 終申子之身, 國治兵强.[366]

韓昭侯有弊袴,[367] 命藏之. 侍者曰, "君亦不仁者矣, 不賜左右而藏之!" 昭侯曰, "吾聞明主愛一嚬一咲,[368]

弊袴待有功 今袴豈特嚬笑哉![369] 吾必待有功者."

【辛未(前350) 顯王十九年】

○【商鞅廢井田】

商鞅廢井田 秦商鞅築冀闕宮庭於咸陽,[370] 徙都之. 并諸小鄕聚,[371] 集爲一縣,[372] 縣置令丞,[373] 凡三十一縣.[374] 廢井田,[375] 開阡陌.[376]

---

362) 干：追求(官位俸祿).(新)

363) 修：修明.(新) 政敎：政治和敎化.(新)

364) 應：猶交往.(新)

365) 十五年：指申不害相韓十五年. 史記, 韓世家, 韓昭侯八年, 申不害相韓, 二十二年申不害死. 正十五年.(新)

366) 治：① 指政治清明, 國家安定.(新) ② 直吏翻.(胡)

367) 弊：破.(新) 袴：苦故翻, 脛衣也.(胡)

368) 愛：惜, 吝.(新) 嚬：同顰, 皺眉. 咲：古笑字.(新)

369) 袴豈特嚬笑哉：嚬和咲尙且不能隨隨便便輕易而爲, 弊袴豈可無功而與之.(新)

370) 冀闕宮庭：冀闕和宮庭.(岳白) 冀闕：古者宮庭爲二臺於門外, 作樓觀於臺上, 其下爲門, 兩觀之間, 闕然爲通道, 卽其壁間, 懸記敎令, 浹日而收之, 故爲之冀闕. 冀卽記事之記. 又取其高大之義謂之魏闕. 魏與巍通. 又取其有法儀可象之義謂之象魏.(今)

371) 鄕聚：秦制, 大曰鄕, 小曰聚.(要) 聚：村落.(新)

372) 集：合幷.(新)

373) 令丞：萬戶以上爲令, 減萬戶爲長, 皆有丞尉.(國) 令：縣長.(新) 丞：縣丞, 縣令的副手.(新)

374) 凡：共.(新)

375) 井田：成周之制, 田方里爲井, 井九百畝. 八家各耕百畝, 其中百畝, 八十畝爲公田, 二十畝爲廬舍.(胡)

【庚辰(前341) 顯王二十八年】

○【齊伐魏 殺龐涓】

齊伐魏 殺龐涓

魏龐涓伐韓.[377] 韓請救於齊. 齊威王因起兵, 使田忌田嬰田盼將之, 孫臏爲師,[378] 以救韓, 直走魏都.[379] 龐涓聞之, 去韓而歸魏. 魏大發兵, 以太子申爲將, 以禦齊師. 孫子謂田忌曰,[380] "彼三晉之兵素悍勇而輕齊,[381] 齊號爲怯.[382] 善戰者因其勢而利導之.[383] 兵法,[384] 百里而趣利者蹶上將, 五十里而趣利者軍半至.[385]"

善戰者因勢利導

百里而趣利者蹶上將 五十里而趣利者軍半至

---

376) 開阡陌：① 鏟除耕田上田間小道的疆界.(新) ② 打破原來的土地疆界.(中白) 阡陌：田間小路, 南北爲阡, 東西爲陌.(新)

377) 龐涓：初, 孫臏與龐涓俱學兵法, 龐涓仕魏爲將軍, 自以能不及孫臏, 乃召之. 至, 則以法斷其兩足而黥之, 欲使終身廢棄. 齊使者至魏, 孫臏以刑徒陰見, 說齊使者. 齊使者, 竊載與之齊. 田忌善而客待之, 進於威王. 威王問兵法, 遂以爲師. 於是威王謀救趙, 以孫臏爲將. 辭以刑餘之人不可, 乃以田忌爲將而孫子爲師, 居輜車中, 坐爲計謀.(胡前353年)

378) 孫臏：臏, 刖也. 因刖兩足, 遂名臏也. 吳王闔廬之將孫武之後.(要)

379) 魏都：大梁.(新)

380) 孫子：孫臏.(新)

381) 三晉：本謂趙魏韓, 此處指魏.(新)

382) 齊號爲怯：齊國被稱作怯懦.(新)

383) 因其勢而利導之：魏軍認以齊兵膽怯, 齊軍就利用這樣的認識, 僞裝膽怯逃亡, 引誘魏兵深入.(新)

384) 兵法：指孫子兵法.(新)

385) 百里而趣利者蹶上將 五十里而趣利者軍半至：① 跌倒曰蹶. 此二句言疾馳求勝者, 其成敗之機與距離遠近成正比. 軍半至者, 言軍所能達者才半數.(今) ② 趣, 取, 爭. 蹶, 挫折, 失敗. 孫子, 軍爭篇, 百里而爭利, 則擒三將軍. … 五十里而爭利, 則蹶上將軍, 其法半至.(新)

【孫臏減竈】

孫臏減竈 乃使齊軍入魏地爲十萬竈，明日爲五萬竈，又明日爲
二萬竈．龐涓行三日，大喜曰，“我固知齊軍怯，入吾
地三日，士卒亡者過半矣．”乃棄其步軍，與其輕銳
馬陵之戰 倍日并行逐之．[386] 孫子度其行，[387] 暮當至馬陵，[388] 馬
斫樹白書 陵道陿而旁多阻隘，[389] 可伏兵，乃斫大樹，白而書之
曰，[390] “龐涓死此樹下．”於是令齊師善射者萬弩，[391] 夾
龐涓死樹下 道而伏，期日(曰)，[392] “暮見火擧而俱發．”龐涓果夜
至斫木下，見白書，以火燭之，[393] 讀未畢，萬弩俱發，
魏師大亂相失．[394] 龐涓自知智窮兵敗，乃自剄，[395] 齊
因乘勝大破魏師．

【辛巳(前340) 顯王二十九年】

○【秦封衛鞅商於 號曰商君】

---

386) 輕銳：輕裝精銳之兵卒也.(中) 倍日并行：① 并行，兼程而行也．倍日，一日行兩日之程，亦兼程也.(胡) ②'倍日''并行'，同義，皆兼程之義.(新) ③ 凡軍一日行三十里.(要)

387) 度：① 推測.(新) ② 徒洛翻.(胡) 其行：龐涓追兵的行程.(新)

388) 馬陵：在今山東省范縣西南，當時屬齊.(新)

389) 陿：隘也.(要) 旁：傍通.(漢) 阻隘：斷絶曰阻．險要曰隘.(今)

390) 白而書之：斫去樹皮，使樹變白，寫字於上，便於龐涓夜間看見.(今)

391) 善射者萬弩：善於使用弩弓的弓箭手一萬人.(新)

392) 期：約定.(今) 日：曰字之誤.(新)

393) 燭：照明.(今)

394) 相失：彼此失去聯係.(新)

395) 自剄：斷首曰剄，卽自刎.(今)

秦封衛鞅商於號曰商君

秦封衛鞅商於十五邑.[396] 號曰商君.

【癸未(前338) 顯王三十一年】

○【秦人殺商君】

秦人殺商君

『秦』孝公薨, 子惠文王立.[397] 公子虔之徒告商君欲反.[398] 發吏捕之. 商君亡之魏,[399] 魏人不受, 復內之秦.[400] 商君與其徒之商於, 秦人攻殺之, 車裂以徇,[401] 盡滅其家. 初, 商君相秦, 用法嚴酷, 嘗臨渭論囚,[402] 渭水盡赤.[403] 爲相十年, 人多怨之.

商君臨渭論囚渭水盡赤

趙良說商君

○【趙良說商君】

千人之諾諾不如一士之諤諤

趙良見商君,[404] 商君問曰, "子觀我治秦, 孰與五羖大夫賢.[405]" 趙良曰, "千人之諾諾,[406] 不如一士之諤

---

396) 商於：地名, 皆在弘農. … 按十五邑皆近此二邑.(春)　於：音烏.(綱合)

397) 惠文王：卽惠王, 名駟, 孝公之子, 秦第三十君, 公元前337年至公元前311年在位, 十四年(前324)更爲元年, 稱王.(新)

398) 公子虔：惠王爲太子時爲傅, 商君變法時, 太子犯法, 刑其傅公子虔.(新)

399) 亡：逃.(新)　之：往, 至.(新)

400) 內：讀曰納.(胡)

401) 車裂以徇：車裂, 古酷刑之一, 謂之轘. 徇, 巡行示衆.(今)　車裂：被刑者的四肢及頭縛在五輛車上, 以五馬駕車, 同時分馳, 撕裂肢體. 俗稱五馬分屍.(新)

402) 論囚：決定囚犯之罪刑曰論.(今)　論：決罪曰論.(目)

403) 盡赤：殺人多, 故水赤.(綱合)

404) 趙良：秦國隱士.(新)

405) 孰與五羖大夫賢：我與五羖大夫相比, 誰爲賢能.(新)　孰與：猶言何如. 意謂還不如, 常用于反詰語氣.(漢)　五羖大夫：百里奚自賣五羖皮, 爲人養牛, 以是要秦, 故號五羖大夫.(春)

諤.[407] 僕請終日正言而無誅, 可乎?" 商君曰, "諾."

五羖大夫 勞不坐乘 暑不張蓋

趙良曰, "五羖大夫, 荊之鄙人也,[408] 穆公擧之牛口之下,[409] 而加之百姓之上,[410] 秦國莫敢望焉.[411] 相秦六七年而東伐鄭, 三置晉君,[412] 一救荊禍.[413] 其爲相也, 勞不坐乘,[414] 暑不張蓋.[415] 五羖大夫死, 秦國男

童子不歌謠 舂者不相杵

女流涕, 童子不歌謠,[416] 舂者不相杵.[417] 今君之從政也, 陵轢公族,[418] 殘傷百姓. 公子虔杜門不出已八年

得人者興 失人者崩

矣. 君又殺祝驩而黥公孫賈. 詩曰,[419] '得人者興, 失人者崩.'[420] 此數者, 非所以得人也, 君之危若朝露,

---

406) 諾諾 : 本上對下之應聲, 此借作普通應聲用.(今)

407) 諤諤 : 剛直正言曰諤諤.(今)

408) 荊之鄙人 : 百里奚宛人也, 宛屬楚, 楚號荊.(綱鑑) 荊 : 楚國的別稱.(新) 鄙人 : 粗野之人.(今)

409) 擧 : 提拔.(新) 牛口之下 : 是說百里奚替人家飼養牛. 古書記百里奚之事頗異, 馬非百秦集史經詳考, 以爲"百里奚卽是孟明視, 殆已無可懷疑. 大概百里奚是姓百里, 名視, 字盟明. 百里奚最初乃一賣身爲奴之人, 故秦人稱之曰'奚'.(新) 牛口 : ① 爲人飯牛, 故云.(諺) ② 後以'牛口之下''牛口'借指卑下的地位.(漢)

410) 加之 : 凌駕於.(新) 百姓 : 百官.(新)

411) 望 : 怨望, 不滿.(新)

412) 三置晉君 : 晉惠公懷公文公皆奔秦, 俱送之歸國, 而置立之.(諺) 置 : 立.(新)

413) 一救荊禍 : 指晉楚城濮之戰擊敗楚國, 制止了楚國北進的禍亂. 此當秦穆公二十八年(前632), 秦齊宋參戰擊楚. 救, 止.(新)

414) 坐乘 : 古者車立乘, 惟安車則坐乘耳.(胡) 乘 : 去聲.(春)

415) 蓋 : 傘. 古稱傘爲蓋.(新)

416) 歌謠 : 唱歌. 合音樂叫歌, 隨口唱叫謠.(新)

417) 相杵 : 搗米時發生的與杵相應的呼聲. 杵, 搗米的工具.(新) 相 : 謂送杵聲, 以音聲自勸也.(春)

418) 陵轢 : 陵本作輘, 車轢也, 車所踐也.(春)

419) 詩 : 逸詩.(胡)

而尙貪商於之富，寵秦國之政，[421] 畜百姓之怨.[422] 秦王一旦捐賓客而不立朝，[423] 秦國之所以收君者，豈其微哉？[424]" 商君弗從. 居五月而難作.[425]

【乙酉(前336) 顯王三十三年】

○【孟子斥利】

孟子斥利

鄒人孟軻見魏惠王，[426] 王曰，"叟，[427] 不遠千里而來，亦有以利吾國乎!" 孟子曰，"君何必曰利？仁義而已矣." 初，孟子師子思，嘗問牧民之道何先. 子思曰，"先利之." 孟子曰，"君子所以教民，亦仁義而已矣，何必利？[428]" 子思曰，"仁義固所以利之也. 上不仁則下不得其所，上不義則下樂爲詐也，[429] 此爲不利大矣. 故易曰，'利者，義之和也.'[430] 又曰，'利用安身，以崇

仁義固所以利之

420) 得人者興 失人者崩：崩，壞也. 逸詩.(國)
421) 寵秦國之政：以執秦國之政謂寵.(今)　寵：愛不釋手.(新)
422) 畜：通'蓄,' 積蓄.(新)
423) 捐賓客：捐之義爲棄. 諱言死，而曰捐賓客.(今)
424) 收：捕而殺之曰收.(綱鑑)
425) 居五月而難作：居，經過. 難，災禍.(新)
426) 鄒人孟軻：① 鄒，春秋之邾國也. 班志，鄒縣屬魯國.(胡) ② 古邾國. … 邾國旣亡，魯穆公改其地曰鄒.(今)　孟軻：字子輿，爲魯國貴族盟孫氏的後代，爲孔子之孫子思門人的學生.(新)　魏惠王：孟子謂之梁惠王. 魏移都大梁，故魏亦名梁.(今)
427) 叟：叟者尊老之稱.(胡)
428) 孟軻見魏惠王，… 何必利：此段節孟子梁惠王章而成.(今)
429) 樂：音洛.(胡)
430) 利者 義之和也：① 易乾卦文言.(胡) ② 利者，和合於義也.(伊川易傳 卷1 乾卦)

德也.'[431] 此皆利之大者也."

○【仁者爲知仁義之利 不仁者不知】

仁者爲知仁義之利不仁者不知

溫公曰, 子思孟子之言, 一也. 夫唯仁者爲知仁義之利, 不仁者不知也. 故孟子之對梁王直以仁義而不及利者, 所與言之人異故也.

【戊子(前333) 顯王三十六年】

○【蘇秦說諸侯合縱】

蘇秦說諸侯合縱

初, 洛陽人蘇秦說秦王以兼天下之術,[432] 秦王不用其言. 蘇秦乃去, 說燕文公曰, "燕之所以不犯寇被兵者,[433] 以趙°之爲˙蔽◗其南◖也.[434] 願大王與趙從親,[435] 天下爲一, 則燕國必無患矣."

文公從之, 資蘇秦車馬,[436] 以說趙肅侯曰, "當今山東之國莫彊於趙,[437] 秦之所害亦莫如趙,[438] 然而秦不敢

---

431) 利用安身 以崇德也 : ① 易繫辭, 精義立身, 以致用也, 利用安身 以崇德也.(國) ② 利其施用, 安處其身, 所以崇大其德業也.(伊川易傳 卷3 咸卦)

432) 蘇秦 : 與張儀同從鬼谷子學縱橫術, 曾執掌齊楚燕趙魏韓六國的相印爲縱約長.(新) 兼天下之術 : 倂呑天下之方術.(今)

433) 不犯寇被兵 : 不遭寇之進犯, 受兵之害.(今)

434) 之爲 : (春)本作'爲之', 誤.(◉) 蔽 : 遮掩.(今)

435) 從親 : 合縱而親密.(今)

436) 資 : 資助, 供給.(新)

437) 山東 : 戰國秦漢時稱崤山或華山以東地區, 又稱關東. 亦指戰國時秦以外的六國.(漢)

438) 害 : 嫉也, 忌也.(目)

衡人欲割地與秦

從親以擯秦

伐趙者，畏韓魏之議其後也.[439] 秦之攻韓魏也，無有名山大川之限，稍蠶食之,[440] 韓魏不能支，必入臣於秦，秦無韓魏之規則禍中於趙矣.[441] 夫衡人者皆欲割諸侯之地以與秦,[442] 秦成則其身富榮,[443] 國被秦患而不與其憂,[444] 竊爲大王計，莫°如˙一韓魏齊楚燕趙爲從親以擯秦,[445] 令天下之將相會於洹水之上,[446] 約曰，'秦攻一國，五國各出銳師，或撓秦,[447] 或救之. 有不如約者，五國共伐之,' 則秦甲必不敢出函谷以害山東矣.[448]" 肅侯大悅，厚待蘇秦，尊寵賜賚之,[449] 以約於諸侯.

於是蘇秦說韓王曰，"韓地方九百餘里,[450] 帶甲數十

439) 議：圖謀.(今)

440) 稍：漸漸.(新)　蠶食：如蠶之食葉 寖漸而消失.(今)

441) 規：戰國策趙策二第一章作'隔'. '規'可通'隔'.(新)　中：竹仲反，猶射中的也.(春)

442) 衡人者：① 主張組織連橫陳線的那一帮人. 衡，通'横'，連横，與秦聯合攻擊他國稱'連横'.(新) ② 衡，從衡，與縱横同. 蘇秦主從，張儀主衡.(春) ③ 衡，叚借爲'横'.(說文通訓定聲)　與：給.(新)

443) 秦成：與秦國講和了.(新)　其：指'衡人'.(新)

444) 國：指與秦講和的國家.(新)　而不與其憂：横人却不與諸侯共憂患. 其，指諸侯.(新)　與：猶預也.(要)

445) 如：① 若.(春) ② '如'與'若'異字同義，則兩用亦可.(◉)　一：猶'聯合'.(新)

446) 洹水：水名.(新)

447) 橈：女教火高二切，擾也，亂也.(目)　撓：與'橈'通.(中)

448) 甲：指軍隊.(新)　函谷：自崤山以西潼關以東通稱函谷，在今河南省靈寶縣南10里，爲秦的險要關口，崤山與潼關間，大山中裂，絶壁千仞，有路如槽，深險如函，故名'函谷'，亦稱'崤函'.(新)

449) 賜賚：賞賜. 賚，賞給.(新)

萬,[451] 天下之强弓勁弩利劒皆從韓出. 今大王事秦, 秦必求宜陽成皐, 今茲效之,[452] 明年復求割地. 地有盡而秦之求無已.[453] 鄙諺曰, '寧爲雞口, 無爲牛後.[454]' 以大王之賢. 挾彊韓之兵.[455] 而有牛後之名. 竊爲大王羞之.[456]" 韓王從其言.

寧爲雞口 無爲牛後

蘇秦說魏王曰, "大王之地方千里, 武士二十萬, 蒼頭二十萬,[457] 奮擊二十萬,[458] 厮徒十萬,[459] 車六百乘,[460] 騎五千匹, 乃聽羣臣之說,[461] 而欲臣事秦. 願大王熟察之. 魏王聽之.

蘇秦說齊王曰, "齊四塞之國,[462] 地方二千餘里, 帶

---

450) 方 : 古代計量面積用語. 後加表示長度的數字或數量詞, 表示縱橫若干長度的意思. 多用于計量土地.(漢)

451) 帶甲 : 戰士.(新)

452) 今茲 : ① 今年.(漢) ② 茲, 年.(新) ③ 爾雅, 蓐謂之茲, 卽今龍鬚草, 可以爲席, 一歲一生, 來茲猶言來歲也.(詳說古文眞寶大全 前集 卷2 古詩 何能待來茲 註) ④ 按, 今茲之茲, 從艸絲省聲, 黑之玆, 從二玄. 茲與玆音同義別, 而今多混用.(◉) 效 : 獻.(新)

453) 已 : 止.(新)

454) 寧爲雞口 無爲牛後 : ① 比喩寧願制人而不能受制於人.(新) ② 謂寧居小者之首, 不爲大者之後.(漢) 牛後 : ① 牛的肛門. 比喩處于從屬地位.(漢) ② 雞口雖小猶能進食, 牛後雖大乃出糞也.(春)

455) 挾 : 持.(新)

456) 竊 : 私心.(新) 羞 : 慙愧.(新)

457) 蒼頭 : 用青巾裹頭以區別於其他士卒.(新)

458) 奮擊 : 精選善戰敢於沖鋒陷陣勇於殊死決戰的士卒.(新)

459) 厮徒 : ① 厮, 養馬者之賤者也. 徒, 僕隷也.(春) ② 取薪之卒曰厮.(胡)

460) 乘 : 古代四匹馬拉的車一輛爲一乘.(新)

461) 乃 : 竟然.(新)

462) 四塞 : 指四境皆有天險, 可作屛障. 塞, 先代切.(漢) 塞 : ① 先代切. 邊塞.(佩文韻府,

粟如丘山 車轂擊 人肩摩 連衽成帷 揮汗成雨

甲數十萬，粟如丘山．臨淄之途，[463] 車轂擊，[464] 人肩摩，連衽成帷，[465] 揮汗成雨．夫韓魏之所以重畏秦者，[466] 爲與秦接境也．今秦之攻齊則不然，雖欲深入，則恐韓魏之議其後，[467] 秦之不能害齊亦明矣．夫不料秦之無奈齊何，[468] 而欲西面而事之，是羣臣之計過也．" 齊王許之．

乃南說楚王曰，"楚，天下之彊國也，地方六千餘里，帶甲百萬，粟支十年，[469] 此霸王之資也．楚强則秦弱，秦强則楚弱，其勢不兩立．故爲大王計，莫如從親以孤秦．[470] 故從親則諸侯割地以事楚，衡合則楚割地以事秦，此兩策者相去遠矣，大王何居焉？[471]" 楚王亦許之．

○【蘇秦爲從約長 并相六國】

去聲11，隊韻）② 悉則切．四塞，四面皆充實也．(目）③ 當從先代切．(◉)

463）臨淄：齊都．(綱鑑)

464）車轂擊：來往車輛車轂互相撞擊．是說來往車輛衆多，奔馳急速．轂，車軸兩端突出的部分．(新)

465）衽：衣襟．(新)　帷：帳子．(新)

466）重畏秦：重之義爲甚．此言甚畏秦．(今)

467）議其後：圖謀於其後．(今)

468）不料秦之無奈齊何：不考慮到秦國對齊國無可奈何這一事實．(新)　料：度量．(今)

469）支：維持．(新)

470）從親：組織合縱聯盟．(新)　孤秦：孤立秦國．(今)

471）何居：何所自處．(今)　居：語助也．(要)

蘇秦爲從約長并相六國

於是蘇秦爲從約長,[472] 并相六國,[473] 北報趙,[474] 車騎輜重擬於王者.[475]

【己丑(前332) 顯王三十七年】

○【縱約解散】

縱約解散

秦惠王使犀首欺齊魏,[476] 與共伐趙, 以敗從約.[477] 趙肅侯讓蘇秦,[478] 秦恐, 請使燕, 必報齊. 蘇秦去趙而從約皆解.[479]

【丙申(前325) 顯王四十四年】

○夏, 四月, 秦初稱王.[480]

【丁酉(前324) 顯王四十五年】

○【蘇秦說齊爲燕】

蘇秦說齊爲燕

蘇秦說燕易王曰, "臣居燕不能使燕重, 而在齊則燕

---

472) 從約長 : 合縱聯盟的盟主.(新)
473) 相 : 任相國.(新)
474) 北報趙 : 北歸以報趙王.(今)
475) 輜重 : 輜, 載衣車. 重, 載物車. 行者之資, 總曰輜重.(春) 擬 : 比也.(目)
476) 犀首 : 魏官名. 公孫衍爲此官, 因號犀首, 猶虎牙將軍之稱.(春)
477) 敗 : 破壞.(新)
478) 讓 : 責也.(綱鑑)
479) 解 : 散, 瓦解.(新)
480) 稱王 : 凡稱者, 不宜稱者也. 是故不宜王而王, 則書稱王, 不宜帝而帝, 則書稱帝, 稱皇帝.(綱鑑)

重." 易王許之. 乃僞得罪於燕而奔齊,[481] 齊宣王以爲客卿.[482] 蘇秦說齊王高宮室,[483] 大苑囿, 以明得意, 欲以敝齊而爲燕.[484]

【己亥(前322) 顯王四十七年】

○ 【張儀相魏爲秦】

張儀相魏爲秦 秦張儀免相, 相魏,[485] 欲°令˙魏先事秦而諸侯效之,[486] 魏王不聽. 秦王復陰厚張儀益甚.

【庚子(前321) 顯王四十八年】

○ 王崩, 子愼靚王立.

○ 【孟嘗君養士】

孟嘗君養士 ⁌齊王封田嬰於薛,[487] 號曰靖郭君.[488] 靖郭君有子四十人, 其賤妾之子曰文. 文通儻饒智略,[489] 說靖郭君以散財養士.[490] 靖郭君使文主家待賓客, 賓客爭譽其

481) 奔齊 : 蘇秦通於燕文公之夫人, 恐得罪, 說易王而奔齊也.(要)
482) 客卿 : 戰國時官名, 爲他國遊官者設也.(要)
483) 高宮室 : 把宮室建得宏偉, 比擬帝王之尊.(新)
484) 敝 : 損失, 傷害.(新)
485) 免相 相魏 : 其相魏所以如此之易者, 當是出於秦之推薦, 魏不敢不聽.(今)
486) 令 : ① 使.(春) ② '令'與'使'異字同義, 則兩用亦可.(◉)
487) 薛 : 邑名, 今山東省滕縣南四十里.(新)
488) 靖郭君 : 田嬰生前的封號.(新)
489) 通儻 : 通, 達也. 儻, 倜儻卓異也.(胡) 饒智略 : 言智略有餘也.(胡)

美, 皆請靖郭君以文爲嗣.[491] 靖郭君卒,¶ 文嗣爲薛公, 號曰孟嘗君.[492] 招致諸侯遊士及有罪亡人,[493] 皆厚遇之,[494] 食客嘗數千人,[495] 各自以爲孟嘗君親己,[496]

孟嘗君名重天下

由是孟嘗君之名重天下.

○【孟嘗君奸雄】

孟嘗君奸雄

溫公曰, 君子之養士, 以爲民也. 易曰,[497] "聖人養賢, 以及萬民.[498]" 夫賢者, 其德足以敦化正俗,[499] 其才足以頓綱振紀,[500] 其明足以燭微慮遠,[501] 其强足以結仁固義,[502] 大則利天下, 小則利一國. 是以君子豐祿以富之,[503] 隆爵以尊之,[504] 養一人而及萬人者, 養賢

---

490) 說：式芮翻.(胡)
491) 請：請求.(新)　嗣：繼承人.(新)
492) 孟嘗君：孟, 田文之字. 嘗, 邑名, 在薛之旁.(今)
493) 亡人：逃亡者.(新)
494) 厚遇之：優待賓客.(新)
495) 嘗：通'常'.(漢)
496) 親己：謂獨愛其己身.(要)
497) 易：頤卦彖辭也.(胡)
498) 聖人養賢 以及萬民：國君依靠培養賢人去治理國家, 使人人能有衣食, 天下無不得其所養. 聖人, 指國君. 賢, 指賢人, 有才德之士.(新)
499) 敦化：仁愛敦厚, 化生萬物.(新)　正俗：匡正風俗.(新)
500) 頓綱振紀：整頓綱紀. 頓振, 整頓.(新)
501) 燭微：觀察細致入微.(新)　慮遠：考慮長遠.(新)
502) 結仁固義：成就鞏固仁義.(新)
503) 豐祿：多加俸祿.(新)
504) 隆爵：提高爵位.(新)

之道也. 今孟嘗君之養士也, 不恤智愚,[505] 不擇臧否,[506] 盜其君之祿, 以立私黨, 張虛譽,[507] 上以侮其君,[508] 下以蠹其民,[509] 是姦人之雄也, 烏足尙哉![510] 書曰,[511] "受爲天下逋逃主, 萃淵藪[512]" 此之謂也.

■ 愼靚王[513]

在位七年.

名定, 顯王子.

【癸卯(前318) 愼靚王三年】

○【五國伐秦不克】

五國伐秦不克 楚趙魏韓燕同伐秦, 攻函谷關. 秦人出兵逆之,[514] 五

505) 不恤智愚 : 不關心智或愚.(今)

506) 不擇臧否 : 不選擇好或壞.(今) 否 : 補美翻.(胡)

507) 張虛譽 : 張大養士衆多之虛名.(今)

508) 侮 : 欺.(新)

509) 蠹 : 損害.(新)

510) 烏足尙哉 : 有什麼値得提倡的. 烏足, 何足. 尙, 崇尙, 提倡.(新)

511) 書 : 武成.(新)

512) 受爲天下逋逃主 萃淵藪 : 紂爲天下逃亡者窩主, 聚集的淵藪. 受, 卽紂. 萃, 聚集. 淵藪 淵爲魚聚處, 藪爲獸聚處. 泛指人和事物聚集的地方. 此句又見左傳昭公七年, '受'作'紂'.(新)

513) 愼靚王 : 此複謚也. 以謚法言之, 謚法敏以敬曰愼, 柔德安衆曰靚.(胡)

國之師皆敗走.[515]

【甲辰(前317) 愼靚王四年】

○【齊大夫殺蘇秦】

齊大夫殺蘇秦

齊大夫與蘇秦爭寵, 刺秦殺之.[516]

○【張儀說魏 倍從約】

張儀說魏 倍從約

梁之地勢固戰場

張儀說魏襄王曰, "梁地四平,[517] 無名山大川之限,[518] 卒戍楚韓齊趙之境, 守亭障者不下十萬,[519] 梁之地勢固戰場也.[520] 夫諸侯之約從,[521] 盟洹水之上,[522] 結爲兄弟以相堅也.[523] 今親兄弟同父母, 尙有爭錢財相殺傷,[524] 而欲恃反覆蘇秦之餘謀,[525] 其不可成亦明矣." 魏王乃倍從約,[526] 而因儀以請成于秦.[527] 張儀歸, 復

514) 逆 : 迎戰.(新)

515) 走 : 逃.(新)

516) 刺 : 七亦翻.(胡)

517) 梁 : 魏惠王徙都大梁 故魏亦稱梁.(今)

518) 名 : 大.(新) 限 : 阻隔.(新)

519) 亭 : 邊防瞭望臺性質的建築.(新) 障 : 規模較大的城堡.(新) 不下 : ① 言不減也.(胡前135年) ② 不少于.(漢)

520) 固 : 本來.(新)

521) 約從 : 邀約合從.(漢)

522) 洹水 : 發源於今河南省林縣, 東南流經安陽內黃等縣入於漳水.(今)

523) 相堅 : 共同堅守.(新)

524) 相 : 互相.(新)

525) 恃 : 依靠, 倚仗.(新) 反覆 : 變化無常.(新) 餘謀 : ① 是時蘇秦已死, 故稱其謨爲餘謀.(今) ② 下策. 餘, 末也.(新)

相秦.

【乙巳(前316) 愼靚王五年】

○【燕噲讓國子之】

燕噲讓國子之

蘇秦弟代厲亦以遊說顯於諸侯.[528] 燕相子之與蘇代婚,[529] 欲得燕權. 蘇代使於齊而還, 燕王噲問曰, "齊王其霸乎![530]" 對曰, "不能." 王曰, "何故?" 對曰, "不信其臣." 於是燕王屬國於子之,[531] 子之南面行王事,[532] 而噲老,[533] 不聽政,[534] 顧爲臣,[535] 國事皆決於子之.

【丙午(前315) 愼靚王六年】

○王崩, 子赧王延立.

---

526) 倍：通'背', 背棄.(新)

527) 請成于秦：請求跟秦國媾和. 成, 媾和.(新)

528) 代厲：蘇代蘇厲.(中白) 說：讀稅.(今)

529) 婚：姻親.(新)

530) 齊王其霸乎：齊王能稱霸嗎.(新)

531) 屬國：① 付託國家.(今) ② 鹿毛壽謂燕王曰, 人謂堯賢者, 以其能讓於天下故也. 今王以國讓子之, 是王與堯舜同名也. 從之.(要) 屬：音燭.(春)

532) 南面：面向南也. 古人君聽治之位居北, 其面向南, 故稱人君曰南面.(中)

533) 噲老：燕王噲因老退休.(新)

534) 不聽政：不再執掌國政.(新)

535) 顧：反也, 言燕君反爲子之之臣.(春)

▪ 赧王 上[536]

在位五十九年.

名延, 愼靚王子.

【丁未(前314) 赧王元年】

○【齊破燕】

齊破燕 燕子之爲王三年, 國內大亂. 齊王伐燕取子之,[537] 醢之,[538] 遂殺燕王噲.

【己酉(前312) 赧王三年】

○【致士先從隗始】

致士先從隗始 燕人共立太子平, 是爲昭王. 昭王於破燕之後, 卽位,[539] 弔死問孤, 與百姓同甘苦, 卑身厚幣以招賢者.[540] 謂郭隗曰, "齊因孤之國亂而襲破燕,[541] 孤極知

---

536) 赧王 : ① 愼靚王子, 名延, 又名誕, 周第三十八君, 公元前314至公元前256年在位.(新) ② 赧, 慙之甚也. 輕微危弱, 寄住東西, 足爲慙赧, 故號之曰赧. 諡法本無赧字也.(胡) ③ 在位五十九年而周亡. 諡法, 喪國甚恤曰赧.(綱鑑)

537) 齊王 : 宣王.(新) 取 : 俘獲.(新)

538) 醢 : ① 剁成肉醬. 是一種酷刑.(新) ② 音海.(今)

539) 卽位 : 言燕國爲齊所破, 已承其後也.(胡)

540) 卑身 : 屈己.(今)

541) 孤 : ① 春秋之義, 列國諸侯, 有凶稱孤, 無凶則稱寡人.(今) ② 與臣民言則稱孤, 孤者特立無德之稱.(國) 國亂 : 燕王噲讓位子之國亂.(今)

燕小力少, 不足以報,[542] 然誠得賢士與共國,[543] 以雪先王之恥,[544] 孤之願也. 先生視可者,[545] 得身事之![546]"

郭隗曰, "古之人君有以千金使涓人求千里馬者,[547] 馬已死, 買其骨五百金而返. 君大怒, 涓人曰, '死馬且買之, 況生者乎! 馬今至矣.' 不期年,[548] 千里之馬至者三. 今王必欲致士,[549] 先從隗始, 況賢於隗者, 豈遠千里哉![550]" 於是昭王爲隗改築宮而師事之.[551] 於是士爭趣燕,[552] 樂毅自魏往,[553] 劇辛自趙往.[554] 昭王以樂毅爲亞卿,[555] 任以國政.

買死馬骨

燕昭王禮賢

【庚戌(前311) 赧王四年】

○【張儀說六國連橫】

---

542) 報 : 報復.(今)
543) 共國 : 共同治理國家.(新)
544) 以 : 猶現代漢語'來'.(新) 雪 : 除也.(新) 先王之恥 : 指燕王噲破國之恥.(新)
545) 視 : 觀察.(新) 可者 : 可以稱爲賢士者.(今)
546) 得 : 當, 一定.(新) 身事之 : 親自侍奉他.(新)
547) 涓人 : 在宮中掌管淸潔灑掃之事的人, 卽親近左右的人.(新) 涓 : 淸潔.(新)
548) 期年 : 一周年.(新)
549) 致士 : 招攬人才.(新)
550) 豈遠千里哉 : 難道他們還會因千里之遠而不到燕國來嗎. '他們'指上句賢於隗者.(新)
551) 師事之 : 是說燕昭王把郭隗當老師一樣來侍奉.(新) 事 : 侍.(新)
552) 趣 : 與'趨'同. 疾走.(今)
553) 樂毅 : 戰國時中山國靈壽人, 著名的軍事家. 史記有樂毅列傳.(新)
554) 劇辛 : 本趙人, 後爲燕國大將, 爲趙將龐煖所擒, 自殺于趙.(新)
555) 亞卿 : 上卿爲朝中最級的官職, 亞卿僅次于上卿.(新)

張儀說六國連橫

張儀說楚王曰, “夫爲從者無以異於驅羣羊而攻猛虎,[556] 不格明矣.[557] 今王不事秦, 秦劫韓驅梁而攻楚,[558] 則楚危矣.” 楚王許之.

驅羣羊攻猛虎不格明矣

張儀遂之韓,[559] 說韓王曰[560] “夫戰孟賁烏獲之士以攻不服之弱國,[561] 無異垂千°鈞˙之重於鳥卵之上,[562] 必無幸矣.[563] 大王不事秦, 秦下甲據宜陽,[564] 塞成皐,[565] 則王之國分矣, 爲大王計, 莫如事秦°以˙攻楚.[566]” 韓王許之. 張儀歸報秦王. 復使東說齊王[567]曰, “從人說大王者必曰[568] ‘齊蔽於三晉,[569] 地廣兵彊, 雖有百秦, 將

垂千鈞之重於鳥卵之上

---

556) 爲從者 : 搞合縱聯盟的人.(新) 無以異 : 卽‘無異’, 沒有什麽差別.(新)

557) 不格 : 不敵.(今) 格 : 當也.(胡)

558) 梁 : 魏.(今)

559) 遂 : 于是, 就.(新)

560) 韓王 : 襄王.(新)

561) 孟賁 : 相傳爲戰國的勇士.(新) 烏獲 : ① 相傳爲古代的大力士.(新) ② (檀)辭典音‘오확’, 孟子告子下校正廳本諺解音‘오확’, 栗谷諺解亦音‘오확’, 又飜譯院諸飜譯書音云‘오획’‘오확’而混用之. 全韻玉篇曰, “獲, 확, 困迫失志, 隕獲, 〔藥〕. 획, 得也, 奴婢, 臧獲, 〔陌〕.” 字典釋要新字典從之, 此三字典以‘확’爲藥韻, 以‘획’爲陌韻矣. 佩文韻府入聲11陌韻屬‘獲’字, 同載‘後獲’‘烏獲’等用例, 則此‘獲’與‘得也’之‘獲’同韻. 然則獲字當以‘획’爲國音也. 或以爲‘獲’通‘穫’, 遂用收穫之‘穫’音而然與? 而‘穫’字入聲10藥韻, 則與陌韻之獲(획)異韻矣. (◉)

562) 鈞 : ① 古代三十斤爲一鈞.(新) ② 鈞, 三十斤, 〈朝鮮〉宣祖初諱, 當讀如斤己.(註解千字文) ③ (春)本作‘匀’. ④ 按, 朝鮮宣祖初諱‘鈞’, 故避‘鈞’字, 以代‘匀’字, 或讀如斤己, 而‘鈞’與‘均’通, ‘均’或作‘匀’.(◉)

563) 無 : 不.(新) 幸 : 言幸免于破碎. 必無幸, 猶言必破無疑.(新)

564) 下甲 : 出兵.(新) 據 : 占據.(新)

565) 塞 : 堵塞, 封鎖.(新) 成皐 : 春秋時爲鄭的制邑, 又名虎牢, 在今河南省滎陽縣.(新)

566) 以 : (春)本作‘而’.(◉)

567) 復 : 扶又翻.(胡)

無奈齊何?' 今秦楚嫁女娶婦,[570] 爲昆弟之國,[571] 韓獻宜陽, 梁效河外,[572] 趙王入朝,[573] 割河間以事秦.[574] 大王不事秦, 秦驅韓梁◗攻齊之南地,[575] 悉趙兵,[576] 渡清河,[577] 指博關,[578] 臨菑卽墨非王之有也.[579] 國一日見攻,◖ 雖欲事秦, 不可得也." 齊王許之.

張儀去, 西說趙王曰[580] "大王收率天下以擯秦,[581] 秦兵不敢出函谷關十五年. 大王之威行於山東, 今楚與秦爲昆弟之國, 而韓梁稱東藩之臣,[582] 齊獻魚鹽之地,[583] 此斷趙之右肩也. 夫斷右肩而與°人˙鬪,[584] 失其黨而孤居, 求欲無危得乎![585] ◗臣竊◖爲大王計, 莫

---

568) 從人：主張合縱聯盟的人.(新)　說：式芮翻.(胡)
569) 蔽於三晉：有三晉作屛障.(新)
570) 秦楚嫁女娶婦：秦嫁女卽楚娶婦.(新)
571) 昆弟：兄弟. 秦女嫁楚, 故稱昆弟之國.(新)
572) 效：獻.(新)　河外：對'河內'而言, 指今河南省西北部黃河以南之地.(新)
573) 入朝：此言趙王在澠池朝秦.(新)
574) 河間：故城在今河北省河間縣東南, 滹沱河與漳河之間.(新)
575) 南地：齊之南境地.(今)
576) 悉趙兵：悉發動趙國的全部軍隊.(岳白)　悉：全部.(新)
577) 清河：水名, 卽濟水.(新)
578) 博關：關名. 在今山東省博平縣西北.(胡)
579) 臨菑：齊都.(新)　卽墨：邑名.(新)
580) 趙王：趙武靈王.(新)
581) 收：聯合.(新)　率：領導.(新)　擯：對抗, 抵制.(新)
582) 東藩：東面之藩籬屬國.(今)
583) 齊獻魚鹽之地：此時齊國未獻地給秦, 張儀誇說以恐嚇趙國而已.(新)
584) 人：(春)本作'之', 誤.(◉)

如與秦王面約，常爲兄弟之國.[586)]" 趙王許之.

張儀乃北，說燕王曰[587)] "大王不事秦，秦下甲雲中九原，[588)] 驅趙而攻燕，則易水長城非大王之有也.[589)]" 燕王請獻常山之尾五城以和.[590)]

○【畔衡復合從】

畔衡復合從

張儀歸報，未至咸陽，秦惠王薨，子武王立. 武王自爲太子時，不說張儀，[591)] 及卽位，羣臣多毁短之.[592)] 諸侯聞儀與秦王有隙，[593)] 皆畔衡，[594)] 復合從.[595)]

【辛亥(前310) 赧王五年】

○【縱橫之術 儀秦衍最著】

縱橫之術 儀秦衍最著

張儀相魏一歲，卒. 儀與蘇秦皆以縱橫之術遊諸侯，[596)]

585) 得：能，可以.(新)

586) 常：長久.(岳白)

587) 燕王：昭王.(新)

588) 下甲：出兵.(新) 雲中：趙地名，故城在今內蒙古自治區呼和浩特市與托克托之間.(新) 九原：趙邑名，故城在今內蒙古自治區包頭市西北.(新)

589) 易水長城：俱指燕都而言.(綱鑑) 易水：在今河北省易縣南.(新)

590) 常山：山名，卽恒山.(新) 尾：末.(新)

591) 說：與'悅'同.(今)

592) 毁短，訾毁而數其短也.(胡)

593) 隙：矛盾，怨恨.(新)

594) 畔：通'叛'.(新) 衡：連衡陣線.(新)

595) 合從：亦作'合縱'. 指戰國時，蘇秦游說六國諸侯聯合拒秦. 秦在西方，六國地處南北，故稱合從.(漢)

596) 遊：遊說.(新)

致位富貴,[597] 天下爭慕效之.[598] 又有魏人公孫衍者, 號曰犀首,[599] 亦以談說顯名.[600] 其餘蘇代蘇厲周最樓緩之徒,[601] 紛紜徧於天下,[602] 務以辯詐相高,[603] 不可勝紀,[604] 而儀秦衍最著.

【壬戌(前299) 赧王十六年】

○【楚懷王入秦】

楚懷王入秦

秦王約楚王會盟於武關, 楚懷王入秦,[605] 秦人留之.[606]

○【孟嘗君爲秦丞相】

孟嘗君爲秦丞相

秦王聞孟嘗君之賢, 使涇陽君爲質於齊以請.[607] 孟嘗君來入秦, 秦王以爲丞相.[608]

---

597) 致位：獲得尊位.(新)

598) 慕效：羨慕仿效.(今)

599) 公孫衍：姓公孫名衍, 魏陰晉人, 在魏曾任犀首, 故號曰犀首. 張儀卒, 入秦爲大良造. 後入魏爲將, 曾佩五國相印, 爲縱約將, 戰國時與蘇秦張儀齊名的縱橫家.(新)

600) 說：式芮翻.(胡)

601) 周最：周的公子.(新) 樓緩：趙人, 初爲趙武靈王臣, 曾爲秦相, 主張連橫, 與張儀基本相同.(新)

602) 紛紜：盛多.(今)

603) 相高：互相高下.(新)

604) 紀：通'記'.(新)

605) 秦王約楚王 會盟於武關 楚王入秦：① 秦王遺楚王言, 願與君王會武關, 面相約結盟, 王欲往, 屈平無往可矣. 子蘭勸, 王行, 終不歸國.(要) ② 秦王, 昭襄王. 楚王, 懷王.(綱鑑)

606) 留之：留住不放.(今)

607) 涇陽君：名悝, 秦王同母弟也.(要) 質：① 音致.(胡) ② 信也.(要) ③ 人質也.(中)

608) 丞相：丞, 承也. 相, 助也. 謂掌承天子助理萬機.(國)

【癸亥(前298) 赧王十七年】

○【孟嘗君自秦逃歸】

孟嘗君自秦逃歸

或謂秦王曰, "孟嘗君相秦, 必先齊而後秦,[609] 秦其危哉![610]" 秦王乃以樓緩爲相, 囚孟嘗君, 欲殺之. 孟嘗君使人求解於秦王幸姬,[611] 姬曰, "願得君狐白裘.[612]" 孟嘗君有狐白裘, 已獻之秦王,[613] 無以應姬求.[614]

狗盜鷄鳴

客有善爲狗盜者,[615] 入秦藏中,[616] 盜狐白裘以獻姬. 姬乃爲之言於王而遣之.[617] 王後悔, 使追之. 孟嘗君至關,[618] 關法, 鷄鳴而出客,[619] 時尙早, 追者將至, 客有善爲鷄鳴者, 野鷄聞之皆鳴.[620] 孟嘗君乃得脫歸.[621]

---

609) 先齊而後秦 : 以齊之利益爲先, 而後及於秦.(今) 先後 : 皆去聲.(胡)
610) 其 : 將.(新)
611) 幸姬 : 寵愛的妃子, 猶言愛妾.(新)
612) 狐白裘 : 以狐之白毛皮爲裘, 謂集狐腋之毛, 言美而難得者.(春)
613) 之 : 猶現代漢語給.(新)
614) 無以 : 不能.(新) 應 : 答應.(新)
615) 狗盜 : ① 古代指披狗皮作狗形以盜物者.(新) ② 僞裝成狗進行偸盜. 後泛指竊賊.(漢)
616) 藏 : 物之所藏曰藏.(胡)
617) 遣 : 使之離秦.(今) 爲 : 于僞翻.(胡)
618) 關 : 函谷關.(◉)
619) 鷄鳴而出客 : 鷄鳴啓關放出旅客.(今)
620) 野鷄 : 田野人家之鷄.(今)
621) 脫 : 遁逃, 潛逃.(新)

○【平原君食客常數千人】

平原君
食客常
數千人

趙王封其弟勝爲平原君.[622] 平原君好士, 食客常數千人.

【乙丑(前296) 赧王十九年】

○【楚懷王薨於秦】

楚懷王
薨於秦

楚懷王發病, 薨於秦, 秦人歸其喪.[623] 楚人皆憐之, 如悲親戚.[624] 諸侯由是不直秦.[625]

【丙子(前285) 赧王三十年】

○【齊湣王滅宋】

齊湣王
滅宋

齊湣王旣滅宋而驕,[626] 乃南侵楚, 西侵三晉, 欲幷二周,[627] 爲天子. 燕昭王日夜撫循其人,[628] 乃與樂毅謀伐齊.

【丁丑(前284) 赧王三十一年】

622) 平原君:趙勝實封於東武城, 而以平原君爲號.(今)
623) 喪:柩也.(中)
624) 親戚:此指父母兄弟.(新)
625) 不直秦:不認爲秦國有理.(新)
626) 滅宋:去年滅宋.(春)
627) 二周:東周, 西周.(新) 東周:戰國時代的小國名. 周考王分封的諸侯國西周, 傳至惠公, 乃封其少子於鞏, 號東周. 後爲秦所滅.(漢) 西周:指周都鎬京. 在今陝西省西安市西南.(漢)
628) 撫循:卽用手按摩表示安慰.(今)

○【燕樂毅伐齊】

燕樂毅伐齊 ⁋燕⁋王悉起兵, 以樂毅爲上將軍.[629] ⁋樂毅⁋并將秦魏韓趙之兵以伐齊. 齊湣王悉國中之衆以拒之, 戰于濟西,[630] 齊師大敗. ⁋樂毅⁋遂進軍. 齊人大亂失度,[631] 湣王出走. 樂毅入臨淄,[632] 取寶物祭器,[633] 輸之於燕.[634]

樂毅爲昌國君 燕王封樂毅爲昌國君,[635] 遂使留徇齊城之未下者.[636] 齊王走莒.[637] 楚使淖齒將兵救齊,[638] 因爲齊相.

淖齒弑齊湣王 淖齒欲與燕分齊地, 乃遂弑王於鼓里.[639]

○【王蠋死節】

王蠋死節 毅聞晝邑人王蠋賢,[640] 令軍中環晝邑三十里無入. 使

629) 上將軍：軍之主將, 如春秋時代之元帥. 上將軍名稱起於此.(今)
630) 濟西：濟水以西之地, 與越國的黃河以東一帶的邊境相臨.(新)
631) 失度：失其日常態度.(今)
632) 臨淄：齊國國都, 今山東省臨淄縣.(今)
633) 寶物祭器：凡王者大祭祀, 必陳設文物軒車彝器等, 因謂此爲祭器.(春)
634) 輸：運送.(新)　之：至.(新)
635) 昌國君：昌國, 齊邑名, 在今山東省淄川縣東北. 封樂毅於此, 又取昌大燕國之義, 以榮寵之.(今)
636) 徇：巡行招降.(今)　下：彼自歸伏曰下. 又以兵威伏人曰下.(春)　屈服：投降.(漢)
637) 莒：齊邑名, 今山東省莒縣.(今)
638) 淖齒：① 姓淖名齒.(今) ② 楚公族.(新)　將兵：率兵也, 治兵也.(中)
639) 弑：以下殺上爲弑.(今)　鼓里：莒地名.(新)
640) 晝：① 劉熙曰, 畫, 齊西南近邑, 音獲. 索隱曰, 音胡卦翻. … 通鑑以畫邑爲晝邑, 以孟子去齊宿于晝爲據也. 若以孟子爲據, 則晝讀如字.(胡) ② 畫字又作澅. 齊邑名, 以傍澅水得名. 在今山東省臨淄西北二里, 卽孟子去齊宿于晝之晝, 晝卽澅字之誤.(今) ③ 梁玉繩曰, 齊有畫邑晝邑, 畫邑在臨淄西北三十里. 齊將封王蠋以萬家, 卽此地. 晝邑在臨淄西南, 孟子出宿處, 一北一南, 說詳志疑.(史記 卷82 田單列傳 考證) ④ 胡註本與新註本作'畫', 今註本與綱目作'晝'. 而史記考證'畫'與'晝'爲兩邑之名, 則'畫''晝'姑爲兩存, 以俟

人請蠋，蠋謝不往.[641] 燕人曰，"不來，吾且屠畫邑.[642]" 蠋曰，"忠臣不事二君，烈女不更二夫.[643] 齊王不用吾諫，故退而耕於野，國破君亡，吾不能存，而又欲劫之以兵，[644] 吾與其不義而生，[645] 不若死." 遂經其頸而死.[646]

忠臣不事二君 烈女不更二夫

與其不義而生 不若死

○【樂毅撫安齊民】

樂毅撫安齊民

燕師乘勝長驅，[647] 齊城皆望風奔潰.[648] 樂毅修整燕軍，禁止侵掠，[649] 求齊之逸民，[650] 顯而禮之.[651] 寬其賦斂，除其暴令，修其舊政，齊民喜悅. 祀桓公管仲於郊，[652] 表賢者之閭，[653] 封王蠋之墓. 六月之間，下齊七十餘

後之君子.(◉)

641) 謝：拒絶.(新)

642) 屠：① 屠，殺也. 屠殺其民，若宰六畜然也.(要) ② 屠，謂毁其城，殺其民，若屠者然也.(新)

643) 不更：經歷曰更. 不更卽不經歷. 今言烈女不事二夫.(今)　更：工衡翻.(胡)

644) 劫之以兵：用武力脅迫我.(新)

645) 與其：比較連詞，猶言如其也，恒與不若寧語詞寧可等詞連用.(中)

646) 經：① 絞也.(胡) ② 投環自縊曰經. 今謂之上弔.(今)

647) 長驅：謂軍隊遠道驅馳也.(中)

648) 望風奔潰：遠遠望見敵人的踪影，或强大的氣勢，就潰散逃跑.(新)

649) 掠：取也.(國)

650) 逸民：節行超逸也. 逸，俊逸之逸，如俊民之義，非隱逸也.(春)

651) 顯：使其顯貴.(新)　禮之：謂以禮遇之也.(春)

652) 桓公：齊桓公，名小白，襄公之子，春秋五霸之一.(新)　管仲：?～前645. 名夷吾，又字敬仲，齊國人. 相齊桓公，助其成就霸業.(新)

653) 表：標榜其里門也.(史記 留侯世家 索隱)

城, 皆爲郡縣.

【戊寅(前283) 赧王三十二年】

○【賈母倚門而望】

賈母倚門而望 齊淖齒之亂. 王孫賈從湣王,[654] 失王之處,[655] 其母曰, "汝朝出而晚來, 則吾倚門而望, 汝暮出而不還, 則吾倚閭而望.[656] 汝今事王, 王走, 汝不知其處, 汝尙何

賈殺淖齒 歸焉![657]" 王孫賈乃攻淖齒, 殺之. 於是齊亡臣相與求

田法章卽位 湣王子法章,[658] 立以爲齊王,[659] 保莒城以拒燕, 布告

齊保莒城 國中曰, "王已立在莒矣!"

○【藺相如完璧】

藺相如完璧 趙王得楚和氏璧,[660] 秦昭王欲之, 請易以十五城.[661]

---

654) 王孫賈 : 王孫, 複姓. 賈, 名.(新)

655) 失王之處 : 不知湣王逃到何處.(新)

656) 倚閭而望 : 門, 一家之門, 閭, 二十五家一巷之都門也.(目) 望 : 望其恢復也.(綱鑑)

657) 其母曰云云 : 意思是, 母愛子超過子愛王, 其母要求王孫賈像母愛子一樣地愛王.(新)

658) 亡臣 : 逃亡在外的大臣.(新) 相與 : 共同一道.(新) 求 : 找尋.(新)

659) 齊王 : 齊襄王, 名法章, 湣王之子, 田齊第七君, 公元前283年至公元前265年在位.(新)

660) 趙王 : 趙惠文王.(史記 卷81 廉頗列傳) 和氏璧 : ① 卞和, 楚之野民, 得璞於楚山中, 獻之武王. 王使玉人相之, 曰石也, 刖其左足. 文王立, 和又奉璞獻. 玉人曰, 石也, 刖其右足. 成王立, 和抱璞泣, 王使玉人破之, 得寶璧.(春) ② 璧, 玉器名, 扁平, 圓形, 中心有孔, 邊闊大于孔徑.(新) ③ 崔浩漢紀音義曰, "傳國璽, 是和氏璧作之."(太平御覽 卷682 璽) 傳國璽 : 秦以後皇帝世代相傳的印章. 又稱秦璽, 唐改稱傳國寶. 相傳秦始皇得藍田玉, 雕爲印, 上紐交五龍, 正面刻李斯所寫篆文"受命於天, 旣壽永昌"八字. 秦亡歸漢. 後來封建王朝以璽有"受命於天"之文, 爭以得璽爲符瑞. 秦璽已亡, 歷代多自刻制, 文亦有同有異.(漢)

趙王以問藺相如,[662] 對曰, "秦以城求璧而王不許, 曲在我矣.[663] 我與之璧而秦不與我城, 則曲在秦. 臣願奉璧而往, 使秦城不入, 臣請完璧而歸."

相如至秦, 秦王無意償趙城.[664] 相如乃紿秦王,[665] 復取璧, 遣從者懷之,[666] 歸趙,[667] 而以身待命於秦.[668] 秦王以爲賢而弗誅, 禮而歸之. 趙王以相如爲上大夫.[669]

【壬午(前279) 赧王三十六年】

○【秦趙會澠池】

秦趙會澠池 相如請秦王擊缶

秦王會趙王於河外澠池.[670] 王與趙王飮, 酒酣,[671] 秦王請趙王鼓瑟,[672] 趙王鼓之. 藺相如復請秦王擊缶,[673]

661) 請易以十五城：要求用十五城交換.(新)
662) 藺相如：藺, 趙邑名. 相如, 韓獻子玄孫曰康, 食邑於藺, 故因氏焉.(綱合)
663) 曲：理虧.(新)
664) 償：補償.(今)
665) 紿：欺騙.(今)
666) 從者：隨員.(今) 從：(春)本作'使', 誤.(◉) 懷之：懷裏揣着和氏璧.(新)
667) 間行：從偏僻小路走.(今)
668) 待命於秦：等候秦王的處置.(新)
669) 上大夫：官名, 各國多置之. 上大夫爲大夫第一級, 位卿下.(今)
670) 秦王：昭王.(綱鑑) 趙王：惠文王.(綱鑑) 河外澠池：今河南省澠縣. 稱河外者對河內而言, 古稱黃河以北自濟源至修武一帶曰河內. 黃河以南自陝州至落陽以西曰河外.(今) 澠：莫淺翻 又莫忍翻.(胡)
671) 酣：按酣爲形容詞, 形容飮酒者將醉未醉, 不拘形跡禮法, 眞情游露之狀.(今)
672) 鼓瑟：① 奏瑟. 瑟, 二十五弦琴.(新) ② 鼓義爲擊打.(今) ③ 趙人善瑟, 故秦王請鼓之.(國) ④ 趙女善鼓瑟, 以是辱之.(綱鑑)

秦王不肯. 相如曰, "五步之內,[674] 臣請得以頸血濺大王矣.[675]" 左右欲刃相如,[676] 相如張目叱之,[677] 左右皆

秦王擊缶 靡.[678] 王不°懌˙,[679] 爲一擊缶,[680] 罷酒, 秦終不能有加於趙,[681] 趙人亦盛爲之備,[682] 秦不敢動.

○【廉藺刎頸交】

廉藺刎頸交 趙王歸國, 以藺相如爲上卿, 位在廉頗之右.[683] 廉頗

相如屈廉頗 曰, "我見相如, 必辱之." 相如聞之, 每朝, 常稱病, 不欲爭列.[684] 出而望見,[685] 輒引車避匿.[686] 其舍人皆以爲恥.[687] 相如曰, "子視廉將軍孰與秦王?[688]" 曰, "不

---

673) 擊缶 : 敲瓦盆. 缶一種盛酒的瓦器, 敲擊以表節拍.(新) 缶 : 秦俗擊之以節樂.(春)

674) 五步之內 : 蓋言至近也.(綱合)

675) 以頸血濺大王 : 以自己刎頸之血濺秦王身. 暗示自殺兼殺對方, 爲古人之外交詞令.(今) 濺大王 : 言將殺秦王也.(要)

676) 刃 : 殺.(新)

677) 張目 : 瞪大眼睛.(新) 叱 : 大聲喝斥.(今)

678) 靡 : ① 萎縮不振.(今) ② 散也, 止也.(綱合)

679) 懌 : ① 喜悅, 高興.(新) ② 中宗諱, 代'豫'.(增補文獻備考 卷53 帝系考 諱) ③ (春)本作'豫', '豫'代朝鮮中宗諱'懌'字.(◉)

680) 爲一擊缶 : 爲大家敲了一下瓦盆.(新)

681) 加 : 欺侮, 駕凌.(新)

682) 盛爲之備 : 作了充分準備.(新)

683) 右 : 古人有以右爲尊者, 語言中遂以作右與尊同意.(今) 藺 : 力刃翻.(胡)

684) 爭列 : 爭上朝站位之上下次序, 古名曰朝列.(今)

685) 望見 : 遠遠看見廉頗.(新)

686) 引車 : 調轉車子.(新) 引 : 退.(新)

687) 舍人 : 戰國時大夫可置舍人, 舍人大夫之私臣, 與漢以後舍人爲政府官吏不同.(今)

688) 廉將軍孰與秦王 : 廉將軍與秦王比誰厲害.(新) 孰與 : ① 何與.(今) ② 猶言何如. 意謂還不如, 常用於反詰語氣.(漢)

若.[689]" 相如曰, "夫以秦王之威而相如廷叱之,[690] 辱其群臣,[691] 相如雖駑,[692] 獨畏廉將軍哉?[693] 顧吾念之,[694] 彊秦之所以不敢加兵於趙者,[695] 徒以吾兩人在也.[696] 今兩虎共鬪, 其勢不俱生. 吾所以爲此者,[697] 先國家之急而後私讎也." 廉頗聞之, 肉袒負荊,[698] 至門謝罪, 遂爲刎頸之交.[699]

兩虎共鬪 勢不俱生 廉頗肉袒負荊謝罪

○【田單拒燕】

田單振燕

是時齊地皆屬燕, 獨莒卽墨未下, 樂毅圍卽墨. 卽墨大夫出戰而死. 卽墨人曰, "安平之戰,[700] 田單宗人以鐵籠得全,[701] 是多智習兵.[702]" 因共立以爲將以拒燕.

鐵籠得全

---

689) 不若 : ① 廉將軍不與秦王厲害.(新) ② 不如.(今)

690) 廷叱之 : 在秦朝廷當衆呵斥他.(新)

691) 辱其群臣 : 此指請秦王擊缶.(新)

692) 駑 : 劣馬曰駑. 自謙之詞.(今)

693) 獨 : 專一. 此言秦王尙且不怕, 乃獨怕廉將軍乎.(今) 豈 : 難道.(新)

694) 顧吾念之 : 顧與惟同義. 惟吾考慮.(今) 顧 : 但.(新)

695) 加兵 : 進兵侵犯.(新)

696) 徒以 : 只因.(今)

697) 爲此 : 如此.(今)

698) 肉袒 : 解衣袒露出身體.(新) 負荊 : 荊, 所以笞, 故負之以請罪.(胡)

699) 刎頸之交 : 刎, 斷也. 崔浩曰, "言交契深重, 要齊生死, 雖斷頸而無悔, 是謂刎頸之交."(春)

700) 安平 : 邑名, 在今山東省淄博市東北.(新)

701) 宗人 : 近房的族人.(新) 鐵籠得全 : 以鐵籠傅車轊, 及城隤, 人爭出門, 皆以軸折被擒, 獨單宗人得免, 犇卽墨.(要)

702) 是 : 此人.(今) 習兵 : 熟悉兵法.(新)

○【樂毅自誓】

樂毅自誓

樂毅圍二邑, 三年而猶未下. 或讒之於燕昭王曰, "樂毅智謀過人, 伐齊, 呼吸之間, 剋七十餘城,[703] 今不下者兩城耳, 非其力不能拔, 欲久仗兵威以服齊人,[704] 南面而王爾.[705]" 昭王於是置酒大會,[706] 引言者斬之.[707] 遣國相, 立樂毅爲齊王. 毅惶恐不受, 拜書,[708] 以死自誓. 由是齊人服其義, 諸侯畏其信, 莫敢復有謀者.

○【樂毅犇趙】

樂毅犇趙

頃之, 昭王薨, 惠王立.[709] 惠王自爲太子時, 嘗不快於樂毅. 田單聞之, 乃縱反間曰[710] "樂毅與燕新王有隙,[711] 畏誅而不敢歸, 以伐齊爲名. 齊人唯恐他將來,

---

703) 呼吸之間 : 一呼一吸的時間, 言時間很短. 猶言頃刻之間.(新)

704) 仗 : 憑倚也.(中)

705) 南面而王 : 古代以坐北朝南爲尊位, 古帝王諸侯見群臣, 或卿大夫見僚屬, 皆面向南而坐, 因此用'南面'指居帝王或諸侯卿大夫之位.(新)

706) 大會 : 大宴群臣.(新)

707) 引 : 援引.(新) 言者 : 那些講讒言的人.(新)

708) 拜書 : ① 寫信給別人的敬詞.(新) ② 拜而上書也.(目)

709) 惠王 : 昭王之子, 史失其名, 燕第四十君, 公元前278年至公元前272年在位.(新)

710) 縱 : 施展.(新) 反間 : ① 間者間諜. 反間者因敵人所使間諜而用之.(今) ② 反間者, 因敵間而用之. 敵有間來窺我, 我必先知之, 或厚賂誘之, 反爲我用. 或佯爲不覺, 示以僞情而縱之 則敵人之間, 反爲我用也.(孫子 用間 杜牧注)

711) 新王 : 指惠王.(新) 隙 : 隙閡, 矛盾.(新)

燕以騎劫代樂毅

卽墨殘矣.[712)]” 燕王已疑, 得齊反間, 乃使騎劫代將而召樂毅.[713)] 毅遂犇趙. 燕將士由是憤惋不和.[714)]

○【田單破燕復齊地】

田單破燕復齊地

田單乃身操版鍤,[715)] 與士卒分功,[716)] 妻妾編於行伍之間,[717)] 盡散飮食饗士.[718)] 令甲卒皆伏, 使老弱女子乘城,[719)]

田單火牛

⌜遣使約降於燕⌟, 燕軍益懈. 田單乃收城中, 得牛千餘, 爲絳繒衣,[720)] 畫以五采龍文,[721)] 束兵刃於其角,[722)] 而灌脂束葦於其尾,[723)] 燒其端, 鑿城數十穴, 夜縱牛, 壯士五千人隨其後. 牛尾熱, 怒而犇燕軍.[724)] 燕軍大驚, 視牛皆龍文, 所觸盡死傷. 而城中鼓譟從之,[725)] 老弱皆擊銅器爲聲, 聲動天地. 燕軍大⌜駭⌟, 敗走. 齊人殺

---

712) 殘 : 城破之意.(今)
713) 騎劫 : 燕將.(新)　將 : 統兵.(新)　召 : 召回.(新)
714) 憤惋 : 憤恨. 惋, 怨恨.(新)
715) 身 : 親自.(新)　版 : 築墻夾板.(新)　鍤 : 挖壕的鉄鍬.(新)　鍤 : 則洽翻.(胡)
716) 分功 : 各自勞動修築工事.(新)
717) 編 : 編入.(新)　行伍 : 古代軍隊編制, 五人爲伍, 二十五人爲行, 故以行伍泛指軍隊.(新)　行 : 胡郎切.(漢)
718) 饗士 : 用酒食款待士卒.(新)
719) 乘城 : 登城而守.(今)
720) 爲絳繒衣 : 給牛做紫紅色絹衣.(新)
721) 畫以五采龍文 : 絹衣上畫着五顔六色的蛟龍花紋.(新)
722) 束 : 以繩縛綁.(今)
723) 灌脂束葦於其尾 : 謂縛束葦草於其尾, 以脂油灌之.(綱合)
724) 犇 : 奔之古字.(中)
725) 譟 : 羣呼也.(胡)　從之 : 跟隨齊軍前進.(岳麓)

騎劫, 追亡逐北,[726] 所過城邑皆叛燕, 復爲齊.[727] 齊七十餘城皆復焉.[728] ⁌田單⁍乃迎襄王於莒,[729] 入臨淄, ⁌齊⁍封田單爲安平君.[730]

齊迎襄王於莒

○【田單攻狄】

田單攻狄

田單將攻狄,[731] 往見魯仲連.[732] 仲連曰, "將軍攻狄, 不能下也." 田單曰, "臣以卽墨破亡餘卒破萬乘之燕,[733] 復齊之墟,[734] 今攻狄而不下, 何也?" 上車弗謝而去,[735] 遂攻狄. 三月不克. 田單乃懼, 問魯仲連, 仲連曰, "將軍之在卽墨, 坐則織蕢,[736] 立則杖鍤,[737]

---

726) 追亡逐北 : ① 燕軍潰散逃命, 齊軍緊緊追趕.(新) ② 亡, 逃亡也. 北, 奔北也. 逃亡者追之, 奔北者逐之. 楊倞曰. "北者, 乖背之名, 故以敗走爲北." 毛晃曰, "人道面南偝北, 北者, 偝也, 故古以堂北爲背, 背亦偝也. 以敗走爲北者, 取偝之而走耳."(胡) 逐北 : 追擊敗兵. 逐北, 如字, 又音佩. 軍走曰北.(漢 莊子則陽 '逐北' 陸德明釋文) 北 : ① 卽敗, 北敗二字雙聲, 故可通用.(今前279年) ② 北, 音佩, 與'倍''背'同音, 則國音當讀曰'배'. '北''倍''背'三字之同音論議, 在下'前256年'之'倍秦'條參看.(◉)

727) 復爲齊 : 又成爲齊國的城邑.(新)

728) 復 : 收復.(新) 爲 : 于僞翻. 又音如字.(胡)

729) 田單 : 據史記田敬仲完世家補.(◉)

730) 齊 : 據史記田敬仲完世家補.(◉) 封田單爲安平君 : 因田單安定國家, 平定國難, 又因田爲安平人, 以卽墨爲基地, 收復齊國七十餘城, 故以安平封田單.(新)

731) 狄 : 春秋晩年, 中原之狄, 業已先後滅亡, 此在東方所僅存者. 此狄居今山東省高苑縣.(今)

732) 魯仲連 : 齊人也.(春)

733) 萬乘 : 指能出兵車萬乘的大國.(漢)

734) 復齊之墟 : 光復齊之古城.(今)

735) 謝 : 告辭.(新)

736) 蕢 : 盛土的草包.(新)

737) 杖 : (資治)作'仗', '仗'與'杖'通.(◉) 仗 : 持, 握.(新)

爲士卒倡◗曰.[738] "無可往矣! 宗廟亡矣! 今日尙矣!

將軍有死之心士卒無生之氣 歸於何黨矣![739]"◖ 當此之時, 將軍有死之心, 士卒無生之氣,[740] 所以破燕也. 今將軍東有夜邑之奉,[741] 西有淄上之娛,[742] 黃金橫帶而騁乎淄澠之間,[743] 有生之樂, 無死之心, 所以不勝也." 田單曰, "單之有心,[744] 先生志之矣.[745]" 明日, 乃厲氣循城,[746] 立於矢石之所,[747] 援枹鼓之,[748] 狄人乃下.

【辛卯(前270) 赧王四十五年】

○【秦以范雎爲客卿】

秦以范雎爲客卿 魏人范°雎˙亡入秦,[749] 說秦王曰, "以秦國之大, 士卒

738) 倡 : 同'唱'.(新)

739) 無可往矣 … 歸於何黨矣 : 無可往矣, 如言無處可走了. 宗廟, 義爲國家. 尙, 義爲努力. 黨, 義爲所, 何黨卽何所, 亦卽何處. 此言不努力則今後何所歸宿. 不堪設想. 此四句當爲田單所作振奮士氣之軍歌, 以往亡尙黨四字爲韻, 辭氣頗爲壯烈.(今)

740) 無生之氣 : 無倖生之氣.(今)

741) 夜邑 : 卽掖邑,今山東省掖縣.(今) 夜 : 讀曰'掖', 音羊益翻.(胡)

742) 東有夜邑之奉 西有淄上之娛 : 此蓋言安平封邑, 益之以夜邑. 夜邑在安平東, 淄水在安平西. 夜邑有租賦之奉, 淄上有遊觀之樂, 故魯仲連云然.(胡) 娛 : 快樂.(今)

743) 淄澠 : 二水名. 淄水已見前注. 澠水. 發源於臨淄, 西北流經廣饒, 注入麻大湖.(今) 澠 : 時陵翻.(胡)

744) 有心 : 有殊死決死之心. 上文言'有死之心', '所以破燕', 以後'無死之心', '所以不勝'.(新)

745) 志 : ① 志通'識', 說文, "識, 知也."(新) ② 心意有所主持曰志.(今)

746) 厲氣循城 : 厲氣, 振作勇氣. 循城, 循與巡行之'巡'同. 巡察督飭攻城士卒.(今)

747) 所 : 戰國策作"立于矢石之所及"(及誤爲乃), 呂氏春秋貴直有"立于矢石之所及", 韓非子難二有"立于矢石之所及", 當補'及'字. 是說站在敵人箭弩能打到的最前線.(新)

748) 援枹鼓之 : 援, 手持. 枹, 打鼓小杖.(今) 枹 : 芳無翻.(胡) 鼓之 : 古軍中號令, 進軍則擊鼓, 此言田單親自持仗擊鼓, 督促進攻.(今)

走韓盧 搏蹇兎

之勇，以治諸侯，[750] 譬如走韓盧而搏蹇兎也，[751] 而閉關十五年，[752] 不敢窺兵於山東者，[753] 是穰侯爲秦謀不忠，[754] 而大王之計亦有所失也.” 王跽曰[755] “願聞失計!” °睢˙曰，“夫穰侯越韓魏而攻齊，非計也. 今王

遠交 近攻

不如遠交而近攻，[756] 得寸則王之寸也，得尺°亦˙王之尺也.[757] 今夫韓魏，中國之處而天下之樞也.[758] 王若欲霸，[759] 必親中國以爲天下樞，以威楚趙，楚趙皆附，齊必懼矣，齊附則韓魏因可虜也.[760]” 王曰，“善.” 乃以范°睢˙爲客卿，與謀°兵˙事.[761]

---

749) 范睢：曾爲秦昭王相國，封爲應侯. 史記有范睢列傳. 睢又作‘睢’.(新)　睢：七餘反. 范睢之睢，音且，文從且，非從目. 通鑑集覽音‘雖’. 戰國秦漢人多以且爲名，讀子余切，如穰且豫且夏無且龍且皆是，且旁或加隹，如范睢唐睢，文殊而音不殊也，然則作‘睢’者誤.(史記 范睢列傳 考證)　睢：(春)本作‘睢’，誤. 下同.(◉)

750) 治：直之翻.(胡)

751) 走：追趕.(新)　韓盧：相傳古韓國良犬名. 黑色曰‘盧’，因犬毛爲黑色，故名‘韓盧’. 此比喩强秦.(新)　搏：① (資治)作‘博’.(◉)　② 博，通‘搏’，擒.(新)　蹇兎：跛兎. 比喩諸侯.(新)

752) 關：函谷關.(柏楊)

753) 窺：偸看. 此言‘等待時機奪取’.(新)　山東：蓋專指韓魏.(新)

754) 穰侯：穰韓之屬邑名，昭襄王取之，而封母舅魏冉，爲穰侯.(綱合)

755) 跽：跪之一種，古謂之長跪. 古人席地而坐，兩膝著地，臀置於足跟曰坐. 起而上身垂直，兩膝仍著地，則曰跽.(今)

756) 遠交而近攻：交好隔得遠的國家，進攻靠得近的國家.(新)

757) 得寸得尺：都指得土地.(新)　亦：(春)本作‘則’，誤.(◉)

758) 中國之處：處于中原之地. 中國，卽中原，樞，中心，門戶.(新)

759) 欲：(資治)作‘用’，史記范睢列傳作‘王其欲霸’，則‘用’與‘欲’兩用亦可.(◉)　用霸：請用霸天下之術.(胡)

760) 虜：收服，臣復.(新)

761) 與謀兵事：范睢謀兵事，則三晉受兵禍，而穰侯兄弟皆爲秦所逐矣.(胡)　兵：(春)本作‘國’，

【辛丑(前260) 赧王五十五年】

○【趙括代廉頗】

趙括代廉頗 秦左庶長王齕伐韓,[762] 攻◗趙◖上黨拔之.[763] 上黨民走趙. 趙廉頗軍於長平, 以按據上黨民.[764] 王齕因伐趙. 廉頗堅壁不出 趙軍°數戰˙不勝.[765] 廉頗堅壁不出.[766] 趙王以頗失亡多而更怯不戰,[767] 怒, 數讓之.[768] 應侯使人反間,[769] 秦畏趙括 曰, "秦之所畏, 獨畏馬服君之子趙括爲將爾.[770] 廉頗易與,[771] 且降矣.[772]" 趙王遂以趙括代頗將. 藺相如曰, 膠柱鼓瑟 "王以名使括,[773] 若膠柱鼓瑟.[774] 括徒能讀其父書傳,[775]

誤.(◉)

762) 左庶長 : 秦爵二十等之第十八級.(今) 王齕 : 人名.(新)

763) 攻趙上黨拔之 : 秦昭襄王四十七年, 秦攻韓上黨, 上黨降趙, 秦因攻趙.(史記 卷5 秦本紀) 趙 : (目)有'趙'字, 據補.(◉)

764) 以按據上黨民 : 索隱, 謂屯兵長平, 以據援上黨. 考證, 中正積德曰, 上黨旣破矣, 按據, 猶言鎭撫也. 乃是鎭撫其走民, 不使散亡也. 索隱謬.(史記 卷73 白起王翦列傳 '〈秦昭王〉四十七年, 秦使左庶長王齕攻韓, … 以按據上黨民.'之集解與考證) 按據 : 以手按撫之爲按, 據之義爲定. 上黨失, 民騷動, 廉頗駐軍於長平, 撫而定之.(今) 按 : ① 於旰翻, 抑也, 止也, 據也. … 按, 音'遏', 此義亦通, 但按字無'遏'音.(胡) ② 按, (春)本亦云'音遏', 而字典無'遏'音, 則當從'於旰翻'.(◉)

765) 數戰 : (春)本作'戰數', 據(資治)改.(◉) 數 : 所角翻.(胡)

766) 堅壁不出 : 堅守其壁壘不出戰.(今)

767) 更 : 工衡翻.(胡)

768) 數 : 所角翻. 屢也.(胡)

769) 應侯 : 范雎.(國) 間 : 古莧翻.(胡)

770) 將 : 卽亮翻.(胡)

771) 易與 : 與之意爲相處. 此言容易對付.(今) 易 : 弋豉翻.(胡)

772) 且 : 將.(今) 降 : 戶江翻.(胡)

773) 名 : 虛名.(新)

774) 膠柱鼓瑟 : ① 瑟各絃發聲之淸濁高低, 在於調節各絃張弛之柱, 今用膠膠住其柱, 則調節

趙括不知合變 不知合變也.[776]" 王不聽.

○【括母請無隨坐】

括母請無隨坐 初, 趙括自少時學兵法, 以天下莫能當,[777] 嘗與其父奢言兵事, 奢不能難,[778] 然不謂善.[779] 括母問其故, 奢曰, "兵, 死地也,[780] 而括易言之.[781] 趙若將括, 破趙軍者必括也." 及括將行, 其母上書, 言括不可使. 王曰, "吾已決矣." 母曰, "卽如有不稱,[782] 妾請無隨坐.[783]" 王許之.

破趙軍者必括

○【白起坑趙降卒】

白起坑趙降卒 秦王聞括爲趙將, 乃陰使武安君爲上將而王齕爲裨將,[784] 令軍中"有敢泄武安君將者斬." 趙括至軍, 悉

趙括至軍悉更約束

之作用全失, 欲求瑟之發音成調, 決無可能. 以鼓瑟之法喩用括不得其道.(今) ② 比喩固守成法, 不知變通.(新)

775) 徒：義爲但.(今) 書傳：兵書和論說.(岳白) 傳：去聲.(國)

776) 合變：隨機應變.(新)

777) 當：敵.(新)

778) 不能難：不能難住他, 使他找不出辯難的話.(今) 難：乃旦翻, 辯折之也.(胡)

779) 不謂善：不說好.(新)

780) 兵 死地也：戰爭是要死人的. 死地, 死人之地.(新)

781) 易言之：話說得太容易.(今) 易：以豉翻, 輕也.(胡)

782) 卽如有不稱：稱獨趁. 卽如, 假如. 此言假如有不稱其職情事.(今) 不稱：不勝任也.(胡) 稱：尺證翻.

783) 妾請無隨坐：古者敗軍之將, 家人連倂論罪. 趙王旣不聽其言, 故請特許若趙括戰敗時不連坐.(今) 隨坐：謂相隨而坐罪也.(國)

784) 武安君爲上將而王齕爲裨將：武安君 秦白起也.(春) 上將：軍中最高之主將.(今) 裨將：副將.(中)

更約束,[785] 易置軍吏,[786] 出兵擊秦. 武安君佯敗而走, 張二奇兵以劫之.[787] 趙括乘勝追造秦壁,[788] 堅拒不得入, 奇兵絶趙軍之後.[789] 趙軍食絶四十六日, 皆內陰相殺食.[790] 趙括自出銳卒搏戰, 秦人射殺之.[791] 趙師大敗, 卒四十萬人皆降.[792] 武安君乃挾詐而盡坑殺之,[793] 遺其小者二百四十人歸趙.

【壬寅(前259) 赧王五十六年】

○【孔斌燕雀之喩】

孔斌燕雀之喩 秦之始伐趙也, 魏王問諸大夫, 皆以爲秦伐趙, 於魏便.[794] 孔斌曰[795] "不然. 秦, 貪暴之國也, 勝趙, 必復
秦貪暴之國
他求, 吾恐於時魏受其師也.[796] 先人有言, '燕雀處堂,[797] 子母相哺,[798] 呴呴焉相樂也,[799] 自以爲安. 竈

---

785) 悉更約束 : 完全變更廉頗的作戰命令.(今)
786) 易置軍吏 : 更動軍部的佐戰人員.(今)
787) 張 : 安排.(新) 二 : 兩支.(新) 奇兵 : 出乎敵人意料而突然襲擊的軍隊.(新)
788) 追造秦壁 : 追到秦軍營壘. 造, 到.(新)
789) 絶趙軍之後 : 絶斷趙軍的後路.(新)
790) 陰 : 暗中.(新) 相殺食 : 人吃人.(新)
791) 射 : 而亦翻.(胡)
792) 降 : 戶江翻.(胡)
793) 坑殺之 : 坑, 塹也, 陷也, 謂陷之於坑而殺之.(國) 坑殺 : 活埋.(新)
794) 便 : 利.(新)
795) 孔斌 : 孔子八世孫, 字子順, 曾相魏, 封文信君.(新)
796) 於時 : ① 其時.(今) ② 猶言於此時也.(春)

突炎上,[800] 棟宇將焚,[801] 燕雀顔不變, 不知禍之將及己也.' 今子不悟趙破患將及己, 可以人而同於燕雀乎! 當今山東之國敝而不振,[802] 三晉割地以求安,[803] 二周折而入秦,[804] 燕齊楚已屈服矣. 以此觀之, 不出二十年, 天下其盡爲秦乎![805]"

【癸卯(前258) 赧王五十七年】

○【秦攻邯鄲】

秦攻邯鄲

秦以王陵攻邯鄲, ⁌少利. 武安君病愈, 王欲使代之.⁍ 武安君曰,[806] "邯鄲實未易攻也,[807] 且諸侯之救日至. 破秦軍必矣." 辭疾, 不行, 乃以王齕代王陵.

○【毛遂自薦】

---

797) 堂 : (資治)作'屋', 而(資治)卷77魏元皇帝上景元二年條又有'燕雀處堂'之句, 則'堂'作'屋'亦可.(◉)

798) 子母相哺 : 子幼則母哺之. 母老則子哺之.(今)

799) 呴呴 : 鳥叫聲.(新) 呴 : 或作姁, 音况羽翻.(胡)

800) 竈突炎上 : 竈突, 鍋竈之烟突.(今) 炎上 : 火焰上昇.(今)

801) 棟宇將焚 : 棟, 房之脊樑. 宇屋宇. 此言棟宇, 則混言房屋.(今)

802) 敝 : 疲憊, 破敗.(新)

803) 三晉 : 韓魏趙皆舊晉國, 故謂之三晉.(今)

804) 二周 : 東周西周.(新) 折 : 轉向.(新) 入 : 歸順.(新)

805) 不出二十年 天下其盡爲秦乎 : 按是年西曆紀元前259年至222年, 滅六國計38年.(今) 出 : 超過.(新)

806) 武安君 : 白起. 武安, 縣名, 一說, 戰必克, 得百姓安集, 故曰武安.(國)

807) 易 : 以豉翻.(胡)

毛遂自薦

趙王使平原君求救於楚，平原君約其門下食客文武備具者二十人與之俱，[808] 得十九人，餘無可取者．毛遂自薦於平原君．平原君曰，“夫賢士之處世也，譬若錐之處囊中，其末立見．[809] 今先生處勝之門下三年於此矣，[810] 勝未有所聞，是先生無所有也．[811]” 毛遂曰，“臣乃今日請處囊中爾．[812] 使遂蚤得處囊中，[813] 乃穎脫而出，[814] 非特其末見而已．[815]” 平原君乃與之俱，十九人相與目笑之．[816]

賢士之處世也譬若錐之處囊中其末立見

處囊穎脫

○【毛遂定從】

毛遂定從

平原君至楚，與楚王言合從之利害，日出而言之，日中不決．[817] 毛遂按劍歷階而上，[818] 謂平原君曰，“從之利害，[819] 兩言而決爾．[820] 今日出而言，日中不決，何

808）文武備具者：文武才能兼有，如今言文武全才.(今)　與之俱：與之偕行(今)　之：平原君.(新)

809）末：錐子的尖兒.(新)　立見：立刻顯現出來.(新)　見：音現.(綱合)

810）三年於此矣：至今三年了.(新)

811）無所有：一無所長.(新)

812）乃今日：現在.(新)

813）使：假使，如果.(新)　處：昌呂翻.(胡)

814）穎脫而出：穎，錐芒．言錐芒全部脫出．比喩有才能的人得到機會，即能全部顯現出來.(漢)

815）非特：非獨.(新)　見：賢遍翻.(胡)

816）目笑之：衆人相視而笑之.(今)

817）不決：不能決定.(今)

818）按劍：以手撫劍．預示擊劍之勢.(漢)　歷階：登階.(今)

也?” 楚王怒叱曰, “胡不下?[821] 吾乃與而君言,[822] 汝何爲者也![823]” 遂按劍而前曰[824] “王之所以叱遂者, 以楚國之衆.[825] 今十步之內, 不得恃衆也. 王之命懸於遂手.[826] 吾君在前, 叱者何也? 今以楚之彊, 天下弗能當. 白起,[827] 小豎子爾,[828] 一戰而擧鄢郢,[829] 再戰而燒夷陵,[830] 三戰而辱王之先人,[831] 此百世之怨而趙之所羞, 而王弗知惡焉.[832] 合從者爲楚,[833] 非爲趙也. 楚王曰, “唯唯,[834] 誠若先生之言, 謹奉社稷以從.[835]” 毛遂謂楚王之左右曰, “取雞狗馬之血來![836]” 毛遂奉

十步之內 不得恃衆

王命懸於遂手

取雞狗馬之血來

819) 從 : 合從.(新)
820) 兩言 : 利與害.(目)
821) 胡不下 : 言何不下去.(今)
822) 而 : 猶汝也.(胡)
823) 汝何爲者也 : 儞是做什麽的.(今)
824) 按劍 : 以手撫劍. 預示擊劍之勢.(漢)
825) 楚國之衆 : 楚國之兵.(今)
826) 命懸於遂手 : 性命懸挂於遂之手中.(今)
827) 白起 : 戰國秦郿人. 昭王時封武安君, 善用兵, 戰勝攻取, 凡七十餘城, 破趙, 坑趙降卒四十萬. 後與應侯范雎有隙, 免官, 復賜死.(中)
828) 小豎子 : 蒙昧無知的小子.(今)
829) 一戰而擧鄢郢 : 楚頃襄王二十年(前279), 秦將白起取楚鄢郢.(新) 擧 : 挈也, 拔也, 如擧物然, 言易也.(國) 郢 : 楚都也.(國)
830) 再戰而燒夷陵 : 第二年白起燒了楚先王之墓夷陵.(新) 夷陵 : 陵名, 後爲縣, 在今湖北省宜昌市東湖縣東.(新前278年)
831) 三戰辱王之先人 : 指白起毁楚之宗廟而言.(今)
832) 惡 : 音'悟', 羞恥.(今)
833) 爲 : 于僞翻.(胡)
834) 唯唯 : 連聲答應. 較諾更恭敬.(新) 唯 : 于癸翻.(胡)
835) 從 : 聽從一切.(新)

銅盤而跪進之楚王曰[837] "王當歃血而定從,[838] 次者吾君, 次者遂." 遂定從於殿上. 毛遂左手持盤血而右手招十九人◗曰, "公等相與歃此◖血於堂下°˙.[839] 公等

因人成事者

碌碌,[840] 所謂'因人成事'者也.[841]" 平原君已定從而歸, 至於趙, 曰, "勝不敢復相天下士矣.[842]" 遂以毛遂爲上客.[843]

○【春申君將兵救趙】

春申君將兵救趙

於是楚王使春申君將兵救趙,[844] ◤魏王使晉鄙救趙. 秦王使謂魏王曰[845] "吾攻趙, 旦暮且下,[846] 諸侯敢救

魏救趙而恐止

者, 必移兵先擊之.[847]" 魏王恐, 止晉鄙, 壁鄴.[848]

---

836) 取雞狗馬之血來 : ① 盟之用牲血.(今) ② 盟之所用牲, 貴賤不同, 天子用牛及馬, 諸侯用犬及豭, 大夫以下用雞. 今此總言盟之用血, 故云取雞狗馬之血來耳.(胡)

837) 奉 : 同捧.(新) 進之 : 獻與, 獻給.(新)

838) 歃血而定從 : 飮血謂之歃血. 會盟之儀, 塗牲血於口脣. 請楚王先歃血以定合縱.(今) 歃 : 同'唼', 用嘴吸取.(新)

839) °˙ : (春)本有'曰', 而此'曰'字當移於'公等'之前.(◉)

840) 碌碌 : 隨從之貌.(胡)

841) 因人成事 : 借他人之力辦成事情.(新)

842) 相士 : 鑑別人才.(新) 相 : ① 視也.(目) ② 息亮翻.(胡)

843) 上客 : 最受尊禮的門客.(新)

844) 春申君 : 卽黃歇. 戰國時楚國人. 與齊孟嘗君趙平原君魏信陵君齊名. 楚頃襄王時爲左徒, 曾出使與太子完入質于秦, 止秦攻楚. 考烈王卽位, 爲令尹, 封春申君, 賜淮北地十二縣, 後改封于江東, 門下食客三千. 考烈王六年, 曾救趙却秦, 與魏信陵君同解邯鄲之圍. 後滅魯國. 二十二年, 楚自陳遷都壽春, 歇封于吳, 執楚國政. 考烈王死, 歇爲李園所殺.(人)

845) 使 : 使臣.(新)

846) 旦暮且下 : 早晩將可攻下.(今)

847) 移兵 : 調兵.(新)

○【魯仲連不肯帝秦】

魯仲連不肯帝秦

又使將軍新垣衍,[849] 說趙王, 欲共尊秦爲帝, 以却其兵.[850] 魯仲連聞之, 往見衍曰, "彼秦者,[851] 棄禮義而上首功之國也[852]. 彼卽肆然而爲帝,[853] 則連有蹈東海而死耳,[854] 不願爲之民也. 今秦, 萬乘之國也, 梁,[855] 亦萬乘之國也. ˹欲˺從而帝之,[856] 秦將行其天子之禮以號令於天下, 變易諸侯之大臣,[857] 彼將奪其所不肖而與其所賢,[858] 奪其所憎而與其所愛, 梁王安得晏然而已乎?[859] 衍起, 再拜曰, "吾乃今知先生天下之士也.[860] 不敢復言帝秦矣."

---

848) 壁鄴 : 駐箚在鄴地. 壁, 營地. 鄴, 魏邑名, 在今河南省臨漳縣西南.(新)

849) 新垣衍 : 新垣, 姓. 衍, 名. 戰國策作客將軍, 新又作辛.(新)

850) 却 : 退.(新)

851) 彼 : 那个.(新) 者 : 表示語氣的停頓.(新)

852) 上首功 : ① 以首功卽攻戰斬首之功爲上, 秦法臨陣斬敵人首一功加一級.(今) ② 天下謂之上首功之國, 皆以惡之也.(春) ③ 上, 通'尙', 崇尙, 提倡. 首功, 指在戰場斬敵首而立功.(新)

853) 卽 : 若.(新) 肆然 : 如說肆無忌憚.(新)

854) 有 : 如說寧可.(新) 蹈東海而死 : 跳入東海自殺.(今)

855) 梁 : 卽魏, 都大梁故曰梁.(今)

856) 從 : 順從, 服從.(新) 帝之 : 尊秦爲帝. 帝用作動詞.(新)

857) 變易 : 撤換.(新)

858) 奪 : 撤掉.(新) 其所不肖 : 他認爲不稱職的.(新) 其所賢 : 他認爲稱職的.(新)

859) 梁王 : 魏安釐王.(新) 安得晏然而已乎 : 怎麽能太太平平地過日子呢. 安, 焉. 何, 怎麽(新)

860) 士 : 賢士.(新)

○【魏無忌迎侯嬴】

魏無忌迎侯嬴

初, 魏公子無忌°仁而˙下士,[861] 致食客三千人.[862] 魏有隱士曰侯嬴, 年七十, 家貧, 爲夷門監者.[863] 公子置酒大會賓客,[864] 坐定, 公子從車騎虛左自迎侯生.[865] ◖侯生攝敝衣冠,[866] 直上載公子上坐不讓,[867] 公子執轡愈恭. 公子引車入市, 侯生下見其客朱亥,[868] 睥睨,[869] 故久立,[870] 與其客語, 微察公子,[871] 公子色愈和, 乃謝客就車,[872] 至公子家. 公子引侯生◗坐上坐,[873] 賓客皆驚.

○【侯生計竊兵符】

---

861) 魏公子無忌：魏昭王少子, 魏安釐王異母弟, 安釐王卽位, 封無忌爲信陵君.(新) 仁而：(春)本作'愛人'. 誤.(◉) 下士：尊重士人.(新) 下：謂禮遇之.(春)

862) 致：招來.(新) 食客：賓客.(新)

863) 夷門：魏都東門名.(新) 監者：看守城門的人.(新)

864) 置酒：設宴.(新)

865) 虛左自迎侯生：① 古尙右, 於朝以南面爲主, 故上右. 於野則上左, 左者自對方視之仍爲右.(今) ② 凡乘車, 尊者居左, 御者居中, 又一人處卒之右, 以備傾側. 虛左者, 謂空左方一位以迎之, 盖尊之也.(春) 自迎：親自迎接.(新) 侯生：① 侯嬴.(新) ② 侯先生之簡稱.(今)

866) 攝：整頓. 整飭.(漢) 敝：破爛. 破舊.(漢)

867) 直上：徑直上車.(新) 載公子上坐：坐在公子空出的左邊尊位.(新) 坐：才臥翻.(胡)

868) 下：下車.(中白) 客：朋友.(中白)

869) 睥睨：不正視也.(胡)

870) 故久立：故意老站在那裏.(新)

871) 微：暗暗地.(新)

872) 謝客：辭別朱亥.(新) 就車：上車.(新)

873) 上坐：亦作'上座'. 受尊敬的席位.(漢)

侯生計竊兵符

及秦圍趙, 趙平原君之夫人, 公子無忌之姊也, 平原君使者冠蓋相屬於魏,[874] 讓公子曰[875] "勝所以自附於婚姻者,[876] 以公子之高義, 能急人之困也.[877] 今邯鄲旦暮降秦而魏救不至." 公子數請魏王勅晉鄙⁋令⁋救趙,[878] 及賓客辯士遊說萬端,[879] 王終不聽. 公子乃屬賓客約車騎百餘乘,[880] 欲赴鬪以死於趙. 過見侯生,[881]

肉投餒虎

生曰, "公子無他端而欲赴秦軍,[882] 如以肉投餒虎,[883] 何功之有?[884]" 公子再拜問計. 生曰, "吾聞晉鄙兵符在王臥內,[885] 而如姬最幸,[886] 力能竊之. ⁋嘗聞公子爲如姬⁋報其父仇,[887] 如姬欲爲公子死無所辭.[888] 誠一開口,[889] 則得虎符,[890] 奪鄙兵,[891] 北救趙, 西却秦, 此

874) 冠蓋相屬 : 使者之大冠車蓋相接連.(今) 屬 : 音燭. 下同.(目)
875) 讓 : 責備, 埋怨.(新)
876) 勝 : 平原君趙勝.(新) 自附於婚姻 : 自願依附高攀結親.(新)
877) 急 : 解急, 救患. 用作動詞.(新)
878) 數 : 所角翻.(胡)
879) 萬端 : 種種方面, 種種理由.(新)
880) 乃屬賓客 : 屬與囑咐之囑同. 遂囑咐賓客.(今)
881) 過 : 訪也.(中)
882) 公子 : 無忌姊也.(國) 無他端 : 言無他奇策以發端也.(胡)
883) 餒虎 : 飢餓的老虎.(新)
884) 何功之有 : 是不會有好結果的.(新) 功 : 效果, 用處.(新)
885) 兵符 : 兵符以銅爲之, 作虎形, 象兵之勇猛, 故又曰虎符. 中剖之爲二, 分存兩處, 有所命令, 須合其符, 符合然後遵從.(今) 臥內 : 臥室之內.(今)
886) ① 如姬 : 魏安釐王的愛妃.(新) ② : 其愛姬姓如氏.(春) 最幸 : 最得魏王的愛信.(新)
887) 爲如姬報其父仇 : 如姬之父爲人所殺, 公子使客斬其仇頭以進如姬.(胡)
888) 爲公子死 無所辭 : 爲公子盡死力, 無所推辭.(今)

五伯之功也.[892]"

○【魏無忌奪軍救趙】

魏無忌奪軍救趙 公子如其言, 得兵符. 侯生曰, "將在外,[893] 君令有所不受. 有如鄙疑,[894] 而復請之,[895] 則事危矣. 臣客朱亥, 力士, 可與俱.[896] 鄙不聽, ▸可◂使擊之." 公子至鄴, 晉鄙合符, 果疑之, 擧手視公子曰[897] "吾擁十萬之衆屯於境上,[898] 國之重任, 今單車來代之, 何如哉?[899]" 亥袖

朱亥椎殺鄙 四十斤鐵椎,[900] 椎殺鄙,[901] 公子下令曰, "父子俱在軍中者, 父歸, 兄弟俱在軍中者, 兄歸, 獨子無兄弟者, 歸養.[902]" 得選兵八萬人,[903] 將之而進. 王齕久圍邯鄲不拔, 諸侯來救, °戰數˙不利.[904] 武安君聞之曰, "王

889) 誠 : 如果.(新)
890) 虎符 : 虎, 威猛之獸, 故以爲兵符. 漢有銅虎符.(胡)
891) 奪 : 强取.(今)
892) 五伯 : 五伯與五覇同. 齊桓晉文宋襄楚莊秦穆也.(中) 伯 : 讀曰覇.(胡)
893) 將在外 君令有所不受 : 此孫武子之言.(今)
894) 有如 : 假如.(今) 有 : 如, 若.(新)
895) 復請之 : 再向王請示.(今)
896) 俱 : 偕行.(今)
897) 擧手 : 表示不相信.(今)
898) 屯 : 駐箚.(新)
899) 何如哉 : 何以如此輕易耶.(今)
900) 袖 : 藏 … 在衣袖中.(新) 椎 : 與槌同. 字亦從金作鎚, 從石作硾.(今)
901) 椎殺 : 用椎擊死.(新)
902) 歸養 : 回家奉養父母.(新)
903) 選兵 : 經過挑選之精兵.(今)

不聽吾計, 今何如矣?[905]" 秦王聞之, 怒.◥

904) 戰數 : (春)本作'數戰', 據(資治)改'.(◉) 數 : 所角翻.(胡)
905) 王不聽吾計 今何如矣 : 白起以爲邯鄲未易攻, 而王齕軍果不利, 故以爲言.(胡)

通鑑節要增損校註 卷二

周紀

▪ 赧王 下

【甲辰(前257) 赧王五十八年】

°☞·

○【秦殺白起】

秦殺白起 魏無忌破秦師

免武安君爲士伍,[1] 遷之陰密.[2] 至杜郵,[3] ⁌王乃⁍使使者賜之劍,[4] 武安君遂自殺. 秦人憐之. 魏公子無忌大破秦師於邯鄲下,[5] 王齕解邯鄲圍走. 公子無忌旣存趙, 遂不敢歸魏, 使將將其軍以還⁌魏⁍.[6]

○【秦異人自趙逃歸】

---

1) 免爲士伍：免武安君爵與士卒相等. 士, 士卒. 伍, 等輩.(今)

2) 陰密：邑名, 今甘肅省靈台縣西.(新)

3) 杜郵：亭名, 在今陝西省咸陽市東.(新)

4) 使使者：派使者.(中白)　使使：① 上一使字動詞. 使者名詞.(今前285年) ② 下疏吏翻.(胡前340年) ③ 使, 踈士切, 上聲. 使者之使, 踈吏切, 去聲.(漢) ④ 使使(去聲)者 사:ᄉ使:시者:쟈/使者ᄅᆞᆯ 브ᅀᅧ.(小學 善行 27章 宣祖版諺解)

5) 下：用在名詞後, 表示一定的處所範圍時間等.(漢)

6) 使將將其軍還魏：派將軍指揮軍隊回國.(中白)　以：(資治)無'以字'.(◉)

秦異人自趙逃歸

秦太子之子異人,[7] 自趙逃歸秦. 太子妃曰, 華陽夫人,[8] 無子, 夏姬生子異人,[9] 質於趙.[10] 秦數伐趙,[11] 趙不禮之. 困不得意.

不韋說異人

陽翟大賈呂不韋適邯鄲,[12] 見之,[13] 曰, "此奇貨可居.[14]" 乃說之曰[15] "秦王老矣. 太子愛華陽夫人, °夫人˙無子.[16] 子之兄弟二十餘人. 子居中,[17] 不甚見幸,[18] 太子卽位, 子不得爭爲嗣矣.[19]" 異人曰, "奈何?[20]" 不韋曰, "能立適嗣者,[21] 獨華陽夫人耳.[22] 不韋雖貧, 請以千金爲子西遊,[23] 立子爲嗣."

---

7) 秦太子：昭襄王之子, 名柱, 初封安國君, 昭王二十四年(前265)立爲太子.(新) 異人：卽莊襄王楚.(綱鑑)

8) 華陽夫人：蓋食湯沐邑於華陽, 因以爲號.(胡)

9) 夏姬：異人卽位莊襄王, 夏姬爲夏太后.(新)

10) 質：音致.(胡)

11) 數：所角翻.(胡)

12) 陽翟大賈：陽翟, 韓舊都, 今河南省禹縣. 賈, 商賈.(今) 翟：音狄, 俗又音宅.(春) 賈：音古.(胡) 呂不韋：濮陽人, 在陽翟經商. 適：去, 到.(新) 邯鄲：① 音寒丹.(胡) ② 邯鄲, 公元前386年趙敬侯自晉陽徙都邯鄲.(漢)

13) 之：指異人.(新)

14) 奇貨可居：以異人方貨財也. 居, 蓄積也, 謂居蓄賤物, 以乘時射利也.(綱合)

15) 說：式芮翻.(胡)

16) 夫人：(春)本作'而', 誤.(◉)

17) 居中：排在衆兄弟的中間.(新)

18) 幸：寵愛.(新)

19) 不得爭爲嗣矣：言此時不爭立嗣, 待太子卽王位, 欲爭不得矣.(今)

20) 奈何：奈字又可作奈.(今)

21) 嫡：讀曰嫡, 下爲適同.(胡)

22) 適嗣：① 適與嫡庶之嫡同. 華陽夫人秦太子之嫡夫人, 無子可擇庶子立之.(今) ② 皇位繼承人, 太子.(新)

23) 西遊：到秦國去.(新)

異人曰, "必如君策,[24] 秦國與°君˙共之.[25]" 不韋乃°以˙五百金◗與異人◖,[26] 令結賓客.[27] 復以五百金買奇物玩好, 自奉而西,[28] 見夫人之姊, 而獻於夫人, 因譽異人之賢, 賓客遍天下,[29] 日夜泣思太子及夫人,[30] 曰, "異人也以夫人爲天![31]" 夫人喜. 不韋因使其姊說曰, "夫人愛而無子, 不以繁華時蚤自結於諸子中賢孝者,[32] 擧以爲適,[33] 卽色衰愛弛,[34] 雖欲開一言, 尙可得乎! 今異人賢, 而自知中子不得爲適,[35] 誠以此時拔之,[36] 是異人無國而有國, 夫人無子而有子也,[37] 則終身有寵於秦矣." 夫人以爲然, °承˙間言之.[38] 太子

不韋說華陽夫人

---

24) 必如君策 : 必之義爲果. 此言果然照君計劃實現.(今) 如 : 按照.(新)
25) 君 : (春)本作'子', 誤.(◉)
26) 以 : (春)本作'與', 誤.(◉)
27) 令結賓客 : 使異人結交賓客, 製造名譽.(今) 結 : 交結.(新)
28) 自奉而西 : 奉本爲捧字, 此處借用其義. 自奉如言自己運送而西入秦.(今) 奉 : 持, 拿着.(新)
29) 徧天下 : 異人賢, 故所結賓客多也.(要)
30) 泣思 : 異人之泣思也.(要)
31) 異人也以夫人爲天 : ① 我的終身唯一的依靠就是夫人.(新) ② 古義, 子以父異爲天, 妻以夫爲天. 此言以華陽夫人爲天.(今)
32) 繁華 : 本指花盛開, 比喩人之盛年.(新) 蚤 : '早'同.(今)
33) 擧 : 擧薦.(新) 適 : 卽嫡子之嫡.(今)
34) 卽 : 如果.(新) 色衰愛弛 : 年老姿色衰敗, 卽丈夫之愛隨之而減.(今)
35) 中 : 讀曰仲.(胡)
36) 拔之 : 提拔.(今)
37) 異人有國 夫人有子 : 異人本無國而至於有國, 夫人本無子而至於有子.(今)
38) 承 : (春)本作'乘', 據(資治)改. '承'通'乘'.(◉) 承間 : 利用機會.(新) 間 : 古莧翻.(胡)

與夫人又刻玉符，約以爲嗣，[39] 因請不韋傅之.[40] 不韋娶邯鄲姬絶美者與居，知其有娠，[41] 異人見而請之.[42]

不韋獻邯鄲姬於異人生子政

不韋佯怒，[43] 旣而獻之，期年而生子政.[44] 異人遂以爲夫人．邯鄲之圍，趙人欲殺之，不韋賂守者，[45] 得脫亡赴秦軍，[46] 遂歸．異人楚服而見▸華陽◂夫人，[47] 夫

異人更名曰楚

人曰，"吾楚人也，當自子之.[48]" 更名曰楚.[49]

【乙巳(前256) 赧王五十九年】

○【秦滅西周】

秦滅西周

秦伐韓，取陽城負黍，[50] 斬首四萬．伐趙，取二十餘縣，斬首九萬．赧王恐，倍秦，[51] 與諸侯約從，[52] 欲伐

39) 刻玉符 約以爲嗣：① 破玉符爲二，各藏其一半爲信物，爲立異人爲嗣之佐證.(今) ② 當時秦昭王在位，太子不得私立嗣，此密爲之.(新)

40) 傅之：請呂不韋爲異人之師傅.(今)

41) 有娠：卽有身，懷孕.(新)

42) 請之：請呂不韋見贈.(今)

43) 佯怒：假怒曰佯怒.(今)

44) 期年：十二個月.(新) 政：嬴政，以後的始皇帝.(新)

45) 守者：看守子楚的人.(新)

46) 脫亡：脫身逃走.(今)

47) 異人楚服而見華陽夫人：不韋以王后楚人，故使異人服楚製而說之．見，形甸切.(目) 楚服：楚國代表南方文化，衣服言語與華夏不盡相同．華陽夫人楚國人，異人楚服以博取其歡心.(今)

48) 自子之：子，嗣也，我當自養之爲嗣也.(春) 子：用作動詞.(新)

49) 更：平聲，改也.(春)

50) 陽城負黍：① 陽城有負黍聚.(春) ② 在今河南省登封縣東南.(新) 負黍：亭名，在今河南省洛陽市南龍門.(新)

51) 倍秦：違背與秦之信約.(今) 倍：① 倍，蒲妹翻.(胡 赧王22年(前293) '楚倍秦' 音注)

秦, 秦使將軍°摎˙攻西周,[53] 赧王入秦, 頓首受罪,[54] 盡獻其邑三十六, 口三萬. 秦受其獻, 而歸赧王於周.[55] 是歲, 赧王崩.[56]

○先是, 東西周分治,[57] 赧王徙都西周.[58] 盖以微弱不能主盟.[59] 會武公依焉.[60]

---

② 倍, 音佩. 倍, 與'背'同, 謂背理也.(小學 卷3 敬身 '斯遠鄙倍矣' 集注) ③ 倍, 패.(小學諺解 '鄙倍' 諺音) ④ 倍, 與'背''北'通, 則其音義如下. "背, 音佩."(小學 卷5 嘉言 '以致背戾' 集注) ⑤"背, 패."(小學諺解 '背戾' 諺音) ⑥"背, 補妹切, 去聲, '幫'聲母 '隊'韻母. 蒲昧切, 去聲, '並'聲母 '隊'韻母."(漢) ⑦"佩, 蒲昧切, 去聲, '並'聲母, '隊'韻母."(漢) ⑧"北, 北如字, 又音佩. 北, 猶背也."(書經 舜典 '分北三苗' 集傳) ⑨"北, 패."(書經諺解 '分北' 諺音) ⑩"北, 補妹切, 蒲妹切. 去聲, '隊'韻母."(中) ⑪"逐北, 如字, 又音佩. 軍走曰北."(漢 莊子則陽 '逐北' 陸德明釋文) ⑫"北, 卽敗, 北敗二字雙聲, 故可通用."(今前279年 '追亡逐北') ⑬ 倍, 與背同. 倍背並音佩.(論語 泰伯 '斯遠鄙倍矣' 集註及大全)⑭ 按, 倍, 與'背''北'皆音'佩(蒲妹切)', 而義'背'與'敗'矣. '倍''背''北'三字諺解音皆曰'패', 而今'背'音讀曰'배', 則'倍''北'音亦當讀曰'배', 不當讀曰'패'矣. 然則'倍反'(鬼谷子 捭闔)亦當讀曰'배반', '逐北'亦當讀曰'축배'矣.(◉)

52) 約從 : 與諸侯相約合縱.(今)

53) 摎 : ① (春)本作'樛', 誤.(◉) ② 居尤反. 將軍之名也. 史失其姓.(春) 西周 : 河南王城.(綱鑑)

54) 頓首受罪 : 頓首, 下首也. 拜而額至手, 伏地久方起, 謂之稽首. 稽, 遲也. 拜而額至手卽起, 謂之頓首.(要)

55) 而 : (資治)無'而'字.(◉)

56) 赧王崩 : ① 自武王伐紂卽位, 至此亡凡八百五十六年. 有作八百六十七年者, 蓋從皇甫謐帝王世紀之說, 其說扞格難通, 仍以八五六年爲是.(今) ② 周凡三十七王, 八百六十七年.(目)

57) 東西周分治 : ① 西周, 河南也. 東周, 鞏也. 王赧微弱, 西周與東, 分主政理, 各居一都, 故曰東西周. 按高誘曰西周, 王城, 今河南. 東周, 成周, 故洛陽之地.(史記 周本紀 索隱) ② 此疑誤, 或云, 此趙世家所謂與韓分周爲兩者, 事在顯王時, 非赧王也(史記 周本紀 考證)

58) 赧王徙都西周 : 敬王徙王城東從成周, 十世至王赧, 從成周西徙王城. 西周, 武公居焉.(史記 周本紀 正義)

59) 主盟 : 主持會盟.(漢)

60) 武公 : 西周君也.(春)

▪ 東周君

○東周自考王封其弟于河南,[61] 是爲桓公. 以續周公官職.[62] 桓公卒, 子威公立, 威公卒, 子惠公立, 惠公乃封其少子於鞏以奉王, 號東周惠公.[63]

○南宮氏靖一曰[64]"周自武王至東周君滅而始亡,[65] 此實錄也. 後有秉春秋之筆者,[66] 盍從而改諸![67]"

【丙午(前255)[68] 東周君元年】

○【秦取周寶器】

秦取周寶器 周民東亡.[69] 秦取其寶器,[70] 遷西周公於墨 狐聚.[71]

---

61) 東周：戰國時代的小國名. 周考王分封的諸侯國西周, 傳至惠公, 乃封其少子於鞏, 號東周. 後爲秦所滅.(漢)

62) 周公：春秋時代天子之宰卿士的通稱.(漢)

63) … 號東周惠公：東西周之稱, 起於此. 惠公立長子曰西周公, 又封少子于鞏, 仍襲父號曰東周惠公. 於是又稱東西二周.(綱合)　東周惠公：集解, 徐廣曰, 惠公之子也. 索隱, 按世本, 西周桓公名揭, 居河南. 東周惠公名班, 居洛陽, 是也.(史記 周本紀 '號東周惠公' 集解與索隱)

64) 南宮氏靖一：宋隆興府南昌人, 字仲靖, 字號坡山主人. 著有小學史斷.(人)

65) 而始亡：史纂通要卷4周下作'而周始亡于秦', 則又詳矣.(◉)

66) 春秋之筆：指據事直書的史筆.(漢)

67) … 盍從而改諸：① 按舊本仍溫公之書, 自赧王入秦之後, 卽以秦昭襄承周統爲秦紀, 旣遵綱目之例正之, 而復得南宮氏之說正之.(春) ② 按, 綱目之例, 每年干支之下, 併記秦楚燕魏趙韓齊七國之年代焉.(◉)

68) 丙午(前255)：秦昭襄王稷五十二, 楚考烈王八, 燕孝王三, 魏安釐王二十二, 趙孝成王十一, 韓桓惠王十八, 齊王建十年. 凡七國.(春)

69) 周民東亡：義不爲秦民也.(胡)　東亡：向東逃亡.(新)

70) 寶器：指象徵王位的祭器.(漢)

71) 西周公：武公子文公也.(春)　墨 狐：村落名. 在今河南省汝州市西北.　聚：村落.(新)

○秦丞相范雎免.

【丁未(前254) 東周君二年】[72]

秦伐魏, 取吳城. 韓王入朝於秦.[73]

【庚戌(前251) 東周君五年】[74]

○秋. 秦昭襄王薨, 子孝文王柱立. 『以子楚爲太子.』

○趙公子勝卒.[75]

【辛亥(前250) 東周君六年】[76]

○【秦子楚立】

秦子楚立 十月, 秦王柱卽位, 三日薨.[77] 子楚立, 是爲莊襄王[78].

○【魯仲連輕世肆志】

魯仲連輕世肆志 燕將攻齊聊城,[79] 拔之. 或譖之燕王,[80] 燕將保聊城,[81]

---

72) 丁未(前254) : 秦五十三, 楚九, 燕王喜元, 魏二十三, 趙十二, 韓十九, 齊十一年.(春)
73) 韓王 : 韓桓惠王.(新)
74) 庚戌(前251) : 秦五十六, 楚十二, 燕四, 魏二十六, 趙十五, 韓二十二, 齊十四年.(春)
75) 趙公子勝 : 平原君.(胡)
76) 辛亥(前250) : 秦孝文王柱元, 楚十三, 燕五, 魏二十七, 趙十六, 韓二十三, 齊十五年.(春)
77) 三日薨 : 秦法, 朞年除服, 故除服後, 三日薨.(國)
78) 莊襄王 : 孝文王子, 一作莊王, 又曰襄王, 初名異人, 後變名曰楚, 又名子楚.(新)
79) 燕將 : 或爲樂毅之部將.(新) 聊城 : 今山東省聊城西北.(新)
80) 或譖之燕王 : 或, 有人. 譖, 讒毀. 之, 於.(新)
81) 保 : 留守, 固守.(新)

鲁仲連遺書燕將

不敢歸. 齊田單攻之, 歲餘不下. 魯仲連乃爲書, 約之矢以射城中,[82] 遺燕將, ⁋爲⁋陳利害.[83] 燕將見書, 泣三日, 遂自殺. 聊城亂, 田單克聊城. 歸, 言魯仲連於齊王, 欲爵之, 仲連逃之海上, 曰, "吾與富貴而詘於人,[84] 寧貧賤而輕世肆志焉![85]"

○【子順曰作之不止】

子順曰作之不止

魏安釐王問天下之高士於子順,[86] 子順曰, "世無其人也,[87] 抑可以爲次,[88] 其魯仲連乎!" 王曰, "魯仲連彊作之者,[89] 非體自然也.[90]" 子順曰, "人皆作之. 作之不止, 乃成君子, 作之不變, 習與體成,[91] 則自然也."

【壬子(前249) 東周君七年】[92]

---

82) 約之矢: 纏束書於矢上.(春) 約: 束.(新)

83) 陳利害: 遺燕將曰, "爲公計者, 不歸燕則歸齊. 今獨守孤城, 齊兵日益而燕救不至, 將何爲之.(要) 陳: 述.(新)

84) 詘: 通'屈', 詘於人, 受制於人.(新)

85) 輕世: 看淡世俗榮利.(新) 肆志焉: 隨自己之意.(今)

86) 釐: 音僖.(春) 子順: 孔贇字, 孔子六世孫也.(要)

87) 其人: 這樣的人.(新)

88) 抑: 或者.(新) 爲次: 求其次.(新)

89) 强作: 勉力而做.(新) 强: 亦作'彊'.(漢)

90) 體自然: 出自自然的本性. 體, 性.(新)

91) 習與體成: 尙書太甲上, "玆乃不義, 習與性成." 孔安國傳, "言習行不義, 將成其性." 孔穎達疏, "言爲之不已, 將以不義爲性也."(新)

92) 壬子(前249): 秦莊襄王楚元, 楚十四, 燕六, 魏二十八, 趙十七, 韓二十四, 齊十六年. 是歲周亡.(春)

○【秦以呂不韋爲相】

秦以呂不韋爲相

秦以呂不韋爲相國, 封文信侯.

○【秦滅東周】

秦滅東周

東周君與諸侯謀伐秦, 秦王使相國呂不韋帥師滅之,[93] 遷東周君於陽人聚.[94] 周遂不祀.[95] 周比亡,[96] 凡有七邑.[97]

右周三十七王, 并東周君.

按經世書,[98] 始武王己卯, 終東周君壬子, 該八百七十三年.[99]

秦 紀

▪ 莊襄王[100]

名楚, 孝文王子. 初質於趙, 因不韋策, 歸以爲嗣.

---

93) 帥 : 讀曰率.(胡)

94) 陽人聚 : 在梁 狐聚西南.(新)

95) 周旣不祀 : 周王朝盡滅. 旣, 盡. 不祀, 無人主持祭祀. 指亡國或絶後.(新)

96) 比 : 及.(新)

97) 七邑 : 河南洛陽穀城平陰偃師鞏緱氏.(春)

98) 經世書 : 皇極經世書解 卷2.(◉)

99) 武王己卯 : 前1122年.(◉)

100) 莊襄王 : 諡法, 勝敵志彊曰莊.(胡)

其先栢翳,[101] 佐舜有功, 賜姓嬴, 後有非子封秦,[102] 秦仲始大,[103] 自孝公用商鞅, 以利而致富强, 廢井田, 開阡陌. 莊襄滅周, 三年而亡.

【癸丑(前248)】[104]

○日食. 秦伐趙, 定太原,[105] 取三十七城.

【甲寅(前247)】[106]

○【信陵君率五國之師敗秦】

信陵君率五國之師敗秦

蒙驁帥師伐魏,[107] 魏師數敗,[108] 魏王患之,[109] 乃使人請信陵君於趙.[110] 信陵君畏得罪, 不肯還, 毛公薛公

101) 栢翳：見伯益. 伯益, 傳說中遠古時人. 舜命伯益爲虞, 掌管草木鳥獸. 又佐禹治水, 有功, 賜姓嬴, 爲古代嬴姓諸侯之祖. 禹選禹爲繼承人, 伯益讓于禹子啓而避居箕山之陽. 一說, 因爭奪君位而爲啓所殺.(人)

102) 非子：西周人. 伯益後裔, 大駱子. 居于犬丘, 善養馬. 周孝王分土于非子, 命爲附庸, 邑于秦地, 使續嬴氏祀, 號曰秦嬴, 是爲秦國始封之祖.(人)

103) 秦仲：西周秦國國君. 秦非子曾孫. 立三年, 周厲王無道, 諸侯有叛周者, 西戎反王室, 滅犬丘大駱一族. 周宣王卽位, 以秦仲爲大夫, 討伐西戎, 爲戎人所殺.(人)

104) 癸丑(前248)：秦莊襄王二, 楚考烈王十五, 燕王喜七, 魏安釐王二十九, 趙孝成王十八, 韓桓惠王二十五, 齊王建十七年. 凡七國.(春)

105) 定：平定.(新)

106) 甲寅(前247)：秦三, 楚十六, 燕八, 魏三十, 趙十九, 韓二十六, 齊十八年. 是歲秦亡, 呂政代.(春)

107) 蒙驁：秦將.(要)

108) 數敗：屢次戰敗.(今)　數：所角翻.(胡)

109) 魏王：魏安釐王.(中白)

110) 信陵君：戰國魏安釐王異母弟, 名, 無忌, 封信陵君.(漢)

毛公薛公說信陵君

見信陵君曰[111] "公子所◗以◖重於諸侯者,[112] 徒以有魏也.[113] 今魏急而公子不恤,[114] 一旦秦人克大梁, 夷先王之宗廟,[115] 公子何面目立天下乎!" 語未畢,[116] 信陵君色變,[117] 趣駕還魏.[118] 魏王持信陵君而泣,[119] 以爲上將軍.[120] 信陵君使人求援於諸侯. 諸侯聞信陵君復爲魏將, 皆遣兵救魏.[121] 信陵君率五國之師敗蒙驁於河外.[122]

○【秦太子政立】

秦太子政立

五月, 秦王薨. °太˙子政立,[123] ◗生十三歲矣, 國事皆決於◖文信侯,[124] 號稱仲父.[125]

---

111) 毛公薛公 : ① 信陵君之客也.(要) ② 趙國二隱士, 毛公藏於博徒, 薛公藏於賣漿家. 見史記.(今)

112) 重於諸侯者 : 被諸侯尊重.(新) 重 : 直用切. 余按文義, 當音輕重之重.(胡)

113) 徒以 : 只是因爲.(新)

114) 不恤 : 不顧, 不救.(今) 恤 : 憂也.(要)

115) 夷 : 平毁.(新)

116) 語未卒 : 話還沒說完. 卒, 終.(新)

117) 色變 : 變了臉色.(新)

118) 趣駕 : 催促着準備好車馬.(今) 趣 : 讀曰促.(春) 駕 : 裝備好馬車.(新)

119) 持 : 抱.(今)

120) 上將軍 : 行軍作戰時軍中的主帥.(漢)

121) 遣 : 派.(新)

122) 五國 : 指趙韓齊楚燕五國.(新) 河外 : 自春秋至戰國, 率以黄河之西爲河外, 晉賂秦以河外列城五, 卽其證也.(胡)

123) 太子政立 : 潁濱蘇轍嘗謂六國未亡, 而嬴氏先亡, 信哉言乎!(春) 太 : (春)本作'其', 誤.(◉)

124) 生十三歲矣 國事皆決於文信侯 : (春)本作'封相國呂不韋爲文信侯', 誤. '呂不韋爲相國封

後秦紀

▪ 始皇帝[126] 上

卽王位二十五年, 幷天下, 卽帝位凡十二年, 壽五十. 名政, 實姓呂氏. 恃嬴秦之富强,[127] 滅六國,[128] 遂幷天下, 專以刑威立國, 焚書坑儒,[129] 暴虐不道, 二世而亡.

⁋莊襄王子也. 王幷天下, 自以德兼三皇,[130] 功過五帝,[131] 故自號曰皇帝, 欲傳世以一至萬, 乃除謚法,[132] 號始皇帝.[133]⁋

文信侯'者, 已載壬子(前249), 則此事已行於二年前矣.(◉)

125) 仲父 : 管夷吾字仲, 補佐齊桓公建立霸業, 齊桓公尊管仲, 故稱他爲'仲父'. 父同'甫', 同'傅', 是男子的美稱, 非'父親'之'父'. 此是以齊桓公尊管仲之禮尊呂不韋.(新)

126) 始皇帝 : ① 秦莊襄王之子, 名政, 秦第三十六君, 自號'始皇帝'.(新) ② 諱政, 莊襄王子也. 王幷天下, 自以德兼三皇, 功過五帝, 故自號曰皇帝, 欲傳世以一至萬, 乃除謚法, 號始皇帝.(胡)

127) 嬴秦 : 指秦國或秦王朝. 秦爲嬴姓, 故稱嬴秦.(漢)

128) 六國 : 指戰國時位於函谷關以東的齊楚燕韓趙魏六國.(漢)

129) 焚書坑儒 : 亦作'焚典坑儒'. 秦始皇三十四年(公元前213年), 博士淳于越根據古制, 建議分封子弟. 丞相李斯反對儒生以古非今, 以私學誹謗朝政, 建議除秦記醫藥卜筮種樹書外, 民間所藏詩書和諸子百家書一律焚毁, 談論詩書者處死, 以古非今者族誅, 學習法令者以吏爲師. 始皇采納這一建議. 次年, 方士儒生求仙藥不得, 盧生等又逃亡, 始皇怒, 在咸陽坑殺諸生四百六十餘人. 這一事件史稱'焚書坑儒'.(漢)

130) 三皇 : 傳說中上古三帝王. 伏羲神農黃帝. 所指說法不一.(漢)

131) 五帝 : 上古傳說中的五位帝王. 黃帝(軒轅)顓頊(高陽)帝嚳(高辛)唐堯虞舜. 說法不一.(漢)

132) 謚法 : 評定謚號的法則. 上古有號無謚, 周初始制謚法, 至秦廢. 漢復其舊, 歷代因之, 至清止.(漢) 謚 : 同'諡'.(漢)

【丁巳(前244)】[134]

○【李牧爲將 匈奴不敢近趙邊】

李牧爲將 匈奴不敢近趙邊

趙王以李牧爲將，伐燕，取武遂方城.[135] 李牧者，趙之北邊良將也，嘗居代雁門備匈奴,[136] 以便宜置吏,[137] 市租皆輸入莫府,[138] 爲士卒費，日擊數牛饗士,[139] 習騎射，謹烽火,[140] 多間諜,[141] 爲約曰[142] "匈奴卽入盜,[143] 急入收保.[144] 有敢捕虜者斬.[145]" 匈奴每入，烽火謹，輒入保不戰．如是數歲，亦不亡失.[146] 匈奴皆

---

133) 莊襄王子也 … 號始皇帝：據胡注補.(◉)

134) 丁巳(前244)：秦王政三，楚十九，燕十二，魏三十三，趙悼襄王偃元，韓二十九，齊二十一年.(春)

135) 李牧：趙之良將.(新)　武遂：在今河北省徐水縣西北.(新)　方城：邑名．在今河北省固安縣西南.(新)

136) 代雁門：秦置雁門郡，在代郡西南.(胡)　匈奴：① 古代我國北方的一箇民族，殷商和西周初年稱鬼方，西周中期以後稱玁狁，東周時稱戎狄，戰國以來稱匈奴.(新) ② 唐虞以上曰山戎，亦曰獯鬻，夏曰淳維，殷曰鬼方，周曰玁狁，秦漢曰匈奴，魏隋唐皆曰突厥.(春)

137) 以便宜置吏：根據需要自行任命官吏.(新)

138) 市租：指商業稅.(漢)　市租：軍中立市，市有稅，稅，卽租也.(國)　莫府：卽幕府．本指將帥在外的營帳，此指李牧的駐軍公署.(新)　古者出征，以幕帳爲府署也.(春)　莫：同'幕'.(綱鑑)

139) 擊：殺，宰.(新)　饗士：犒勞將士.(新)

140) 謹烽火：小心地把守烽火臺.(新)

141) 多間諜：多派偵察員.(新)　間諜：指潛伏在敵方，偵察情況刺探情報進行破壞活動的人.(漢)

142) 爲約：申明約束，作出規定.(新)　約：命令.(今)

143) 卽：如果.(新)　入盜：侵入邊境來搶掠.(新)

144) 急入收保：迅速進入營壘固守．收，防守．保，通堡，營壘.(新)

145) 捕虜：捕捉匈奴.(今)

146) 不亡失：沒有傷亡和損失．不，無.(新)

以爲怯,[147] 邊士日得賞賜而不用,[148] 皆願一戰. 於是大破殺匈奴十餘萬騎. 滅襜襤,[149] 破東胡,[150] 單于奔走,[151] 十餘歲不敢近趙邊.

○【秦趙燕築長城以拒胡】

秦趙燕築長城以拒胡

°先是˙,[152] 天下冠帶之國七,[153] 而三國邊於戎狄.[154] 秦滅義渠,[155] 始於隴西北地上郡,[156] 築長城以拒胡.[157] 趙武靈王北破林胡樓煩,[158] 築長城, 自代並陰山下,[159] 至高闕爲塞.[160] 其後燕破東胡, 却千餘里. 亦築長城以拒胡. 及戰國之末而匈奴始大.

---

147) 怯 : 膽小害怕.(新)

148) 日得賞賜而不用 : 言屢賞而不用之以戰也.(胡)　不用 : 不作戰.(新)

149) 襜襤 : ① 部族名. 代北胡國.(新) ② 襜, 都甘翻. 襤, 路談翻.(胡)

150) 東胡 : 部族名. 在匈奴以東, 故名.(新)

151) 單于 : 匈奴郡王爲單于. 單音蟬.(今)

152) 先是 : (春)本作'是時', 誤.(◉)

153) 冠帶之國 : 習於禮敎之國, 有冠有帶. 戎狄與相反, 無冠帶.(今)　冠帶 : 本指服制, 引申爲禮儀敎化.(新)

154) 三國 : 指秦趙燕. 邊于戎狄, 與戎狄接界.(新)

155) 義渠 : 古代民族名. 西戎之一. 也作"儀渠". 分布于岐山涇水漆水以北今甘肅慶陽及涇川一帶. 春秋時勢力强大, 自稱爲王, 有城郭. 地近秦國, 與秦時戰時和. 周赧王四十五年公元前270年)爲秦所幷, 以其地置北地郡.(漢)

156) 隴西 : 郡名.(新)　北地 : 郡名.(新)

157) 胡 : 古代稱北方和西方的民族如匈奴等爲胡.(漢)

158) 林胡 : 古族名. 戰國時分布在今山西朔縣北至內蒙古自治區內. 從事畜牧, 精騎射. 戰國末爲趙將李牧擊敗, 遂歸附于趙.(漢)　樓煩 : 古代北方部族名, 精于騎射. 因以代指善射的將士.(漢)

159) 並 : 音傍, 倚也.(要)　陰山 : 卽今大青山, 在內蒙古自治區中部.(新)

160) 高闕 : 山名. 其山中斷, 望之若闕, 故名.(新)　塞 : 要塞.(新)

【庚申(前241)】[161]

○【秦師出 五國師敗走】

秦師出 五國師 敗走

楚趙魏韓燕合從以伐秦, 楚王爲從長,[162] 春申君用事,[163] 取壽陵.[164] 至函谷,[165] 秦師出, 五國之師皆敗走. 楚王以咎春申君,[166] 春申君以此益疎.

【甲子(前237)】[167]

○【李斯諫逐客】

李斯諫 逐客

宗室大臣°議˙曰,[168] "諸侯人來仕者, 皆爲其主遊間耳,[169] 請一切逐之.[170]" 於是大索, 逐客.[171] 客卿楚人李斯亦在逐中,[172] 行, 且上書曰, "昔穆公求士,[173] 西

---

161) 庚申(前241) : 秦六, 楚二十二, 燕十四, 魏二, 趙四, 韓三十二, 齊二十四年.(春)

162) 楚王爲從長 : 六國連合以攻秦, 楚王爲六國聯盟之長.(今) 從長 : 從約長, 戰國時有合縱之約的六國之長.(漢)

163) 春申君 : 黃歇.(綱鑑) 用事 : 當權.(今)

164) 取壽陵 : 徐廣曰, 壽陵在常山. 史記正義曰, 本趙邑也. 余據五國攻秦, 取壽陵, 至函谷, 則壽陵不在新安宜陽之間, 當在河東郡界, 常山無乃太遠.(胡)

165) 函谷 : 關名, 在河南靈寶縣東南.(今)

166) 咎 : 責怪.(新)

167) 甲子(前237) : 秦十, 楚幽王得元, 燕十八, 魏六, 趙八, 韓二, 齊二十八年.(春)

168) 議 : (春)本作'諫', 誤.(◉)

169) 皆爲其主遊間耳 : 皆爲其國君來遊說, 使秦國君臣不和.(今) 遊間 : 遊說離間.(新)

170) 一切 : ① 一律, 全部.(新) ② 史記李斯傳, 請一切逐客注, 索隱曰, "猶一例, 言盡逐之也. 言切者, 譬若利刀之割, 一運斤無不斷者."(佩文韻府 入聲 九屑韻 切 千結切) ③ 解漢書者, 以一切爲權時義, 亦未爲得也.(史記 李斯列傳 索隱) ④ 以刀切物, 取其齊整.(要) ⑤ 切 : 音砌.(綱鑑) ⑥ 按, 切爲全部之義則音砌, 爲利刀之割之義則音千結切.(◉)

171) 大索逐客 : ① 大搜尋而逐之.(綱鑑) ② 大搜索當逐出境之外人.(今)

取由余於戎,[174] 東得百里奚於宛,[175] 迎蹇叔於宋,[176] 求丕豹公孫支於晉,[177] 幷國二十,[178] 遂覇西戎. 孝公用商鞅之法, 諸侯親服, 至今治彊.[179] 惠王用張儀之計, 散六國之從,[180] 使之事秦.[181] 昭王得范雎,[182] 强公室, 杜私門. 此四君者,[183] 皆以客之功. 由此觀之, 客何負於秦哉![184] 臣聞太山不讓土壤,[185] 故能成其大, 河海不擇細流,[186] 故能就其深,[187] 王者不却衆庶, 故

太山不讓土壤河海不擇細流王者不却衆庶

172) 客卿：秦有客卿之官. 請其他諸侯國的人來秦國做官, 其位爲卿, 而以客禮待之, 故稱. 後亦泛指在本國做官的外國人.(漢)　李斯：荀子的學生, 入秦任廷尉, 秦統一後任丞相. 對秦始皇統一六國起了很大作用.(新)

173) 穆公：秦穆公, 名任好, 公元前659至公元前621年在位, 爲春秋五覇之一.(新)

174) 西取由余於戎：戎王遣由余使秦, 秦穆公送戎王女樂而留由余. 由余諫戎王, 不聽, 因降秦. 助秦伐戎, 幷國十二.(今)　由余：其先祖本晉國人, 後逃亡到西戎, 戎王派他出使秦國, 秦穆公見其有才能, 用離間計使他歸秦, 幷用他的計謀統一了西戎各个部落. 戎, 古代對西方少數民族的通稱.(新)

175) 東得百里奚於宛：百里奚原虞大夫, 晉獻公滅虞時擄以爲媵於秦. 百里奚逃至宛, 秦穆公贖之於楚而加以重用. 按贖百里奚之說以始自戰國時.(今)　宛：於元翻.(胡)

176) 迎蹇叔於宋：蹇叔爲百里奚之友, 時在宋. 百里奚推薦於穆公遂迎歸, 使爲上大夫.(今)

177) 求丕豹公孫支於晉：丕豹公孫支均晉人. 豹父丕鄭爲晉惠公所殺, 因而奔秦. 公孫支卽子桑, 曾薦孟明於穆公. 以上事皆見史記.(今)　求：史記文選皆作來, 招來.(新)

178) 幷國二十：總括五人之功說的.(新)

179) 治彊：安定强盛.(新)

180) 散：瓦解.(新)　六國：齊楚燕韓趙魏.(新)　從：合縱聯盟.(新)

181) 之：指六國.(新)

182) 雎：七徐反.(春)

183) 四君：指秦穆公秦孝公秦惠文王秦昭襄王.(新)

184) 客何負於秦哉：客卿有何對不起秦之處.(今)　負：對不起.(新)

185) 讓：拒絶.(新)

186) 擇：挑剔.(新)

187) 就其深：造成它之深度.(今)　就：成就.(新)

能明其德, 此五帝三王之所以無敵也. 今乃棄黔首以

藉寇兵齎盜糧
資敵國,[188] 却賓客以業諸侯,[189] 所謂藉寇兵而齎盜糧

秦用李斯之謀兼天下
者也.[190]" 王乃召李斯, 復其官, 除逐客之令. 卒用李斯之謀, 兼天下.

【丙寅(前235)】[191]

○【呂不韋飮酖死】

呂不韋飮酖死
不韋就國歲餘, 諸侯使者請之,[192] 相望於道.[193] 王恐其爲變, 乃賜不韋書曰, "君何功於秦, 封河南十萬戶? 何親於秦, 號稱仲父? 其徙處蜀!" 不韋恐誅, 飮酖死.[194]

【戊辰(前233)】[195]

○【韓非善刑名法術】

韓非善刑名法術
韓王納地,[196] 請爲藩臣,[197] 使韓非來聘,[198] 韓非者,

188) 黔首 : 百姓. 黔, 黑色.(新) 資 : 供給敵國用.(今)
189) 業諸侯 : 使其他諸侯國建立功業.(新) 業 : 供給使得成功業.(今)
190) 藉寇兵齎盜糧 : 藉卽借, 借兵與賊寇, 送糧食與强盜.(今)
191) 丙寅(前235) : 秦十二, 楚三, 燕二十, 魏八, 趙幽繆王遷元, 韓四, 齊三十年.(目)
192) 請 : 問候.(新) 之 : 文信侯呂不韋.(新)
193) 相望於道 : 頻繁往來於道.(新)
194) 不韋就國歲餘 … 飮酖死 : 此文以綱目補充者.(◉) 酖 : 通'鴆'.(漢)
195) 戊辰(前233) : 秦十四, 楚五, 燕二十二, 魏十, 趙三, 韓六, 齊三十二年.(春)
196) 韓王 : 韓國國君韓安.(中白) 納 : 獻.(新)

韓之諸公子也,[199] 善刑名法°術˙之學,[200] 見韓之削弱, 數以書干韓王,[201] 韓王不能用. 於是韓非作說難孤憤五蠹說林五十六篇,[202] 十餘萬言.

【己巳(前232)[203]】

○初, 燕太子丹嘗質於趙, 與王善.[204] 王卽位, 丹爲質於秦, 王不禮焉.[205] 丹怒, 亡歸.[206]

【辛未(前230)[207]】

○內史勝滅韓,[208] 虜韓王安, 以其地置°潁˙川郡.[209]

---

197) 藩臣：守護王室之臣, 卽諸侯也.(中)

198) 韓非：約前280~前233. 卽韓非子, 亦稱韓子. 戰國末韓國人. 韓諸公子之一. 與李斯同師事荀子, 主張不務德而務法, 刑過不避大臣, 賞善不遺匹夫. 曾建議韓王亼明法度, 未被采用. 後爲李斯姚賈陷害, 入獄自殺. … 獨尊法家, 集先秦法家思想之大成. 有韓非子.(人) 聘：① 諸侯派大夫至他國拜訪曰聘.(今) ② 古者列國之於天子, 比年一小聘, 三年一大聘.(胡)

199) 公子：適而傳世曰世子, 餘則但稱公子而已.(禮記玉藻集說)

200) 術：(春)本作'律', 誤.(◉)

201) 數：所角翻.(胡) 干：對人有所求而請見.(新)

202) 說難：說音稅, 言遊說之道不易也.(春) 孤憤：言孤直, 不容於時.(春) 五蠹：蠹音妬, 言蠹政之事有五也.(春) 說林：言廣說, 諸事其多若林.(春)

203) 己巳(前232)：秦十五, 楚六, 燕二十三, 魏十一, 趙四, 韓七, 齊三十三年.(春)

204) 與王善：王之父異人質於趙, 生王於邯鄲.(胡)

205) 王不禮焉：王不以禮招待燕太子丹. 表示輕視.(今)

206) 丹怒亡歸：爲丹遣荊軻刺秦王張本.(胡)

207) 辛未(前230)：秦十七, 楚八, 燕二十五, 魏十三, 趙六, 韓九, 齊三十五年. 是歲韓亡, 凡六國.(春)

208) 內史：① 周官, 秦因之, 掌治京師.(胡) ② 漢武帝改爲京兆尹.(國)

209) 潁：(春)本作'穎', 誤.(◉)

【癸酉(前228)[210)]】

○王翦擊趙軍, 大破之, 遂克邯鄲,[211)] 虜趙王遷.

○【荊軻入秦】

荊軻入秦

燕太子丹怨王,[212)] 欲報之, 將軍樊於期得罪,[213)] 亡之燕, 太子受而舍之.[214)] 太子聞衛人荊軻之賢,[215)] 卑辭厚禮而請見之. 欲使劫秦王, 反諸侯侵地,[216)] 不可, 因刺殺之.[217)] 軻曰, "今行而無信,[218)] 則秦未可親也. 誠得樊將軍首與燕督亢之地圖,[219)] 奉獻秦王, 秦王必說見臣,[220)] 臣乃有以報.[221)]" 乃私見樊於期曰, "聞購將軍首,[222)] 金千斤, 邑萬家, 願得將軍之首以獻秦王, 秦王必喜而見臣, 臣左手把其袖,[223)] 右手揕其

---

210) 癸酉(前228) : 秦楚十九, 楚十, 燕二十七, 魏十五, 趙八, 齊三十七年. 是歲趙亡, 凡五國.(春)

211) 遂克邯鄲 : 攻佔趙郡邯鄲, 邯鄲音寒丹.(今)

212) 怨王 : 怨始皇待已無禮.(新)

213) 樊於期 : ① 秦將.(新) ② 樊於期, 於, 音烏.(說畧 卷15 字學 字有別音者)

214) 受 : 接待.(新) 舍 : 安排在賓館.(新)

215) 荊軻 : 楚國本曰荊, 此蓋楚未改國號之前受姓也.(胡)

216) 反 : 歸還.(新) 侵地 : 被秦國侵占之地.(新)

217) 刺 : 七亦翻, 又七賜翻.(胡)

218) 信 : 取言于秦王的禮品.(新)

219) 督亢 : 燕之膏腴地, 欲以獻秦, 故畫地獻之.(春)

220) 說 : 讀曰悅.(胡)

221) 有以 : 有所, 有辦法.(新) 報 : 報效太子. 指劫秦王成功.(新)

222) 購 : 懸賞徵求.(新)

223) 把 : 抓住.(新)

樊於期自刎

胸,[224] 則將軍之仇報而燕見陵之愧除矣.[225]" 樊於期曰, "此臣之日夜切齒腐心也.[226]" 遂自刎. 以函盛其首.[227] 太子豫求天下之利匕首,[228] 使工以藥焠之,[229] 以試人, 血濡縷,[230] 人無不立死者.[231] 乃遣入秦.

【甲戌(前227)[232]】

○【荊軻刺秦王】

荊軻刺秦王

荊軻至咸陽,[233] 王大喜, 朝服,[234] 設九賓而見之.[235]

圖窮匕首見

荊軻奉圖以進於王,[236] 圖窮而匕首見,[237] 因把王袖而

秦王環柱而走

揕之, 未至身, 王驚起, 袖絶. 荊軻逐王, 王環柱而

224) 揕 : ① 刺進.(新) ② 張鴆反.(春)

225) 見陵 : 被欺凌.(新) 愧 : 恥辱.(新)

226) 切齒腐心 : 因恨怒而上下齒相磨擦爲切齒, 心因恨事之折磨而致腐爛爲腐心, 形容憤怒已極.(今)

227) 函 : 匣子, 以盛物者.(今)

228) 豫求 : 豫先求得.(今) 匕首 : 尺八短劍, 其頭類匕, 故名匕首.(國)

229) 焠之 : 焠音翠, 堅劍刃也. 王褒傳, 淸水焠其鋒, 謂燒而內水中, 以堅之也.(要)

230) 血濡縷 : 言人血出, 纔足以沾濡絲縷也.(要)

231) 立 : 便立.(史記 卷86 刺客列傳 集解)

232) 甲戌(前227) : 秦二十, 楚王負芻元, 燕二十八, 魏王假元, 齊三十八年. 代王嘉元年. 舊國五, 新國一. 凡六國.(春)

233) 咸陽 : 秦都, 故城在今陝西省咸陽縣東.(今) 咸陽 : 山南曰陽, 水北亦曰陽, 在渭水北九嵕諸山之南, 故曰咸陽.(國)

234) 朝服 : 穿了上朝的禮服.(新)

235) 九賓 : 韋昭曰, 九賓, 周禮九儀也, 謂公侯伯子男孤卿大夫士也. 史記正義曰, 劉云, 設文物大備, 卽謂九賓, 不得以周禮九賓義爲釋. 劉原父曰, 賓, 謂傳擯之擯. 九賓, 擯者九人.(胡)

236) 奉 : 捧.(新) 進 : 獻.(新)

237) 圖窮 : 地圖展到盡頭.(新) 見 : 同現, 露出.(新)

走.[238] 秦法, 羣臣侍殿上者不得操尺寸之兵,[239] 左右以手共搏之,[240] 且曰, "王負劒.[241]" 負劒, 王遂拔以擊荊軻, 斷其左股.[242] ⁍荊軻廢,[243] 乃引匕首擿王,[244] 中銅柱.[245] 自知事不就,[246] 罵曰, "事所以不成者, 以欲生劫之,[247] 必得約契以報太子也![248]" 遂體解荊軻⁌以徇.[249] 於是益發兵伐燕,[250] 戰於易水之西,[251] 大破之.

秦王負劒

秦王擊荊軻

⁍【乙亥(前226)[252]】⁌

○【燕王斬太子丹】

燕王斬太子丹

燕王⁍使使⁌斬丹,[253] ⁍欲以⁌獻王. 王復進兵攻之.[254]

---

238) 環 : 圍繞.(今)
239) 操 : 握持.(今) 兵 : 武器.(今)
240) 搏 : 徒手奪擊.(今)
241) 王負劍 : ① 負卽背負之負, 負劍卽背劍. 秦王佩劍長, 惶急之際, 不可立拔, 臣下欲王推劍於背拔之, 令易出鞘, 故曰王負劍.(今) ② 古者, 帶劍, 上長未易拔, 故欲王推之於背, 令前短易拔也. 一曰, 負, 猶持也, 曲禮'負劍辟耳'註, 以手挾童子於脅下, 如帶劍然.(國)
242) 股 : 大腿.(新)
243) 廢 : 引申爲多餘無用. 如廢物, 廢人.(漢)
244) 引 : 擧起.(新) 擿 : 與擲同, 古字耳. 音持益翻.(胡)
245) 中 : 竹仲翻.(胡)
246) 就 : 成.(新)
247) 生劫之 : 活捉你.(新)
248) 必得約契 : 一定得到你歸還侵奪諸侯土地的契約.(新)
249) 體解以徇 : 解其肢體以示衆.(綱鑑) 體解 : 支解也. 解, 佳買翻.(胡) 徇 : 示衆.(今)
250) 益 : 多.(今)
251) 易水 : 源出易州, 南安閻山, 東經覇州文安, 入寇案, 卽漢固安縣也.(春)
252) 乙亥(前226) : 秦二十一, 楚二, 燕二十九, 魏二, 齊三十九. 代二年.(綱鑑)
253) 使使 : 派遣使者.(新前205年)

○【秦伐楚】

秦伐楚 王問於將軍李信曰, “吾欲取荊,[255] 於將軍度用幾何人而足.[256]” 李信曰, “不過用二十萬.” 問王翦, 王翦曰, “非六十萬人不可.” ⁋王⁋曰, “王將軍老矣, 何怯也.” 遂使李信蒙恬將二十萬人伐楚.

【丙子(前225)[257]】

○王賁伐魏,[258] 魏王假降,[259] 殺之, 遂滅魏.

○【王翦伐楚】

王翦伐楚 楚人大敗李信, 李信犇還. 王翦曰, “必不得已用臣, 非六十萬人不可.” 於是⁋王翦⁋將六十萬人伐楚.

⁋【丁丑(前224)[260]】

○【王翦殺項燕】

王翦殺項燕 王翦大破楚師, 至蘄南,[261] 殺其將軍項燕,[262] 楚師遂

---

254) 復 : 扶又翻.(胡)
255) 荊 : 荊卽楚. 始皇父莊襄王諱楚, 故謂楚爲荊.(今)
256) 度 : ① 徒洛翻.(胡) ② 預料.(今)
257) 丙子(前225) : 秦二十二, 楚三, 燕三十, 魏三, 齊四十, 代三年. 是歲魏亡.(春)
258) 王賁 : 王翦之子, 秦將.(新)
259) 假 : 魏王名.(國)
260) 丁丑(前224) : 秦二十三, 楚四, 燕三十一, 齊四十一, 代四年.(目)
261) 蘄 : 班志, 沛郡有蘄縣.(胡)
262) 項燕 : ① 項梁之父也.(胡) ② 項梁是項羽之叔父, 則項燕是項羽之祖父.(◉)

敗走.¶

【戊寅(前223)[263)]】

○王翦虜楚王負芻, 以其地置楚郡.[264)]

【己卯(前222)[265)]】

○王賁攻遼東, 虜燕王喜.[266)]

○【燕丹謀不遠而動不義 荊軻亦愚】

燕丹謀不遠而動不義荊軻亦愚

溫公曰, 燕丹不勝一朝之忿以犯虎狼之秦,[267)] 輕慮淺謀, 挑怨速禍, 使召公之廟不祀忽諸,[268)] 罪孰大焉! 而論者或謂之賢, 豈不過哉![269)] 夫爲國家者, 任官以才, 立政以禮, 懷民以仁, 交鄰以信, 是以官得其人, 政得其節, 百姓懷其德, 四鄰親其義. 夫如是, 則國家安如磐石,[270)] 熾如焱火,[271)] 觸之者碎, 犯之者焦,

---

263) 戊寅(前223) : 秦二十四, 楚五, 燕三十二, 齊四十二, 代五年. 是歲楚亡.(春)

264) 以其地置楚郡 : 楚至是亡矣. 按秦三十六郡無楚郡, 此蓋滅楚之時暫置耳, 後分爲九江鄣會稽三郡.(胡)

265) 己卯(前222) : 秦二十五, 燕三十三, 齊四十三. 代六年. 是歲燕代亡.(春)

266) 虜燕王喜 : 燕至是亡.(胡)

267) 燕丹 : 燕燕太子丹.(新) 勝 : ① 音升.(胡) ② 克制, 承受.(新) 一朝 : 一時.(新) 忿 : 同憤.(新) 以 : 而.(新)

268) 召公之廟不祀 : 燕國滅亡. 召公, 燕開國君. 不祀, 斷了烟火.(新) 忽諸 : ① 一下子. 諸, 語助.(新) ② 奄忽而亡.(今)

269) 過 : 錯.(新)

270) 磐石 : 石之底部平大如磐者, 亦作盤石, 猶國基穩固.(今)

271) 熾 : 尺志翻.(胡) 焱火 : ① 火焰.(新) ② 猶國勢熾盛.(今) 焱 : 弋瞻翻.(胡)

雖有彊暴之國, 尙何足畏哉! 丹釋此不爲,[272] 顧以萬乘之國,[273] 決匹夫之怒,[274] 逞盜賊之謀,[275] 功隳身僇,[276] 社稷爲墟,[277] 不亦悲哉! 夫其膝行蒲伏,[278] 非恭也, 復言重諾,[279] 非信也, 糜金散玉,[280] 非惠也. 刎頸決腹,[281] 非勇也. 要之, 謀不遠而動不義, 其楚白公勝之流乎![282] 荊軻懷其豢養之私,[283] 不顧七族,[284] 欲以尺八匕首彊燕而弱秦, 不亦愚乎!

○【秦滅五國】

秦滅五國 初, 齊事秦謹,[285] 與諸侯信,[286] 齊亦東邊海上.[287] 秦

---

272) 釋 : 放棄.(新) 此 : 指任官以才, 立政以禮, 懷民以仁, 交隣以信.(新)
273) 顧 : 却, 反.(新) 萬乘 : 周制, 天子地方千里, 能出兵車萬乘, 因以'萬乘'指天子.(漢)
274) 決匹夫之怒 : 決于匹夫之怒. 決, 定.(新) 匹夫 : 庸人.(新)
275) 逞 : 仗恃.(新) 盜賊 : 指荊軻.(新)
276) 隳 : 毁.(新) 僇 : 通'戮'. 殺戮.(漢)
277) 社稷 : 土神和穀神, 代指國家.(新) 墟 : 廢墟, 指滅亡.(新)
278) 膝行蒲伏 : 膝行, 謂屈膝跪行. 蒲, 謂以手著地爬行. 伏, 謂俯身伏地, 皆恭敬之貌.(今)
279) 復言 : 實踐諾言.(新) 重諾 : 重然諾. 然和諾都是應允, 引伸爲言而有信.(新)
280) 糜 : 通靡, 散.(新)
281) 刎頸 : 斷頸.(新) 決腹 : ① 剖腹.(新) ② 以刀切腹, 令內臟流出而死.(今)
282) 白公勝 : ① 春秋時楚國人, 名勝. 楚平王孫. 其父太子建, 被陷害, 出走鄭國被殺. 勝隨伍子胥逃吳, 楚惠王二年召勝歸楚爲大夫, 號白公. 惠王六年白公欲報仇, 請兵令尹子西攻鄭, 子西許之. 兵未發, 晉攻鄭, 楚救鄭, 且與之盟, 白公勝怒, 殺令尹子西司馬子期, 襲惠王, 占楚都. 後爲葉公子高戰敗, 自縊死.(人) ②白公欲報父仇, 不得逞, 自殺. 禍及叔父. 說燕太子丹和白公勝是一類人.(新)
283) 豢養 : 養豕曰豢. 豢養, 喩若人之養犧牲, 非愛之, 將殺之.(今) 豢 : 胡慣切.(漢) 私 : 私情.(新)
284) 七族 : 自曾祖至曾孫.(新)
285) 事秦謹 : 對待秦國很恭謹.(新)

日夜攻三晉燕楚,[288] 五國各自救, 以故齊王建立四十餘年不受兵.[289] °后勝相齊˙,[290] 多受秦間金.[291] ◖賓客入秦, 秦又多與金. 客皆爲反間,◗ 勸王朝秦, 不脩攻戰之備,[292] 不助五國攻秦,[293] 秦以故得滅五國.[294]

---

286) 信 : 誠敬.(新)

287) 東邊海上 : 言齊之極東, 邊於海, 不與秦國接壤, 故得不受兵革.(今)

288) 三晉 : 韓趙魏皆故晉地, 統稱三晉.(今)

289) 不受兵 : 未經受戰爭.(新)

290) 后勝相齊 : (春)本作'後齊相及賓客', 誤.(◉) 后勝 : ① 姓譜, 后本郈氏, 其後去邑.(胡) ② 齊相姓名.(史記 卷6 秦始皇本紀 正義)

291) 秦間 : 秦國派往齊國的間諜.(新) 間金 : 以金賂敵, 離其君臣, 令爲反間, 故曰間金. 因敵方之間諜, 令其於不知不覺之中, 反爲我用, 是爲反間.(今)

292) 脩 : 同修, 整治.(新)

293) 五國 : 趙魏韓燕楚.(新)

294) 得 : 能.(新)

通鑑節要增損校註 卷三

後秦紀

▪ 始皇帝 下

【庚辰(前221) 始皇帝二十六年】

○【齊王餓死】

齊王餓死

王賁自燕南攻齊, 猝入臨淄,[1] 民莫敢格者.[2] 秦使人誘齊王, 約封以五百里之地.[3] 齊王遂降, 秦遷之共,[4] 處之松柏之間,[5] 餓而死.[6]

○【六國相親 則秦安得而亡之】

六國相親 則秦安得而亡之

溫公曰, 從衡之說雖反覆百端,[7] 然大要合從者,[8] 六國之利也. 昔先王建萬國,[9] 親諸侯, 使之朝聘以相

---

1) 猝 : 突然.(新)
2) 格 : 抗禦.(今)
3) 封 : 帝王以爵位土地名號等賜人.(漢)
4) 共 : 古國名, 漢爲共縣, 故城卽今河南省輝縣.(新)
5) 處之松柏之間 : 居住在荒僻的松柏之間.(新)
6) 餓而死 : 齊田氏亡.(胡)
7) 從衡 : 合縱連衡.(新) 反覆 : 亦作反復, 變化無雙.(新) 百端 : 多種多樣.(新)
8) 大要 : 要旨. 概要.(漢) 合從 : 指戰國時, 蘇秦游說六國諸侯聯合拒秦. 秦在西方, 六國地處南北, 故稱合從..(漢)

交,[10] 饗宴以相樂,[11] 會盟以相結者, 無他, 欲其同心戮力以保家國也. 鄕使六國能以信義相親,[12] 則秦雖彊暴, 安得而亡之哉! 夫三晉者, 齊楚之藩蔽,[13] 齊楚者, 三晉之根柢,[14] 形勢相資,[15] 表裏相依. 故以三晉而攻齊楚, 自絶其根柢也, 以齊楚而攻三晉, 自撤其藩蔽也. 安有撤其藩蔽以媚盜, 曰 '盜將愛我而不攻', 豈不悖哉!

○【秦王初幷天下 稱皇帝】

秦王初幷天下稱皇帝 德兼三皇 功過五帝

王初幷天下,[16] 自以爲德兼三皇,[17] 功過五帝,[18] 乃更號曰'皇帝',[19] 命爲'制',[20] 令爲'詔',[21] ▶自稱曰'朕', 制

9) 昔先王建萬國 : 戰國策齊策四第五章, "大禹之時諸侯萬國," 則'先王'似指'大禹'. 萬, 不必實指.(新)

10) 朝 : 古代諸侯定期朝見天子, 報告封國情況.(新) 聘 : 古代國與國之間交好遣使訪問.(新)

11) 樂 : 音洛.(胡)

12) 鄕使 : 假使當初.(新)

13) 藩蔽 : 屛障.(新)

14) 根柢 : 基礎.(新)

15) 資 : 助.(新)

16) 幷 : 統一.(新)

17) 德兼三皇 : 有同三皇一樣的德.(新) 三皇 : 伏羲神農黃帝爲三皇.(胡)

18) 五帝 : 少昊顓頊高辛唐堯虞舜.(胡) 過 : 超過.(新)

19) 乃更號曰'皇帝' : 孔穎達曰, 帝者, 諦也, 言天蕩然無心, 忘於物我, 公平通遠, 擧事審諦, 故謂之帝也. 帝號同天, 名所莫加, 而稱皇者, 以皇是美大之名, 言大於帝也.(今) 皇帝 : 至尊之稱.(新)

20) 命爲制 : 對臣下發話'命', 決斷可稱爲制.(新) 命 : 除拜遣議曰命.(綱鑑)

21) 令爲詔 : ① 以皇帝名義發布法律文告'令'稱爲詔.(新) ② 天子之言, 一曰制書, 二曰詔書. 制書, 謂其制度之命也. 詔, 告也. 自秦漢以上, 唯天子得稱之.(胡) 令 : 布告中外曰令.

除謚法 秦王爲 始皇帝

曰,¶ "自今以來,[22] 除謚法.[23] 朕爲始皇帝,[24] 後世以計數, 二世三世至于萬世, 傳之無窮."

○【推五勝從水德】

推五勝 從水德

秦爲水 德 始 改年 色尙黑 數以六 爲紀

初, 齊威宣之時,[25] 鄒衍論著終始五德之運,[26] 及始皇幷天下, 齊人奏之. 始皇采用其說,[27] 以爲周得火德 秦代周, 從所不勝,[28] 爲水德. 始改年,[29] 朝賀皆自十月朔,[30] 衣服旌旄節旗皆尙黑,[31] 數以六爲紀.[32]

(綱鑑)

22) 自今以來 : 從今以後.(新)

23) 除 : 廢除.(新)　謚法 : ① 謚法制度始于周, 廢于秦, 漢于沿用, 直至淸末. 相傳謚法爲周公所作.(新) ② 古代帝王貴族大臣等死後其一生所行事迹給予的稱號.(新) ③ 周公作謚法, 緣行之美惡以立謚. 今秦除之, 畏後人加己以惡謚也.(胡)

24) 朕 : ① 古者君臣之間通稱朕, 自始皇帝定制, 唯天子獨稱之. 兩漢而後, 因而不改.(今) ② 朕, 古人自稱之通號, 自此專作帝稱.(綱鑑)

25) 齊威宣 : 齊威王, 齊宣王.(新)

26) 鄒衍 : 齊人.(新)　終始五德之運 : ① 是以鄒衍代表的一派解釋歷史發展改朝換代的一種循環理論. 他們把自然界水火木金土五種物質的德性相生相克和終而復始的循環變化用來說明王朝的興廢更替現象.(新) ② 金木水火土, 謂之五德. 鄒衍創五德相勝之說, 謂土勝水, 木勝土, 金勝木, 火勝金, 水勝火, 是爲推五勝. 五德運行, 終而復始, 是爲終始五德之運. 鄒衍以火流王屋, 爲周受命之符, 且服色尙赤, 故以爲周得火德 秦代周, 故以秦爲水德.(今) ③ 所謂終始五德之運者, 伏羲以木德王, 木生火, … 故夏以金德王, 金又生水, 故商以水德王, 水又生木, 故周以木德王, 此五德之終而復始也. 鄒衍以爲周得火德, 蓋以火流王屋爲周受命之符, 且服色尙赤故也. 就衍之說以爲終始, 秦當以土爲行. 今始皇以水勝火, 自以水爲行, 所謂推五勝也. 漢初以土爲行, 蓋亦祖衍之說也.(胡) ④ 武王渡河, 中流白魚躍入王舟中, 武王俯取以祭. 旣渡, 有火自上復于下, 至于王屋, 流爲烏. 其色赤, 其聲魄云.(史記 卷4 周本紀)

27) 采 : 古採字.(今)

28) 從所不勝 : 秦自謂以水德 此相勝之說, 周火, 故秦水也. 火不克水, 故以周所不能勝, 立爲秦德也.(史記 卷6 秦始皇本紀 考證)　從 : 采用.(新)　所不勝 : 周德所不能勝的德.(新)

29) 始改年 : 夏以建寅之月爲歲首, 殷以建丑之月爲歲首, 周以建子之月爲歲首, 今始皇以建亥之月爲歲首, 是改年也.自此紀年皆以十月爲歲首, 朝賀以十月朔. 以水爲行, 故色尙黑. 水成數六, 故以六爲紀.(胡)

○【秦廢侯王 設郡縣】

秦廢侯王 設郡縣
李斯諫分封

丞相綰等言,[33] “燕齊荊地遠, 不爲置王,[34] 無以鎭之.[35] 請立諸子.” 始皇下其議.[36] 廷尉斯曰,[37] “周文武所封子弟同姓甚衆, 然後屬疏遠,[38] 相攻擊如仇讐, 周天子弗能禁止. 今海內賴陛下神靈一統,[39] 皆爲郡縣,諸子功臣以公賦稅重賞賜之,[40] 甚足易制,[41] 天下無異意,[42] 則安寧之術也.[43] 置諸侯不便.[44]” 始皇曰, “天下共苦戰鬪不休,[45] 以有侯王. 賴宗廟,[46] 天下初

---

30) 朝賀皆自十月朔 : 秦正建亥, 皆以十月爲歲首, 朝賀以十月朔.(今) 朝賀 : 朝覲慶賀.(新)

31) 旌旄 : 以旄牛尾裝飾的旗.(新) 節旗 : 符節, 使者所持的憑證.(新) 尙黑 : ① 崇尙黑色. 按五行說, 黑色象徵水, 秦以水德王, 故尙黑.(新) ② 秦以水德屬北方, 故尙黑(春)

32) 數以六爲紀 : ① 水, 終數六, 故以六寸爲符, 六尺爲步.(春) ② 以六作爲計數的單位. 按五行相生相克的序數, 水克火的序數爲六, 所以秦尊'六'. 如'符'規定爲方六寸, 長度規定爲六尺爲一步之類.(新)

33) 丞相綰 : 丞, 承也. 相, 助也, 謂掌承天子, 助理萬機也. 綰, 姓, 王氏.(春)

34) 不爲置王 : 不爲這些地方設置諸侯王.(新)

35) 無以鎭之 : 就不能鎭服他們.(新)

36) 下其議 : 把這个建議下達群臣.(新) 下 : 自上付下.(今)

37) 廷尉 : 官名, 秦九卿之一, 爲最高的司法審判官.(新) 斯 : 李斯.(新) 廷 : 平也. 治獄貴平, 故號廷尉. 斯姓李氏.(春)

38) 後屬 : 後代.(新)

39) 海內 : 猶言天下, 國內.(中) 陛下 : 君主時代, 臣民稱天子之詞也.(漢) 神靈 : 聖明.(新)

40) 諸子 : 皇子.(新) 公賦稅 : 國家的賦稅.(新)

41) 甚足易制 : 非常容易控制.(新) 足 : 猶可也.(史記 卷6 秦始皇本紀 考證)

42) 無異意 : 同心同德.(新)

43) 術 : 辦法, 策略.(新)

44) 便 : 利.(新)

45) 天下共苦戰鬪不休 : 全國百姓都因爲諸侯王間戰亂不息而痛苦不堪.(新)

46) 賴宗廟 : 全靠祖宗神靈.(新)

分天下爲三十六郡 作鐘鐻金人

定, 又復立國, 是樹兵也,[47] 而求其寧息, 豈不難哉! 廷尉議是." 於是分天下爲三十六郡, 郡置守尉監.[48] 收天下兵聚咸陽,[49] 銷以爲鐘鐻金人十二,[50] 重各千石,[51] 置宮庭中.[52]

【壬午(前219) 始皇帝二十八年】

○【始皇封禪】

始皇封禪

始皇東行郡縣,[53] 上鄒嶧山,[54] 立石頌功業.[55] 上太山陽至顚,[56] 立石頌德, 從陰道下,[57] 禪於梁父.[58] 遂東

---

47) 是樹兵 : 這是種下戰亂的禍根. 樹, 種.(新) 樹兵 : 樹謂培植, 兵謂戰亂.(今)

48) 郡置守尉監 : 郡守掌治其郡, 丞尉掌佐守, 典武職甲卒, 監, 御史, 掌監郡守.(春) 守 : 郡守, 行政長官.(新) 尉 : 郡尉, 軍事長官.(新) 監 : 監御史, 負責監察的長官.(新)

49) 兵 : 兵器. 古時以銅爲兵器.(新) 咸陽 : 秦所都也.(太平寰宇記卷26 關西道2 咸陽)

50) 鐻 : 同虡, 虡者所以懸鐘, 橫架曰筍, 直立曰虡.(今) 金人 : ① 卽銅人. 古時以銅爲兵器, 故銷鑄以爲銅人.(今) ② 始皇二十六年, 有大人十二, 見於臨洮, 身長五丈, 足履六尺. 始皇以爲瑞, 鑄爲金人象之, 重各千石, 坐高二丈, 號曰翁仲.(綱鑑)

51) 石 : 重量單位.(新)

52) 庭 : 通廷.(新)

53) 行 : 巡視.(今)

54) 鄒嶧山 : ① 卽嶧山, 今山東省鄒縣東南.(新) ② 邾嶧山一名鄒山, 在兗州鄒縣南, 魯繆公改邾作鄒, 遂因縣名山.(春)

55) 立石 : 樹碑.(新)

56) 上自太山陽至顚 : 從泰山南一直通到山頂. 陽, 山南水北爲陽.(新) 太山 : 卽泰山.(漢) 顚 : 頂也.(要)

57) 陰道 : 北邊山道. 陰, 山北水南爲陰.(新) 陰 : 山北曰陰.(要)

58) 禪於梁父 : ① 築土曰封, 除地曰禪, 祭天地也. 封泰山而祭天地, 禪小山而祭山川.(綱鑑) ② 始皇東行郡縣. 上鄒嶧山. 立石, 與魯諸儒生議, 刻石頌秦德, 議封禪望祭山川之事. 乃遂上泰山, 立石, 封, 祠祀. 下, 風雨暴至, 休於樹下, 因封其樹爲五大夫. 禪梁父.(史記6 秦始皇本紀) 梁父 : 泰山下小山名也, 因以名懸. 父, 音甫.(春)

遣徐市求不死藥

遊海上，方士徐市等上書，[59] 請得與童男女，入海，求三神山不死之藥.[60] ⁋於是遣徐市，發童男女數千人入海求之.⁋

○【始皇伐湘山樹】

始皇伐湘山樹

⁋始皇還，過彭城.⁋ 浮江至湘山祠，[61] 逢大風，幾不能渡. 上問，"湘君何神?[62]" 對曰，"堯女，舜之妻." 始皇大怒，使⁋刑徒三千人皆⁋伐湘山樹，[63] 赭其山.[64]

○【張良五世相韓】

張良五世相韓

初，韓人張良，[65] 父祖以上五世相韓.[66] 韓亡，良欲爲韓報仇.

---

59) 方士：方外之士.(綱鑑) 徐市：市，卽'芾'字，與'黻'同. 各本作市井之'市'，譌. 淮南王傳作徐福，福市一聲之轉.(史記6 秦始皇本紀 考證) 市：徐市之'市'，中央之丨爲一畫，則四畫書之，市井之'市'，中央之畫爲二畫，則五畫書之.(◉)

60) 三神山：蓬萊方丈瀛洲.(國)

61) 浮江：乘舟沿長江而下.(新) 湘山祠：祠湘君之祠，一稱黃陵廟. 祠在湘山之南，近湘水，故稱湘山祠.(今) 湘山：一名君山，又名洞庭山，在洞庭湖中.(新)

62) 湘君：湘水之神，相傳爲唐堯之女，虞舜之妻. 劉向列女傳云，舜爲天子，娥皇爲后，女英爲妃. 舜陟方死於蒼梧，二妃死於江湘之間，俗謂之湘君. 按列女傳，娥皇女英皆唐堯之女. 又離騷九歌，旣有湘君，又有湘夫人. 韓愈以爲娥皇爲正妃，故曰君，女英爲次妃，故但稱夫人.(今)

63) 刑徒：受刑之人. 囚徒.(漢)

64) 赭：① 音者，赤色.(春) ② 使光禿.(新)

65) 張良：因刺始皇失敗，隱姓埋名，後助劉邦定天下.(新)

66) 以上：表示時代在前的，猶言以前.(漢) 五世相韓：漢書張良傳，良祖父開地，相韓昭侯，宣惠王，襄哀王. 父平，相釐王及悼惠王，凡五世爲韓相.(今)

【癸未(前218) 始皇帝二十九年】

○【張良狙擊始皇】

張良狙擊始皇

始皇東遊, 至陽武博浪沙中,[67] 張良令力士操鐵椎狙擊始皇,[68] 誤中副車.[69] 始皇驚, 求, 弗得, 令天下大索十日.[70]

【丙戌(前215) 始皇帝三十二年】

○【亡秦者胡也】

亡秦者胡也

始皇巡北邊, 盧生入海還,[71] 因奏錄圖書曰,[72] "亡秦者胡也.[73]" 始皇乃遣將軍蒙恬發兵三十萬人, 北伐匈奴. ☞

【丁亥(前214) 始皇帝三十三年】

○【築萬里長城】

---

67) 陽武 : 今河南省原陽縣東南.(新) 博浪沙 : 在原陽縣境.(新)

68) 狙擊 : ① 狙, 獸名, 善伏伺他物, 乘隙而襲之. 狙擊, 言必伏伺而襲之, 如狙之伺物.(今) ② 凡伏而擊者, 謂之狙擊.(春)

69) 副車 : 隨行的車輛.(新)

70) 大索 : 大張旗鼓地搜捕.(新)

71) 盧生 : 方士.(綱鑑) 入海還 : 始皇使燕人盧生求古仙人漢門子高.(國)

72) 錄圖書 : 如後世讖緯之書. 讖是秦漢間巫師方士編造的預言吉凶的隱語. 緯是漢代神學迷信附會儒家經義的一類書.(新)

73) 亡秦者胡 : ① 這是一句讖語, 既可理解指胡人(匈奴), 又可理解指胡亥. 秦始皇作前一種理解.(新) ② 鄭玄曰, 胡, 胡亥, 秦二世名也. 秦見圖書而不知此爲人名, 反備此胡.(胡)

築萬里長城 ⁋蒙恬斥逐匈奴,⁋ ⁋收河南地爲四十四縣.[74] 築長城,因地形,用制險塞,[75] 起臨洮至遼東,[76] 延袤萬餘里.[77] 威振匈奴.⁋

【戊子(前213) 始皇帝三十四年】

○【焚書】

焚書 丞相李斯上書曰,"異時諸侯並爭,[78] 厚招游學.[79] 今天下已定,法令出一,[80] 百姓當家則力農工,[81] 士則學習法令.[82] 今諸生不師今而學古,[83] 以非當世,[84] 惑亂黔首,[85] 相與非法教,[86] 人聞令下,[87] 則各以其學議之,入則心非,[88] 出則巷議,[89] 誇主以爲名,[90] 異趣以爲

74) 收河南地:河南地在今河套以南,綏遠南境一帶.收,取也.(今)
75) 用制險塞:用,同'以'.言因險築塞以制敵.(今) 險塞:崎嶇阻塞.(漢)
76) 臨洮:古城卽今甘肅省岷縣.(今) 遼東:今遼寧省遼河以東地.(新)
77) 延袤:① 綿延伸展.袤,延.(新) ②:長也.(綱鑑)
78) 異時:從前.(新)
79) 厚招:用高官厚祿招攬.(新) 游學:指戰國時的游說之士.(新) 游:同'遊'.(漢)
80) 法令出一:法令由皇帝統一頒布.(新)
81) 當家:主持家業.(新) 力農工:努力從事農業手工業生産.(新)
82) 士:讀書人.(新)
83) 諸生:衆有知識學問之士.衆儒生.(漢) 師今:遵守現今的法規.(新)
84) 以:用.(新) 非:批評,誹謗.(新) 當世:現金社會.(新)
85) 惑亂:迷惑.(新)
86) 相與:在一起.(新) 非法教:李斯傳作相與非法教之制.(要) 非:反對.(新) 法教:法治.(新)
87) 令下:法令頒布.(新)
88) 入則心非:入朝則心懷不滿.(新)

高,[91] 率羣下以造謗. 如此弗禁, 則主勢降乎上,[92] 黨與成乎下.[93] 禁之便. 臣請史官非秦記皆燒之,[94] 非博士官所職,[95] 天下有藏詩書百家語者, 皆詣守尉雜燒之.[96] 有偶語詩書者棄市,[97] 以古非今者族,[98] 所不去者,[99] 醫藥卜筮種樹之書.[100] 若°有欲˙學法令,[101] 以吏爲師."制曰,"可."

【己丑(前212) 始皇帝三十五年】

○ 【除直道】

除直道 使蒙恬除直道,[102] 道九原,[103] 抵雲陽,[104] 塹山堙谷千

---

89) 出 : 出朝, 離開朝廷.(新)
90) 誇主以爲名 : 在君主前誇誇其談, 以此來沽名釣譽.(新)
91) 異趣以爲高 : 標新立異, 以此來擡高自己.(新)
92) 乎 : 于.(新)
93) 黨與 : 宗派集團.(新)
94) 非秦記 : 不是記載秦國歷史的史書.(新) 皆燒之 : 皆燒列國史記也.(胡)
95) 非博士官所職 : 除博士官因職務所需者外.(新) 博士 : 古代學官名. 六國時有博士, 秦因之, 諸子詩賦術數方伎皆立博士.(漢)
96) 守尉 : 郡守和郡尉.(漢) 郡尉 : 秦官. 掌佐守典式職甲卒.(漢書 百官公卿表上) 雜燒之 : 秦之焚書, 焚天下之人所藏之書耳, 其博士官所藏則故在, 項羽燒秦宮室, 始併博士所藏者焚之.(胡) 雜 : 集中.(新)
97) 偶語 : 相聚議論.(新) 偶 : 對也.(要) 棄市 : ① 處死示衆.(新) ② 古時刑人於市, 與衆棄之, 故曰棄市.(今)
98) 以古非今 : 借古諷今.(新) 族 : 滅族.(新)
99) 所不去者 : 言許民間收藏而不必焚燬者.(今)
100) 種樹 : 種植. 栽種.(漢) 樹 : 植也.(國)
101) 有欲 : (春)本作'欲有', 誤.(◉)
102) 除 : 開闢.(新) 直道 : 古道路名. 是聯結關中平原與河套地區的主要通道.(新) 直道 : 古道路名. 原來是一條專供軍隊大規模進攻的寬闊大道. … 全長一千四百里. 由於是'直道',

八百里,[105] 數年不就.[106]

○【作阿房宮】

作阿房宮

始皇以爲咸陽人多,[107] 先王之宮庭小,[108] 乃營作朝宮渭南上林苑中,[109] 先作前殿阿房,[110] 東西五百步,[111] 南北五十丈, 上可以坐萬人, 下可以建五丈旗,[112] 周馳爲閣道,[113] 自殿下直抵南山,[114] 表南山之顚以爲闕.[115] 爲複道,[116] 自阿房度渭,[117] 屬之咸陽,[118] 以象

因此遇山開山, 遇溝塡溝, 工程十分浩大.(漢)

103) 道：由, 自.(新) 九原：今內蒙古包頭市西北.(新)

104) 抵：至也.(春)

105) 塹：開鑿.(新) 堙：塡塞.(新)

106) 就：成.(新)

107) 咸陽：秦都.(綱鑑)

108) 庭：通'廷'.(新)

109) 營作：營造, 修建.(新) 朝宮：帝王的宮殿.(新) 渭南：渭水以南.(新) 上林苑：古宮苑名. 秦舊苑, 漢初荒廢, 至漢武帝時重新擴建.(漢)

110) 前殿：正殿.(漢) 阿房：① 地名, 在今陝西省西安市西北. 阿, 近. 房, 通'旁'.(新) ② 宮名. 史記秦始皇本紀曰, "作宮阿房, 故天下謂之阿房宮." 是阿房本山名, 因山以名宮, 故址在今陝西省長安縣西北.(今) ③ 秦宮殿名. 宮的前殿築于秦始皇三十五年. 遺址在今西安市西阿房村. 秦亡時全部工程尙未完成, 故未正式命名. 因作前殿阿房, 時人卽稱之爲阿房宮. 秦亡, 爲項羽所焚毁.(漢)

111) 步：古長度單位. 周代以八尺爲步, 秦代以六尺爲步.(漢)

112) 建：竪立.(新) 五丈旗：桿高五丈的旗.(漢)

113) 周馳：曲折綿延. 馳, 通'施', 展延.(新) 閣道：① 架木爲棚而行, 名曰閣道.(國) ② 復道.(漢)

114) 南山：終南山, 在咸陽南.(新)

115) 表南山之顚以爲闕：在終南山頂建造雙闕作爲標志. 表, 標志. 闕, 古代宮殿陵墓前的高建築物, 形如牌坊, 左右各一.(新) 闕：宮門城門兩側的高臺, 中間有道路, 臺上起樓觀.(漢) 顚：① 綱目與綱合作'巓'.(◉) ② 顚, 或作'巓'.(中)

116) 複道：① 上下有道也, 爲築土爲高, 天子自行其上, 不與民相雜.(綱鑑) ② 樓閣間架空的通道. 也稱'閣道'.(漢) 複：① 上下有道曰'複'.(綱合) ② '複'與'復'同.(今) ③ 史記秦始皇

天極閣道絶漢抵營室也.[119] 隱宮徒刑者七十萬人,[120] 乃分作阿房宮或作驪山.[121] 發北山石椁,[122] 寫蜀荊地材,[123] 皆至, 關中計宮三百,[124] 關外四百餘.[125] 於是立石東海上朐界中, 以爲秦東門.[126] 因徙三萬家驪邑,[127] 五萬家雲陽, 皆復不事十歲.[128]

○【坑儒生四百六十餘人】

坑儒生四百六十餘人

侯生盧生相與譏議始皇,[129] 因亡去. 始皇聞之, 大怒

本紀作'復道'.(◉)

117) 度 : 同'渡'.(今)

118) 屬 : 音燭, 連也.(目)

119) 天極 : 北極星, 古人認爲象徵帝王所居的中宮.(新) 閣道 : 古星座名, 指仙後座內的六顆星. 古人認爲象徵溝通銀河兩岸的天橋.(新) 絶 : 橫渡.(新) 漢 : 指銀河.(新) 營室 : 指天馬座內的兩顆星, 古人認爲象徵野營. 這句是說, 築阿房宮比擬天極, 築閣道比擬天橋, 通往隔看渭水(比銀河)的咸陽(比營室).(新)

120) 隱宮徒刑者 : 言已被宮刑, 更徒作者. 史記正義曰, "餘刑見於市朝, 宮刑, 一百日, 隱於蔭室, 養之乃可, 故曰隱宮, 下蠶室是也.(今) 隱宮 : 卽宮刑, 又稱腐刑, 閹割男子的生殖器. 施行宮刑之後, 受刑者要關在溫暖不透風的房子裏養息一百天, 所以稱隱.(新) 徒刑 : 以罪供徭作曰徒刑.(綱鑑)

121) 作驪山 : 在驪山爲秦始皇預建墳墓. 驪山, 在今陝西省臨潼縣東南.(新)

122) 發北山石椁 : 去北山開發石料. 疑'椁'字衍.(新)

123) 寫 : 運送.(新)

124) 關中 : 徐廣曰, "東函谷, 南武關, 西散關 北蕭關, 地居四關之中, 亦曰四塞."(今)

125) 關外 : 函谷關以東.(新)

126) 立石東海上朐界中 以爲秦東門 : 班志, 東海郡朐縣, 始皇立石海上, 以爲東門闕. 朐, 音劬.(胡)

127) 因徙三萬家驪邑 : 驪邑, 始皇之陵也. 漢自人君卽位, 卽治山陵, 及徙民治邑陵旁, 皆秦制也.(目)

128) 復 : 方目翻, 除也.(胡) 免除賦稅勞役.(新) 不事 : 不服徵役之事. 事, 復侍, 侍奉. 這句說, 一律免除他們十年的賦稅和勞役.(新)

129) 譏議 : 指責.(新)

曰, "盧生等, 朕尊賜之甚厚,[130] 今乃誹謗我![131] 諸生在咸陽者, 吾使人廉問,[132] 或爲妖言以亂黔首.[133]" 於是使御史悉案問諸生.[134] 諸生傳相告引,[135] 乃自除犯

扶蘇諫坑儒

禁者四百六十餘人,[136] 皆坑之咸陽,[137] ⁋使天下知之, 以懲後, 益發謫徙邊.[138]¶ 始皇長子扶蘇諫曰, "諸生皆誦法孔子.[139] 今上皆重法繩之,[140] 臣恐天下不安." 始皇怒, 使扶蘇北監蒙恬軍於上郡.[141]

【辛卯(前210) 始皇帝三十七年】

○【始皇崩於沙丘平臺】

始皇崩於沙丘平臺

冬, 十月, 始皇出遊, 左丞相斯從, 少子胡亥最愛, 請從, 上許之. ⁋十一月, 並海上,[142] 北至琅邪之罘.[143]

---

130) 尊賜之甚厚 : 過去很看重他們, 賞賜十分優厚.(新)
131) 乃 : 竟然.(新)
132) 廉問 : 察問.(今)
133) 誹謗 … 妖言 : 秦有誹謗妖言之罪, 漢除之.(胡)
134) 御史 : 秦置御史, 掌討姦猾, 治大獄, 御史大夫統之.(胡)
135) 傳相告引 : ① 謂甲引乙, 乙復引丙也.(胡) ② 互相告發, 彼此牽連.(新) 告引 : 告訴牽引.(綱合)
136) 乃 : 于是.(新) 自 : 始皇親自.(新) 除 : ① 判決.(新) ② 治罪.(漢字典)
137) 坑 : ① 陷殺之也.(中) ② 同'坑'.(漢)
138) 益發謫 : 徵發更多的流放人員.(新) 徙邊 : 去防守邊塞.(新)
139) 誦法孔子 : 誦孔子之言以爲法也.(胡)
140) 繩之 : 糾正.(今) 繩 : 束縛之義.(綱合)
141) 監蒙恬軍 : 任蒙恬的監軍.(新) 使扶蘇北監蒙恬軍於上郡 : 爲胡亥奪嫡殺扶蘇張本.(胡)
142) 並海上 : ① 沿海北上.(新) ② 附海而上也. 上, 音時掌反.(漢書 卷25上 郊祀志 第5上

見巨魚, 射殺之.[144] 遂並海⁋西, 至平原津而病.[145] 秋, 七月, 丙寅, 始皇崩於沙丘平臺.[146] 丞相斯爲上崩在外, 恐諸公子及天下有變, 乃祕之不發喪,[147] ⁋棺載轀涼車中,[148] 故幸宦者驂乘.[149] 所至,[150] 上食百官奏事如故,[151] 宦者輒從車中可其奏事.[152]⁋ 獨胡亥趙高及幸宦者五六人知之.

○【趙高矯詔立胡亥】

趙高矯詔立胡亥 趙高乃與丞相斯謀, 詐爲受始皇詔, 立胡亥爲太子, 更爲書賜扶蘇,[153] 數以不能闢地立功,[154] 上書誹謗, 扶蘇自殺 將軍恬不矯正, 知其謀, 皆賜死, 扶蘇自殺. ⁋蒙恬

顔師古注) 並 : ① 通'傍'. 沿着.(新前110年) ② 步浪翻.(胡)

143) 琅邪 : 郡名. 邪, 以遮切, 俗作琊, 亦作耶.(佩文韻府 下平聲 麻韻) 之罘 : 今山東省烟臺市西北的芝罘半島.(新前218年) 罘 : 音浮.(胡)

144) 射 : 而亦翻.(胡)

145) 平原津 : 平原縣境的黃河渡口.(新)

146) 沙丘平臺 : 沙丘宮的平臺. 沙丘宮在今河北省平鄉縣東北.(新)

147) 發喪 : 宣布死亡消息.(新)

148) 轀涼車 : ① 密閉曰轀, 傍開可通風爲輬, 此當是一種封閉嚴密而又有通風設備的車. 輬同'涼'. 因爲秦始皇棺載轀涼車, 後就成爲喪車的專名.(新) ② 如衣車, 有窗牖, 閉之則溫, 開之則涼, 故名.(胡)

149) 故幸宦者 : 秦始皇生前寵信的宦官.(新) 驂乘 : 卽陪乘. 古代乘車主座在左, 駕車者在中, 居右陪左的叫'驂乘'.(新)

150) 所至 : 皇帝所到之處.(新)

151) 上食 : 給皇帝進獻食物.(新)

152) 可其奏事 : (冒皇帝之名)批準他們的報告.(新)

153) 更 : 工衡翻, 改也.(胡)

154) 數 : 責備.(新) 闢地 : 開拓疆域.(新)

不肯死，使者以屬吏,[155] 繫諸陽周.[156] 會暑，轀車臭，乃詔從官令車載一石鮑魚以亂之.[157]¶ 胡亥至咸陽，發喪，襲位.[158]

○【葬始皇於驪山】

葬始皇於驪山 九月，葬始皇於驪山，下⁋錮三泉,[159] 奇器珍怪，徙藏滿之. 二世遂殺蒙毅及內史恬.¶

■ 二世皇帝[160]

在位三年，壽二十四年.

名胡亥. 繁刑重役，誅殺任情，罪盈怨積而天下叛之，在位三年. 爲趙高所殺,[161] 立子嬰爲王，凡四十六日而降于漢.

【壬辰(前209) 二世皇帝元年】

155) 屬吏：謂交給執法官吏處理.(漢)　屬：之欲翻.(胡)
156) 陽周：陽周縣屬上郡.(胡)
157) 鮑魚以亂之：用魚臭混淆尸臭.(新)　鮑魚：醃鹽魚，氣味腥臭.(新)
158) 襲：繼承.(新)
159) 下錮：灌熔銅使錮塞.(新)　錮者：冶銅錮塞之也.(胡)　三泉：三重泉，形容很深.(新)
160) 二世皇帝：諱胡亥，始皇少子也.(胡)
161) 殺：通'弑'(漢)

○【殺諸公子公主】

殺諸公子公主 騁六驥過決隙

春, 二世東行郡縣,[162] 夏至咸陽, 謂趙高曰, "人生世間, 譬猶騁六驥過決隙也.[163] 吾欲悉耳目之所好,[164] 窮心志之所樂,[165] 以終吾年壽, 可乎?" 趙高曰, "陛下嚴法而刻刑,[166] 盡除先帝之故臣, 更置陛下之所親信,[167] 則高枕肆志寵樂矣.[168]" 二世然之. 乃更爲法律,[169] 務益刻深, 大臣諸公子有罪, 輒下高鞠治之.[170] 於是公子十二人僇死咸陽市,[171] 十公主矺死於杜,[172] 財物入於縣官,[173] 相連逮者不可勝數.[174]

○復作阿房宮.[175] 盡徵材士五萬人屯衛咸陽.[176]

○【陳勝吳廣起兵於蘄】

---

162) 行 : 巡視.(新)
163) 騁 : 奔馳.(新) 六驥 : 六匹千里馬駕的車子.(新) 決隙 : 裂縫.(新)
164) 悉 : 盡情(滿足).(新)
165) 窮 : 盡情(做到).(新)
166) 嚴 : 嚴苛.(新) 刻 : 殘酷.(新)
167) 更 : 工衡翻.(胡)
168) 高枕肆志 : 縱其所欲而無所忌憚.(今) 寵樂 : 尊榮安樂.(新)
169) 更爲 : 修改, 修訂.(新)
170) 下高 : 交給趙高.(新) 鞠治 : 審訊治罪. 鞠, 通'鞫', 窮究, 審訊.(新)
171) 僇 : 通'戮'. 殺.(新)
172) 矺 : 同'磔', 古代一種分裂肢體的酷刑.(新) 杜 : 縣名, 在今陝西省西安市西南.(新)
173) 入 : 沒收.(新) 縣官 : 古代指皇帝.(新)
174) 相連 : 株連.(新) 逮 : 被捕.(新) 不可勝數 : 數也數不淸.(新)
175) 復 : 因喪事停工, 現在繼續建造, 故說復.(新)
176) 材士 : 健壯勇武的戰士.(新) 屯衛 : 守衛.(新)

陳勝吳廣起兵於蘄

秋，陽城人陳勝陽夏人吳廣起兵於蘄.[177] 是時，發閭左戍漁陽,[178] 九百人屯大澤鄉,[179] 勝廣皆爲屯長.[180] 會天大雨，道不通，度已失期,[181] 乃召令徒屬曰,[182] "公等皆失期當斬,[183] 且壯士不死則已，死則擧大名耳.[184] 王侯將相寧有種乎![185]" 衆皆從之. 乃詐稱公子扶蘇項燕,[186] 爲壇而盟，稱大楚，勝自立爲將軍，廣爲都尉.[187] 入據陳. 陳中父老請立涉爲楚王. 張耳陳餘曰,"秦爲無道，暴虐百姓，將軍出萬死之計,[188] 爲天下除殘.[189] 今始至陳而王之，示天下私.[190] 願將軍

王侯將相寧有種乎

---

177) 陽城：故城卽今河南省登封縣東南.(今) 陳勝：字涉，與吳廣同爲我國封建社會第一次農民起義領袖.(新) 陽夏：故城在今河南省太康縣.(今) 蘄：故治在今安徽省宿縣南.(今)

178) 發：徵發.(新) 閭左：① 指住在里巷左邊的居民. 秦制，富戶住閭右，貧民住閭左.(新) ② 凡居以富彊爲右，貧弱爲左. 秦役戍多富者，役盡，兼取貧弱而發之也.(胡) ③ 言居閭里之左也. 秦時，復除者居閭左，今力役煩，在閭左者盡發之也.(春) 戍：屯兵守衛.(新) 漁陽：縣名，在今北京市密雲縣西南.(新)

179) 大澤鄉：鄉名，在今安徽省宿縣東南劉村集附近.(新)

180) 屯長：人所聚爲屯，渠帥曰長.(今)

181) 度：徒洛翻.(胡) 失：誤.(新)

182) 徒屬：部屬.(漢)

183) 當斬：應當斬首.(岳白)

184) 擧大名：轟轟烈烈揚名後世.(新)

185) 寧：豈.(新)

186) 詐稱公子扶蘇項燕：冒稱是公子扶蘇和項燕的隊伍. 因百姓尊愛扶蘇而楚人同情項燕，以此爲號召.(新)

187) 都尉：戰國時官名，比將軍略低的武官.(新)

188) 萬死：生命極危險.(新)

189) 殘：暴虐無道之人.(新)

190) 示天下私：自立爲王，等于告訴天下人，起義是爲了个人私利.(新)

毋王,[191] 急引兵而西, 遣人立六國後,[192] 自爲樹黨,[193] 爲秦益敵,[194] 敵多則力分, 與衆則兵彊.[195] 誅暴秦, 據咸陽, 以令諸侯, 則帝業成矣." 涉不聽, 自立爲王, 諸郡縣苦秦法, 爭殺長吏以應涉.[196]

陳勝爲陳王

○【羣盜鼠竊狗偸】

羣盜鼠竊狗偸

謁者使從東方來,[197] 以反者聞.[198] 二世怒, 下之吏.[199] 後使者至,[200] 上問之, 對曰, "羣盜鼠竊狗偸,[201] 不足憂也." 上悅.

○【武信君爲趙王】

武信君爲趙王

陳王以陳人武臣爲將軍,[202] 以張耳陳餘爲左右校尉,[203] 予卒°三˙千人,[204] 徇趙. 使周文西擊秦.[205] 武臣等行

---

191) 毋：勿, 不要.(新)
192) 六國：指戰國時的齊楚燕韓趙魏.(新)　後：後代.(新)
193) 自爲樹黨：爲自己建立同盟軍.(新)　樹黨：培植黨與.(今)
194) 爲秦益敵：給秦朝增加敵對勢力.(新)
195) 與：同盟.(新)
196) 長吏：指地方官吏.(新前63年)
197) 謁者使：是說秦朝謁者出使東方返咸陽. 謁者, 官名, 掌傳達, 有時也奉命出使.(新)
198) 以反者聞：把造反的人報告二世. 聞, 奏, 上達.(新)
199) 下之吏：把謁者交給司法官治罪.(新)
200) 後使者：以後的使者.(新)
201) 鼠竊狗偸：小偸小摸.(新)
202) 陳王：陳勝.(綱鑑)　武臣：姓武, 名臣.(今)
203) 校尉：官名, 僅次于將軍.(新)
204) 三：(春)本作'二', 誤.(◉)

收兵，得數萬人，號武臣爲武信君．下趙三十餘城．八月，武信君自立爲趙王．

○【劉邦起兵於沛】

劉邦起兵於沛

九月，沛人劉邦起兵於沛，[206] 下相人項梁起兵於吳，[207] 狄人田儋起兵於齊．[208] 劉邦，字季，爲人隆準龍顔，[209] 左股有七十二黑子．[210] 愛人喜施，[211] 意豁如也，[212] 常有大度，不事家人生産作業．[213]

○【劉邦繇咸陽】

劉邦繇咸陽

史記本紀曰，[214] "常繇咸陽，[215] 縱觀秦皇帝，[216] 喟然太

---

205) 周文：又名周章.(新)

206) 沛：縣名，今江蘇省沛縣.(新)

207) 下相：縣名，今江蘇省宿遷縣西南.(新) 項梁：楚將項燕之子，項羽的叔父.(新) 吳縣：會稽郡治所，故吳都也.(胡) 吳：今蘇州市.(新)

208) 狄：縣名，今山東省博興縣西.(新) 田儋：曾起兵自立爲齊王，被秦將章邯所殺.(新) 齊：田儋起兵于狄，原屬齊地.(新)

209) 隆準：高鼻梁.(新) 準：① 音準.(綱合) ② 之尹切，俗作准．隆準.(佩文韻府，上聲11，軫韻) ③ 服虔曰，準，音拙．應劭曰，隆，高也．準，頰權準也．顔，額顙也．李斐曰，準，鼻也．文穎曰，音準的之準．晉灼曰，戰國策云，眉目準頞權衡．史記，秦始皇蜂目長準．李說文音是也．師古曰，頰權頔字，豈當借準爲之．服音應說皆失之.(胡) ④ 音拙.(綱鑑) ⑤ 職悅切，應劭曰，準，頰權準也．李斐曰，準，鼻也.(佩文韻府，入聲9，屑韻) ⑥ 今大率讀之尹切.(◉) 龍顔：上額突起，像龍額．舊時指帝王之相.(新)

210) 股：大腿.(新) 黑子：今俗謂之痣.(今)

211) 施：拯濟窮乏.(今)

212) 意豁如：性格開良豁達.(新)

213) 事：幹，從事.(新) 家人：平民百姓.(新) 生産作業：指農業勞動.(新)

214) 本紀：史記高祖本紀.(◉)

215) 常：① 秘閣本，常作'嘗'.(史記 高祖本紀 考證) ② 通'嘗'.(漢) 繇：役也.(春) 咸陽：山南曰陽，水北亦曰陽．其地在渭水之北，又在九嵕諸山之南，故曰咸陽.(史記 高祖本紀

息曰, '嗟乎! 大丈夫當如此矣.'"

○【呂公見季狀貌 以息女與劉季】

呂公見季狀貌以息女與劉季

單父人呂公,[217] 好相人,[218] 見季狀貌, 因重敬之曰, "臣相人多矣,[219] 無如季相, 願季自愛. 臣有息女,[220] 願爲箕箒妾.[221]" 卒與劉季, 乃呂后也.

○【季所居上 常有雲氣】

季所居上 常有雲氣

秦始皇帝常曰, "東南有天子氣." 於是因東遊以厭之.[222] 季卽自疑亡匿, 隱於芒碭山澤間.[223] 呂后與人俱求, 常得之. 季怪問之, 呂后曰, "季所居上, 常有雲氣, 故從往常得季.[224]" 沛中子弟聞之, 多欲附者.[225]

索隱)

216) 縱觀 : 恣意故縱觀.(史記 高祖本紀 正義) 縱 : 放也.(要)

217) 單父 : 濟陰單父縣, 音'善甫'.(春) 呂公 : 魏人, 呂公名文, 字叔平也.(史記 高祖本紀 索隱)

218) 相人 : 給人看相.(新)

219) 臣 : 古人相與語, 多自稱臣, 自卑下之道, 若今人相與語, 皆自稱僕.(史記 高祖本紀 集解)

220) 息女 : 息, 生也, 謂所生之女也.(史記 高祖本紀 正義)

221) 箕箒妾 : 爲妾以供灑掃也.(要)

222) 厭 : ① 音一涉反, 又一冉反. 厭, 鎭也.(史記 高祖本紀 索隱) ② 厭, 禳也. 禳之言攘也, 除癘殃.(要) ③ 猒, 與'厭'同.(中)

223) 芒碭 : 二山名, 在今安徽省碭山縣東南, 芒山在北, 碭山在南, 其間相距八里.(新)

224) 從往常得季 : ① 高祖隱處, 豈不陰語呂后耶. 隱而求, 求而怪, 皆所以動衆也.(史記, 高祖本紀, 考證) ② 言隨雲氣所在而求得之.(漢書 高帝紀)

225) 附 : 追隨.(新)

○【壯士願從劉邦者十餘人】

壯士願從劉邦者十餘人

初爲泗上亭長,[226] 爲縣送徒驪山,[227] 徒多道亡.[228] 自度比至皆亡之,[229] 乃解縱所送徒曰,[230] "公等皆去, 吾亦從此逝矣![231]" 徒中壯士願從者十餘人.

○【季拔劍斬蛇】

季拔劍斬蛇

劉季被酒,[232] 夜徑澤中,[233] 有大蛇當徑, 季拔劍斬蛇.

赤帝子斬白帝子

後人來至蛇所, 有老嫗夜哭曰,[234] "吾子, 白帝子也,[235] 化爲蛇, 當道, 今赤帝子斬之.[236]" 嫗因忽不見.[237] 後人告劉季, 季乃心獨喜自負,[238] 諸從者日益畏之.

---

226) 泗上：江蘇省沛縣東泗水之濱.(新) 亭長：① 古時十里一亭, 置亭長, 掌管治安訴訟之事.(新) ② 戰國時, 國與國之間爲防御敵人, 在邊境上設亭, 置亭長. 秦漢時在鄕村每十里設一亭, 置亭長, 掌治安, 捕盜賊, 理民事, 兼管停留旅客. 多以服兵役期滿的人充任.(漢) ③ 秦法, 十里一亭. 亭長, 主亭之吏, 亭, 謂停留客旅宿食之館. 括地志, 泗水亭, 在徐州沛縣東一百步, 有高祖廟.(胡)

227) 徒：卽徒刑.(國)

228) 道亡：① 中途逃跑.(新) ② 未至驪山, 中道而逃亡.(今)

229) 度：徒洛翻.(胡) 比：等到.(新)

230) 解縱：解開繩索放掉.(新)

231) 逝：逃亡.(今)

232) 被酒：飮酒薰醉.(今)

233) 徑：小路. 此用作動詞, 抄小路走.(新)

234) 老嫗：老年的女人.(新)

235) 白帝子：秦以居西戎, 主少昊之神, 作西畤祠白帝矣.(國) 白帝：古代傳說中五天帝之一, 位于西方. 秦襄公供奉白帝, 自稱爲白帝的子孫, 白帝成爲秦的象徵.(新)

236) 赤帝：傳說中的五天帝之一, 位于南方. 劉邦自稱是赤帝的子孫. 西方金, 南方火, 火克金. 赤帝子孫殺白帝子, 預示漢滅秦.(新) 斬：(胡)本作'殺', 而太平御覽卷881亦作'斬', 則兩存亦可.(◉)

237) 見：音胡電反, 他皆類此.(漢書 卷1上 高帝紀 顔師古註)

238) 負：① 恃也.(史記 高祖本紀 集解) ② 自恃斬蛇事.(史記 高祖本紀 索隱)

○【父老立季爲沛公】

父老立季爲沛公

及陳涉起, 沛令欲以沛應之. 掾主吏蕭何曹參曰,[239] "君爲秦吏, 今欲背之, 率沛子弟, 恐不聽. 願君召諸亡在外者, 可得數百人, 因劫衆, 衆不敢不聽." 乃令樊噲召劉季.[240] 時劉季之衆已數十百人矣,[241] 沛令後悔, 父老乃率子弟共殺沛令, 開門迎劉季, 立以爲沛公.[242] 旗幟皆赤,[243] 由所殺蛇者赤帝子故也. 蕭曹等爲收沛子弟, 得三千人, 以應諸侯.

○【項梁起兵於吳】

項梁起兵於吳

項梁者, 楚將項燕子也, 嘗殺人, 與兄子籍避仇吳中. 籍少時學書,[244] 不成, 去,[245] 學劍,[246] 又不成. 項梁怒之. 籍曰, "書, 足以記名姓而已. 劍, 一人敵, 不足學, 學萬人敵." 於是項梁乃教籍兵法, 籍長八尺

書足以記名姓而已

學萬人敵

---

239) 掾 : 縣令屬吏. 曹參曾做過掌管刑獄的獄掾.(新) 主吏 : 縣令屬吏. 主管總務人事, 參與政務. 蕭何曾做過沛縣主吏.(新)

240) 樊噲 : ① 劉邦同鄕, 原以屠狗爲業, 後爲劉邦得力將領, 曾任左丞相, 封舞陽侯.(新) ② 樊噲是劉邦之連襟(同壻).(◉)

241) 數十百人 : 數十人或至百人. 則是百人以下也.(史記 高祖本紀 索隱)

242) 沛公 : 楚制, 縣令爲公, 劉邦從楚制稱公.(新)

243) 幟 : 亦旗也.(要)

244) 學書 : 學習認字和寫字.(新)

245) 去 : 放棄(學書).(新)

246) 學劍 : 學劍習武.(新)

籍力能扛鼎才氣過人

餘，力能扛鼎，[247] 才氣過人.[248]

會稽守殷通聞陳涉起，[249] 欲發兵以應涉，使項梁將. 梁乃使籍拔劍斬守頭.『項梁持守頭，』佩其印綬.[250] 門下大驚，[251] 擾亂，籍所擊殺數十百人，[252] 一府中皆慴伏，[253] 莫敢起. 梁乃擧吳中兵，[254] 使人收下縣，[255] 得精兵八千人. 梁爲會稽守，籍爲裨將，[256] 徇下縣.[257] 籍是時年二十四.[258]

○田儋者，故齊王族也.[259] 自立爲齊王，率兵東略定齊地.[260]

○韓廣自立爲燕王.

○周市立魏公子咎爲魏王.

---

247) 扛：以兩手擧物.(今)

248) 才氣：(新)本作'才器'，史記項羽本紀作'才氣'，則兩存亦可.(◉) 才器：才幹氣度識見.(新)

249) 會稽守殷通：爾時未言太守. 戰國之時郡守只稱守，景帝中二年七月始曰太守. 武王克商，子孫分散，以殷爲氏.(胡) 會稽：郡名，治所在今蘇州市.(新)

250) 印：印章.(新) 綬：穿縛印紐的帶子.(新)

251) 門下：指郡守的侍從護衛之人.(新)

252) 所擊殺數十百人：言所殺自數十至百人也.(胡)

253) 慴伏：因畏懼而屈服.(新) 慴：失氣也，音之涉翻.(胡)

254) 擧：調集.(新)

255) 收下縣：徵集下屬各縣的丁壯.(新) 下縣：會稽管下諸縣.(要)

256) 裨將：① 副將.(漢) ② 將之偏副曰裨，助也.(要)

257) 徇：有鎭撫巡視之意.(新)

258) 籍是時年二十四：項籍始此.(胡)

259) 故齊王族：田儋是齊田氏的後裔.(新)

260) 略定：① 占領.(新) ② 言略地定之.(國)

【癸巳(前208) 二世皇帝二年】

○【李斯說二世行督責】

李斯說二世行督責

二世數誚讓李斯,[261] "居三公位,[262] 如何令盜如此!" 李斯恐懼, 乃阿二世意,[263] 以書對曰, "賢主, 必能行督責之術.[264] 以獨斷於上,[265] 羣臣百姓救過不給,[266] 何變之敢圖![267]" 二世說,[268] 於是行督責益嚴,[269] 稅民深者爲明吏,[270] 殺人衆者爲忠臣, 刑者相半於道,[271] 而死人日成積於市,[272] 秦民益駭懼思亂.

稅民深者爲明吏 殺人衆者爲忠臣

死人日成積於市 秦民益駭懼思亂

○趙將李良襲殺趙王,[273] 張耳陳餘收散兵, 擊良, 乃求趙後, 立趙歇爲趙王.[274]

○【莊賈弒陳涉】

---

261) 數：所角翻.(胡) 誚讓：責備.(新)
262) 三公：秦以丞相太尉御史大夫爲三公, 漢因之.(今)
263) 阿：① 順.(今) ② 迎合.(新)
264) 督責：察其罪行, 而責之以刑罰.(今) 責：治.(新)
265) 獨斷於上：君主專斷於上.(今)
266) 救過：糾正過錯.(新) 不給：來不及.(新)
267) 何變之敢圖：哪裏還敢謀反.(新)
268) 說：讀曰'悅'.(胡)
269) 督責：督察責罰. 督促責備.(漢)
270) 稅民深者爲明吏：向人民徵收重稅的官吏被認爲是賢明的官吏.(新)
271) 刑者相半於道：言路上行人, 半數皆受刑罰.(今) 相：有.(新)
272) 死人日成積於市：言遭刑戮而死之人每日積於市上.(今)
273) 李良：武臣的部將, 殺武臣, 降章邯.(新)
274) 歇：蘇林音如字, 鄭德音遏絶之遏, 徐廣音烏轄反, 今依字讀.(史記 卷8 高祖本紀 索隱)

莊賈弑陳涉

二世益遣⁌長史⁍司馬欣董翳佐章邯擊盜.[275] 陳王敗走, 其御莊賈殺陳王以降.[276]

○【張良道遇沛公 遂屬焉】

張良道遇沛公遂屬焉

陳人秦嘉起兵於郯,[277] 聞陳王軍敗, 乃立景駒爲楚王.[278] 景駒在留,[279] 沛公往從之. 張良亦聚少年百餘人, 道遇沛公, 遂屬焉. 良數以太公兵法說沛公,[280] 沛公善之, 常用其策. 良爲他人言,[281] 皆不省.[282] 良

沛公殆天授

曰, "沛公殆天授.[283]" 故遂從不去.[284]

○【項梁八千人渡江】

項梁八千人渡江

項梁以八千人渡江而西.

---

275) 二世 … 擊盜 : 時章邯爲上將, 將兵東討, 故使欣爲長史以佐之.(胡) 董翳 : 時爲都尉.(新) 章邯 : ① 邯, 下甘翻.(胡前209年) ② 邯, 音酣.(春) ③ 酣, 匣聲談韻. 下, 匣聲. 甘, 談韻.(漢字典) ④ 邯, 音寒.(綱鑑前209年) ⑤ 邯, 國音以姜邯贊之例, 當讀曰'감'.(◉)

276) 殺 : (綱鑑)頭註曰, "莊賈弑陳涉," 則'殺'當讀曰'弑'.(◉) 御 : 車夫.(新)

277) 陳人秦嘉 : 陳當作淩, 陳勝傳作淩人秦嘉. 秦, 姓也. 春秋時, 魯有秦堇父. 班志曰, 東海郡, 漢高帝置. 應劭注曰, 卽秦郯郡. 余按裴駰所云三十六郡, 本亦無郯郡, 漢東海郡則治郯耳.(胡) 郯 : 故城在今山東省郯城縣西南.(今)

278) 景駒 : 楚舊貴族, 後爲項梁擊敗, 身死.(新)

279) 留 : 班志, 留縣屬楚國. 括地志, 留城在徐州沛縣東南五十里, 卽張良封處.(胡)

280) 數 : 音朔.(目) 太公兵法 : 相傳爲太公呂尙所著.(新) 太公 : 卽姜尙, 字子牙, 呂太公望.(新) 說 : 輸芮翻.(胡)

281) 爲 : 于僞翻.(胡)

282) 省 : 悉井翻, 察也.(胡)

283) 殆 : 訓近也.(史記 卷55 留侯世家 索隱) 天授 : 上天所授.(漢)

284) 遂從不去 : 張良從沛公始此.(胡) 從 : (資治)作'留', 史記留侯世家作'從', 則兩存亦可.(◉)

○【黥布屬項梁】

黥布屬項梁

黥布者,[285] 六人也,[286] 姓英氏, 亡之江中爲群盜.[287] 聞項梁渡淮, 引兵屬焉.

○項梁衆°凡˙六七萬人,[288] 軍下邳,[289] 進擊秦嘉景駒, 殺之.

○【項梁予沛公卒五千人】

項梁予沛公卒五千人

沛公往見梁, 梁予沛公卒五千人.

○【項羽拔襄城 皆坑殺】

項羽拔襄城皆坑殺

項梁使項羽別攻襄城, 襄城堅守不下, 已拔, 皆坑之.

○【范增請立楚懷王】

范增請立楚懷王

梁聞陳王定死,[290] 召諸別將會薛計事,[291] 沛公亦往焉. 居鄛人范增,[292] 年七十, 素居家,[293] 好奇計, 往說項梁曰, "陳勝首事,[294] 不立楚後而自立, 其勢不長. 今

---

285) 黥布 : 卽英布, 因被黥刑, 故稱黥布.(新)
286) 六 : 古國名, 秦改爲縣, 在今安徽省六安市東北.(新)
287) 江 : 長江. 指長江邊一帶.(新)
288) 凡 : ① (春)本作'至', 誤.(◉) ② 總共.(新)
289) 下邳 : 縣名, 今江蘇省邳縣西南.(新)
290) 陳王定死 : 言陳王確實已死.(今) 陳王 : 陳勝.(綱鑑前209年)
291) 別將 : 謂小將別在他所者.(漢書 卷1上 高帝紀 第1上 顔師古注)
292) 居鄛 : 縣名, 在今安徽省巢縣東北五里.(新) 范增 : 項羽的謀士.(新)
293) 素居家 : 一直家居, 未出外任事.(新)
294) 首事 : 謂最先起兵.(目)

君起江東，楚蠭起之將皆爭附君者,[295] 以君世世楚將，能復立楚之後也.” 於是項梁然其言,[296] 乃求得楚懷王孫心，立以爲楚懷王，從民望也.[297] 項梁自號爲武信君.

項梁爲武信君

○【張良請立韓成】

張良請立韓成

張良說項梁曰，“君已立楚後，而韓諸公子橫陽君成最賢,[298] 可立爲王，益樹黨.[299]” 梁使良求韓成，立以爲韓王.

○【項梁破秦兵】

項梁破秦兵

章邯擊魏，齊王儋及楚將項它皆將兵救魏. 章邯大破齊楚軍，殺齊王儋. 魏王咎自燒殺.[300] 其弟豹亡走楚,[301] 楚懷王予兵數千人，復徇魏地.[302] 立爲魏王，田榮收兄儋餘兵，東走東阿,[303] 章邯追圍之. 武信君

---

295) 蠭起之將：紛紛起義的諸將領.(新)　蠭起：如蠭之起，言衆多.(新)　附：歸附.(新)

296) 然其言：然作動詞用，言以其言爲然.(今)

297) 從民望也：言項梁求得楚懷王之孫名心者，立以爲楚懷王，蓋順民望，以其祖謚爲號.(今)

298) 諸公子：戰國時諸王之子，均以諸公子稱之.(今)　橫陽君成：卽韓成，橫陽君是他的封號.(新)

299) 益樹黨：(如果封韓國後裔立國，更可以)增加楚國的同盟軍.(新)

300) 咎自殺：但欲全其人而身自不降.(漢書 卷33 魏豹田儋韓王信傳 第3 顔師古注)　殺：(春)本作'死'，'殺'與'死'義同，而據(資治)改.(◉)

301) 走：(春)本作'之'，誤'.(◉)

302) 徇：奪取.(新)

303) 東阿：縣名，今山東省陽穀縣東北阿城鎭.(新)

引兵擊破章邯軍東阿下，追至濮陽，又破之.

○【趙高蔽主專權】

趙高蔽主專權 郎中令趙高恃恩專恣,[304] 以私怨誅殺人衆多，恐大臣入朝奏事言之，乃說二世曰，“天子所以貴者，但以聞聲，羣臣莫得見其面也.[305] 陛下不如深拱禁中,[306] 與臣及侍中習法者待事,[307] 事來有以揆之.[308] 如此，則大臣不敢奏疑事,[309] 天下稱聖主矣.” 二世用其計，乃不坐朝廷見大臣，常居禁中，事皆決於趙高.

○【殺李斯】

殺李斯 高聞李斯以爲言,[310] 乃曰，“丞相長男李由爲三川守,[311] 與盜通. 且丞相居外，權重於陛下.” 二世以爲然，乃

304) 郎中令：官名，九卿之一，掌管宮殿門戶及百官出入.(新) 郞：古廊，郎中卽廊門之中，指距君王所在之處甚近之地.(新) 恃恩：趙高矯始皇遺詔，殺太子扶蘇，二世始得卽位.(新) 專恣：獨斷專行，爲所欲爲.(新)

305) 但以聞聲，羣臣莫得見其面也：是因爲羣臣只能聽到他的聲音，而不能見到他的容顔的緣故.(新) 但：只是.(新) 以：因.(新)

306) 深拱：① 深居宮中，不理政務. 拱，帝王不親理事務.(新) ② 深居拱手也. 斂手曰拱.(國) 禁中：① 指帝王所居宮內，外臣不得擅入.(新) ② 門戶有禁，非侍御者不得入，故曰禁中.(要)

307) 與：以，由.(新) 臣：趙高本人.(新) 侍中：官名，秦置五人，往來殿內奏事.(今) 習法者：熟悉法令的人.(新) 待事：接待大臣奏事.(新)

308) 揆之：研究處理.(新)

309) 疑事：疑難不實之事.(新)

310) 高聞李斯以爲言：斯欲諫而高先聞之.(國) 以爲言：以之爲言. 之，指趙高令二世深拱禁中這件事. 爲言，有不滿的話.(新)

311) 三川守：三川郡守.(春)

使人按驗三川守與盜通狀.[312] 下斯吏,[313] 斯就獄. 二世以屬趙高治之,[314] 具斯五刑論,[315] 腰斬咸陽市. 斯出獄, 與其中子俱執.[316] 顧謂其中子曰, "吾欲與若復牽黃犬,[317] 俱出上蔡東門逐狡兎,[318] 豈可得乎!" 遂父子相哭而夷三族.[319] 二世以趙高爲丞相, 事無大小皆決焉.

具斯五刑論 腰斬咸陽市

趙高爲丞相

○【項梁敗死】

項梁已破章邯, 引兵, 至定陶, 再破秦軍. 項羽沛公又與秦軍戰於雍丘,[320] 大破之, 斬李由. 梁益輕秦, 有驕色. 宋義諫曰, "戰勝而將驕卒惰者, 敗. 臣爲君畏之[321]" 梁弗聽. 二世悉起兵益章邯擊楚軍,[322] 大破之定陶, 項梁死.

項梁敗死

戰勝而將驕卒惰者敗

---

312) 按驗 : 查驗.(新)　通 : 暗中句結.(新)　狀 : 具體情況.(新)

313) 下吏 : 交付司法官審訊.(新)

314) 屬 : 音燭, 委也.(目)

315) 具 : 判決.(新)　五刑 : ① 秦漢時爲黥劓斬左右趾梟首菹其骨肉.(漢) ② 當三族者, 皆先黥劓斬左右止, 笞殺之, 梟其首, 菹其骨肉於市. 其誹謗詈詛者, 又先斷舌. 故謂之具五刑.(漢書 卷23 刑法志 第3)　論 : 定罪.(新)

316) 中子 : ① 次子.(新) ② 中讀曰仲.(胡)　俱執 : 一同被押解.(新)

317) 若 : 汝.(新)

318) 上蔡 : 邑名. 在今河南省上蔡縣西南.(新)

319) 父子相哭 : 李由楚兵殺之, 此乃仲子也.(要)　夷 : 滅.(新)　三族 : 父族母族妻族.(新)

320) 雍丘 : 縣名, 在今河南省杞縣.(新)

321) 畏 : 擔憂.(新)

322) 悉 : 全部.(新)　益 : 增援.(新)　邯 : ① 胡甘切.(綱) ② 音酣.(春)

○【項羽爲魯公】

項羽爲魯公

⁋楚懷王封項羽爲長安侯，號爲魯公.¶

○【宋義爲上將軍 號爲卿子冠軍】

宋義爲上將軍號爲卿子冠軍

章邯已破項梁，乃渡河,[323] 北擊趙，趙數請救於楚.[324] 楚王以宋義爲上將軍,[325] 項羽爲次將,[326] 以救趙. 諸別將皆屬宋義,[327] 號爲'卿子冠軍'[328].

○【懷王遣沛公入關】

懷王遣沛公入關

初，楚懷王與諸將約，"先入定關中者王之.[329]" 當是時，秦兵彊，常乘勝逐北,[330] 諸將莫利先入關,[331] 獨項羽怨秦之殺項梁，奮°˙願與沛公西入關.[332] 懷王諸

襄城無遺類

老將皆曰,[333] "項羽爲人，慓悍猾賊,[334] 嘗攻襄城，襄

323) 河：黃河.(新)
324) 數：所角翻.(胡)　請：求.(新)
325) 楚王以宋義爲上將軍：義嘗以梁有驕色，諫曰，"將驕卒惰者敗." 後果敗. 楚王聞其先策，以爲上將也.(要)　將驕卒　上將軍：諸將軍的首領.(新)
326) 次將：副將.(新)
327) 別將：配合主力軍部隊作戰的將領.(新)
328) 卿子冠軍：① 卿子，時人相褒尊之稱，猶言公子. 冠軍，以其爲上將，故曰冠軍.(今) ② 冠者，加於首上，言功冠諸軍之上也.(春)
329) 關中：地區名. 一般指函谷關以西，散關以東，蕭關以南，武關以北爲關中.(新)　王：封爲王. 用作動詞.(新)
330) 逐北：軍走曰北，北如字，一音敗.(春)　北：如字，則國音'북'，一音敗，則國音'배'，而大率以'배'讀之.(◉)
331) 莫利先入關：言莫有以入關爲利者，蓋畏秦也.(胡)
332) 奮：激憤.(新)　°˙：(春)本作'身'，當削.(◉)
333) 諸老將：指楚舊時遺臣.(新)

城無遺類,[335] 諸所過無不殘滅.[336] 不如更遣長者,[337] 扶義而西,[338] 告諭秦父兄. 秦父兄苦其主久矣, 今誠得長者往, 無侵暴, 宜可下.[339] 羽不可遣, 獨沛公素寬大長者, 可遣." 懷王乃不許項羽, 而遣沛公西略地.

【甲午(前207) 二世皇帝三年】

○【項羽破秦軍】

項羽破秦軍 冬, 十月, 宋義行至安陽,[340] 留四十六日不進. 羽曰, "國兵新破,[341] 王坐不安席,[342] 掃境內屬將軍,[343] 國家安危, 在此一擧. 今不恤士卒而徇其私,[344] 非社稷之臣也.[345]"

項羽斬宋義 十一月, 項羽『晨朝上將軍宋義,[346]』 卽其

334) 慓悍：輕捷勇猛.(新) 猾賊：奸猾, 凶殘.(新)

335) 無遺類：一介不剩.(新)

336) 諸所過：所有項羽經過的地方.(新)

337) 更遣：改派.(新) 長者：寬厚而老成持重的人.(新)

338) 扶義而西：① 言仗大義而西往也.(春) ② 扶義, 按照仁義辨事. 暗指不要像項羽那樣凶狠殘暴, 亂殺無辜.(新)

339) 宜可下：應該是可以攻下的.(新)

340) 安陽：邑名, 在今山東省曹縣東南.(新)

341) 國兵新破：指楚軍大敗于定陶, 項梁死, 楚王心遷避彭城. 國兵, 楚人自稱其本國軍隊.(新) 新：新近剛剛.(中白)

342) 王坐不安席：言楚懷王不能安然坐於王位. 古人席地而坐, 故曰坐不安席.(今)

343) 掃境內而屬於將軍：把全國兵力全部交給宋義. 掃, 全部. 境內, 全國. 屬, 委託.(新) 屬：之欲翻.(胡)

344) 徇其私：言營其私情, 指宋義親送其子相齊事.(今)

345) 社稷之臣也：捍衛國家之臣.(今)

帳中斬宋義⁋頭. 懷王因使羽爲上將軍.[347] 十二月, 項

沈船破釜 羽⁋乃悉引兵渡河, 皆沈船, 破釜甑, 燒廬舍,[348] 持三

日粮, 以示士卒必死,[349] ⁋無一還心.[350]⁋ 於是與秦軍

遇, 九戰,[351] 大破之, 虜王離.[352]

○【諸侯皆屬於項羽】

諸侯皆屬於項羽 當是時, 楚兵冠諸侯,[353] °項羽由˙是始爲諸侯上將

軍,[354] 諸侯皆屬焉.

○【彭越從沛公】

彭越從沛公 春, 二月, 沛公北擊昌邑,[355] °遇˙彭越,[356] 越以其兵

從沛公. °☞˙[357]

○【沛公溺儒冠】

---

346) 朝 : ① 直遙翻.(胡) ② 參見.(新)

347) 卽其帳中 : 就在宋義的營帳中.(新) 卽 : 就也.(國)

348) 廬舍 : 軍隊臨時之居所也.(中)

349) 必死 : 不勝卽死. 拼死作戰.(新)

350) 無一還心 : 沈船, 破釜甑, 燒廬舍, 都表示自斷退路, 無一生還的必死決心.(新)

351) 九戰 : 多次戰鬪. 九在古漢語中表示多數.(新)

352) 王離 : ① 秦將. 初爲蒙恬裨將. 秦二世殺蒙恬, 以恬軍屬之, 駐上郡. 後隨章邯擊趙, 圍鉅鹿. 項羽引兵救趙, 絶甬道, 斷其軍糧, 離爲所虜.(人) ② 秦將軍邯之裨將.(國)

353) 冠諸侯 : 在各路救援鉅鹿的反秦軍之上.(新) 冠 : 古玩翻.(胡)

354) 項羽由 : (春)本作'於', 誤.(◉)

355) 昌邑 : 縣名, 在今山東省金鄉縣西北.(新)

356) 遇 : (春)本作'過', 誤.(◉) 彭越 : 字仲, 昌邑人, 秦末起兵, 在梁地往來作戰. 後助漢王劉邦破項羽, 立爲梁王.(新)

357) °☞˙ : 此文當在'丙申(前205)'之'項王雖聞漢東'以下條.(◉)

沛公溺儒冠

沛公引兵西過高陽.[358] 高陽人酈食其,[359] 爲里監門.[360] 沛公麾下騎士適食其里中人,[361] 食其見, 謂曰, "吾聞沛公慢而易人,[362] 多大略,[363] 此眞吾所願從游.[364]" 騎士曰, "沛公不好儒,[365] 諸客冠儒冠來者,[366] 沛公輒解其冠, 溲溺其中,[367] 未可以儒生說也.[368]" 酈生曰,[369] "第言之.[370]" 騎士從容言,[371] ⁋如酈生所誡者.[372]⁋

○【沛公輟洗見酈生】

沛公輟洗見酈生

酈生長揖不拜

⁋沛公⁋至高陽傳舍,[373] 使人召酈生.[374] 酈生至, 入謁.[375] 沛公方倨牀,[376] 使兩女子洗足而見酈生. 酈生

358) 高陽 : 鄕名, 在今河南省杞縣西南.(新)
359) 酈食其 : ① 見漢高祖時年六十餘, 常爲說客, 出使諸侯.(新) ② 音歷異基.(今)
360) 爲里監門 : 爲里門之看守者.(今)
361) 麾下 : 謂將旗之下. 卽部下.(漢) 麾 : 大將之旗也, 所以指麾.(要) 適 : 正好是.(新)
362) 慢而易人 : 言沛公爲人雖傲慢而平易近人.(今) 易 : 輕小也.(要)
363) 多大略 : 富有遠大的謨略.(新)
364) 所願從游 : 願意結交的人, 游, 交游, 交往.(新)
365) 儒 : 儒學.(新)
366) 冠儒冠 : ① 戴儒生帽子.(新) ② 戴儒者之冠. 上冠字音灌, 作動詞用.(今)
367) 溲溺其中 : 往儒生帽子裏撒尿.(新) 溲溺 : 小便.(今) 溺 : 乃釣反.(春)
368) 未可以儒生說也 : 你可不能以儒生的身分去遊說.(新)
369) 酈生 : 酈食其.(◉)
370) 第 : 但.(今)
371) 從容 : 舒緩不迫.(新)
372) 誡 : 囑咐.(新)
373) 傳舍 : ① 古時供行人休息住宿的處所. 旅館.(新) ② 傳者, 轉轉相傳之義. 舍, 亭也, 猶今館驛.(春)
374) 召 : 請.(新)
375) 入謁 : 送上名片.(新)

ᑊ入, 則ᑉ長揖不拜,[377] 曰, “足下必欲誅無道秦,[378] 不宜倨見長者.[379]” 於是沛公輟洗,[380] 起, 攝衣,[381] 延生上坐,[382] 謝之.[383] 酈生因言六國縱橫時.[384] 沛公喜, 問曰, “計將安出?” 酈生曰, “足下起糾合之衆,[385] 收散亂之兵, 不滿萬人, 欲以徑入彊秦,[386] 此所謂探虎口者也.[387] 夫陳留,[388] 天下之衝,[389] 四通五達之郊也,[390] 今其城中又多積粟. 臣善其令,[391] 請得使之令下足下,[392] 卽不聽,[393] 足下引兵攻之,[394] 臣爲內應.” 於是

---

376) 倨牀 : ① 坐在床邊. 倨, 通'踞', 叉開腿坐着. 見賓客而倨坐, 不整飭儀容, 是一種不禮貌的態度.(新) ② 憑几而坐.(綱合)

377) 長揖 : 拱手自上而至極下.(新) 拜 : 下跪, 低頭與腰平, 兩手至地. 表示恭敬的一種禮節. 酈生長揖不拜, 表示不卑不亢.(新)

378) 足下 : 古代下稱上或同輩相稱的敬詞.(漢)

379) 不宜倨見長者 : 就不應該用這種傲慢無禮的態度來接見年長的人.(新) 長者 : 老人也, 食其自謂也.(要)

380) 輟洗 : 言沛公停止洗足.(今)

381) 攝衣 : ① 起而持其衣也.(要) ② 整衣.(今)

382) 延上坐 : 請坐上座.(新)

383) 謝之 : 向酈食其謝罪.(今)

384) 言六國縱橫時 : 講戰國時各諸侯國合縱連橫互相兼竝鬪爭可借鑒的史事. 時 : 時勢.(新)

385) 糾合之衆 : 卽烏合之衆, 未經訓練.(新) 糾合 : 繩三合曰糾, 糾合, 猶言締結也. 一說, 糾, 督也.(要)

386) 徑入 : 直入也.(中)

387) 探虎口 : 比喩深入險境.(漢)

388) 陳留 : 縣名, 今河南省陳留縣.(新)

389) 衝 : ① 交通要道.(新) ② 通道也.(國)

390) 四通五達 : 四面往來通之, 並數中央爲五達. 此喩地無險阻.(今)

391) 善 : 友好.(新) 令 : 指陳留縣令.(新)

392) 使之令下足下 : ① 彼自歸伏曰下, 言我請得爲使而往說之, 可令其歸伏.(春) ② 言使陳留令投降沛公.(今)

酈食其爲廣野君

遣酈生行，沛公引兵隨之，遂下陳留，號酈食其爲廣野君.[395] 酈生常爲說客，使諸侯.

○【沛公所過亡得鹵掠】

沛公所過亡得鹵掠

夏，四月，沛公南攻°潁˙川,[396] 屠之. 因張良，遂略韓地.[397] 良引兵從沛公，⁋沛公令韓王成留守陽翟,[398] 與良俱南. 六月,¶ 略南陽郡，⁋秋，七月,¶ 南陽守齮降,[399] 引兵西，無不下者. 所過亡得鹵掠,[400] 秦民皆喜.

○【章邯與項羽同盟】

章邯與項羽同盟

王離軍旣沒，章邯軍棘原，項羽軍漳南,[401] 秦兵數却,[402] 二世使人讓章邯.[403] 邯恐，使長史欣請事,[404]

---

393) 卽：假如，假說.(今)

394) 引：率領.(新)

395) 廣野君：酈食其替劉邦謀劃擴大勢力範圍，所以號廣野君.(新)

396) 潁川：此據漢書高帝記史紀高祖本紀作潁陽，是. 潁陽，縣名，在今河南省許昌市西南.(新) 潁：(春)本作'穎'，誤.(◉)

397) 因張良，遂略韓地：文穎曰，河南新鄭南至潁川，皆韓地也. 張良家世相韓，故因之.(今)

398) 韓王成：卽橫陽君韓成.(新) 陽翟：縣名.(新)

399) 守：景帝中十二年，始更郡守爲太守.(春) 齮：① 呂齮.(新) ② 齮，音蟻，郡守之名.(春)

400) 亡：古'毋''無'二字通.(胡) 鹵：通'虜'. 掠，搶掠.(新)

401) 漳南：漳水之南.(新)

402) 數：音朔.(春)

403) 讓：責也.(綱鑑)

404) 欣：司馬欣.(新) 請事：有事請求指示.(今)

◤至◥咸陽，留司馬門三日，[405] 趙高不見，有不信之心．欣至軍，[406] 報曰，“高用事于中，[407] 下無可爲者．[408] 今戰◤能◥勝，高必嫉吾功，不勝，不免於死．” 邯乃與羽約盟洹水之上．已盟，邯見羽◤而◥流涕，爲言趙高．[409] 羽乃立章邯爲雍王，[410] 置楚軍中，使長史欣爲上將軍，將秦軍爲前行．[411]

○【趙高指鹿爲馬】

趙高指鹿爲馬

初，趙高欲專秦權，恐羣臣不聽，乃先設驗，[412] 持鹿獻於二世曰，“馬也.” 二世笑曰，“丞相誤耶，謂鹿爲馬?” 問左右，或默，或言馬．高因陰中諸言鹿者以法．[413] 後羣臣皆畏高，莫敢言其過．

高因陰中諸言鹿者以法

○【沛公攻武關 入秦】

沛公攻武關入秦

高前數言“關東盜無能爲也，[414]” 及項羽虜王離等，而

---

405) 司馬門 : 宮垣中兵衛所在，四面皆有司馬，主武事．總言之外門爲司馬門.(春)
406) 軍 : 自己的軍營.(新)
407) 用事 : 專權.(新) 中 : 朝中.(新)
408) 下 : 在下位的人.(新) 無可爲者 : 不可能有所作爲.(新)
409) 爲言趙高 : 言章邯向項羽述趙高弄權事.(今)
410) 雍王 : 意爲秦地之王．雍，縣名.(新)
411) 前行 : 居前而行，猶今言先鋒或先頭部隊.(今)
412) 設驗 : 試探.(新)
413) 陰 : 暗中.(新) 中 : 中傷.(新) 以法 : 捏造罪名，交法官懲辨.(新)
414) 數 : 所角翻.(胡) 無能爲 : 不能做什么.(漢)

章邯等軍數敗,[415] 關東皆畔[416] ⁋八月, 沛公攻武關,[417] 入秦.[418]¶

○【趙高弑二世 立子嬰】

趙高弑二世立子嬰

高恐二世怒, 誅及其身, 乃謝病,[419] 不朝⁋見¶.[420] 陰與其壻咸陽令閻樂,[421] 謀⁋曰, "欲¶易置上,[422] 更立子嬰.[423]" 樂將吏卒入望夷宮,[424] ⁋前卽二世,[425] 數曰,[426] "足下驕恣,[427] 誅殺無道,[428] 天下共畔足下. 足下其自爲計![429]" 二世曰, "丞相可得見否?" 樂曰, "不可!" 二世曰, "吾願得一郡爲王." 弗許. 又曰, "願爲萬戶

閻樂將吏卒入望夷宮

---

415) 數:① 屢.(新) ② 所角翻.(胡)

416) 畔:通'叛'.(◉)

417) 武關:秦南關, 通南陽.(漢書 卷1上 高帝紀)

418) 八月 沛公攻武關 入秦:據漢書補.(漢書 卷1上 高帝紀).(◉)

419) 謝病:告病, 稱說有病.(新)

420) 朝見:臣下上朝參見君王.(漢)

421) 咸陽令:咸陽縣令.(中白) 咸陽:秦孝公已下並都此城. 始皇鑄金人十二於咸陽, 卽此也.(史記 卷6 秦始皇本紀 張守節正義)

422) 易置上:更換皇帝.(新)

423) 更:工衡翻.(胡前252年) 子嬰:① 秦始皇孫, 扶蘇子.(今) 二世兄子.(綱鑑) ② 蓋二世之兄也.(史記 卷6 秦始皇本紀 考證)

424) 望夷宮:在長陵西北, 長平觀道東故亭處是也. 臨涇水作之, 以望北夷.(胡)

425) 前卽:向前走近.(新)

426) 數:列擧罪狀.(新)

427) 足下:① 稱對方的敬辭, 古代下對上或平輩相稱皆可用, 閻樂不稱二世爲陛下, 可見已不承認胡亥爲皇帝了.(新) ② 不曰陛下曰足下, 輕侮之辭.(史記 卷6 秦始皇本紀 考證) 驕恣:驕橫放縱.(新)

428) 誅殺無道:草菅人命, 是个無道的昏君.(新)

429) 其自爲計:希望你自己拿主意. 意思是讓他自殺.(新)

侯.” 弗許. 曰, “願與妻子爲黔首, 比諸公子.[430]” 閻樂曰, “臣受命於丞相, 爲天下誅足下.[431] 足下雖多言, 臣不敢報!” 麾其兵進.[432] 二世自殺. 閻樂歸報趙高. 趙高乃悉召諸大臣公子, 告以誅二世之狀,[433] 曰, “秦故王國,[434] 始皇君天下,[435] 故稱帝. 今六國復自立, 秦地益小, 乃以空名爲帝, 不可. 宜爲王如故, 便.[436]” 乃立子嬰爲秦王.[437]

二世自殺

○【子嬰殺趙高】

子嬰殺趙高

九月, 趙高令子嬰齋,[438] 當廟見,[439] 受玉璽,[440] 子嬰與其子二人謀曰, “丞相高殺二世, 恐羣臣誅之, 乃佯以義立我.[441] 使我齋見廟, 我稱病不行, 丞相必自

430) 比諸公子 : 享受與諸公子同等的待遇. 比, 同等.(新)
431) 爲 : 于僞翻.(胡)
432) 麾其兵進 : 指揮其士兵前進.(今)　麾 : 指揮.(新)
433) 狀 : 事情的經過及原由.(新)
434) 王國 : 諸侯國.(新)
435) 君天下 : 統一了天下.(新)
436) 宜如故 便 : 應以仍舊稱王爲是.(今)
437) 秦王 : 趙高誅二世, 立子嬰, 降帝號, 但稱秦王.(今前206年)
438) 齋 : 古人在祭祀或舉行其他典禮前淸心寡欲, 淨身潔食, 以示莊敬.(漢)
439) 廟見 : 皇帝卽位後, 第一次到宗廟拜祖先會群臣受印璽的典禮.(新)　見 : 賢遍翻.(胡)
440) 玉璽 : ① 卽以卞和玉所刻傳國璽.(胡) ② 專指皇帝的玉印. 始于秦.(漢) ③ 始皇得和氏璧, 命李斯篆之, 孫壽刻之, 方四寸. 其文曰, 受命于天, 旣壽永昌, 字形如魚龍鳳鳥之狀. 自漢高以來, 遂爲傳國寶.(要)
441) 佯 : 假裝.(新)

來，來則殺之."高果自往，子嬰遂刺殺高於齋宮，[442] 三族高家.

○【沛公破秦兵】

沛公破秦兵 子嬰遣將將兵，距嶢關，[443] 沛公欲擊之. 張良曰，"秦兵尙彊，未可輕. 願先遣人益張旗幟於山上爲疑兵，[444] 使酈食其陸賈往說秦將，[445] °啗˙以利.[446]" 秦將果欲連和，[447] 沛公欲許之. 張良曰，"此獨其將欲叛，恐其士卒不從，不如因其懈怠擊之.[448]" 沛公引兵繞嶢關，踰蕢山，[449] 擊秦軍，大破之.[450] 遂至藍田，又戰其北，[451] 秦兵大敗.

右秦自莊襄王至子嬰，合四十三年. 子嬰爲王四十六日，而降于漢.

---

442) 齋宮：供齋戒用的宮室屋舍.(漢)

443) 距：通'拒'.(新) 嶢關：在今陝西省商縣西北，因地當嶢山而得名.(新)

444) 疑兵：爲了虛張聲勢迷惑敵人而布置的軍隊.(新)

445) 陸賈：劉邦的謀士，漢初拜大中大夫，著有新語十二篇.(新)

446) 啗：① 徒濫翻.(胡) ② 謂以利誘之，如以食餧之，令其啗食耳.(春) ③ (春)本作'餡'，誤.(◉)

447) 連和：休戰，結盟約.(今)

448) 因：趁.(新)

449) 蕢山：山名，在今陝西省藍田縣南.(新)

450) 藍田：縣名，治今陝西省藍田縣.(新)

451) 戰其北：在藍田北面打了一仗.(新)

通鑑節要增損校註 卷四

漢紀

▪ 太祖高皇帝 上

在位十二年，壽五十三.

諱邦，字季，姓劉氏.

豁達大度，寬仁愛人，好謀能聽，知人善任，五載而成帝業，然不事詩書，禮文制度，大抵襲秦，所以漢治不能復古.

【乙未(前206)[1]】

○【子嬰降軹道旁】

子嬰降軹道旁 冬，十月，[2] 沛公至霸上.[3] 秦王子嬰素車白馬，[4] 係頸

---

1) 乙未：楚義帝心元，西楚霸王項籍元，漢王劉邦元，韓三年. ○是歲秦亡. 新舊大國三，小國十七，凡二十國.(春)

2) 冬 十月：① 以高祖十月至霸上，故因秦以十月爲歲首.(春) ② 漢興，沿用秦歷，秦正建亥，故漢初以十月爲歲首. 西漢世系如下.(今) ③ 下表中，'少帝(恭)少帝(弘)呂后攝位'者，愚所補.(◉)

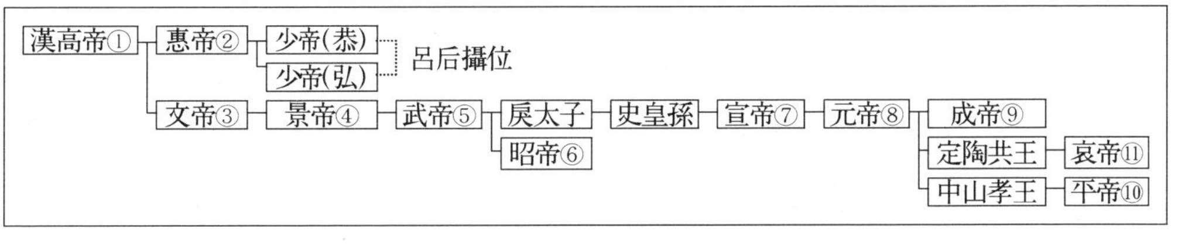

素車白馬 係頸以組 封皇帝璽符節

以組,[5] 封皇帝璽符節,[6] 降軹道旁.[7] 諸將或言誅秦王. 沛公曰, "始懷王遣我, 固以能寬容.[8] 且人已服降, 殺之不祥." 乃以屬吏.[9]

○【秦仁誼不施】

秦仁誼不施

賈誼論曰,[10] "秦以區區之地致萬乘之權,[11] 招八州而朝同列,[12] 百有餘年,[13] 然後以六合爲家,[14] 殽函爲宮,[15] 一夫作難而七廟墮,[16] 身死人手,[17] 爲天下笑者,

---

3) 霸上：地名, 在今陝西省西安市東, 因地處霸水以西的高原上而得名. 也作'灞上'.(新)

4) 素車白馬：① 素車白馬, 喪人之服, 子嬰自以罪重當誅, 故乘素車, 駕白馬.(今) ② 古時送葬的禮儀, 此示投降.(新)

5) 係頸以組：用絲帶系着脖子, 這是亡國的國君投降表示服罪.(新)　係：同'繫'.(今)　組：天子之綬也. 係頸者, 以示降服, 欲其自殺.(春)

6) 皇帝璽：皇帝有六璽, 皇帝行璽, 皇帝之璽, 皇帝信璽, 天子行璽, 天子之璽, 天子信璽, 傳國璽, 此是六璽之外也.(要)　符：① 銅質虎符, 命將時所用, 帝將各持一半, 相合以驗眞僞.(新) ② 符信. 古時用爲憑信之具, 多以金屬或玉爲之, 上刻文字, 剖爲兩半, 朝廷與外官各執其半以爲信. 如朝廷有事, 欲發兵或更代將帥官吏, 須遣使持半符至, 外官出半符勘合之, 以驗眞僞, 稱爲合符.(今)　節：① 竹節狀物, 上加旄飾, 使者的信物.(新) ② 符節. 上有節毛, 上下相重如竹節, 故稱節. 按古時使臣奉命交聘, 每持節以爲信, 故亦稱使節.(今)

7) 軹道：亭名, 在今陝西省西安市東北.(新)

8) 固以能寬容：就是認爲我能寬大容人. 固, 本來, 就是. 以, 認爲.(新)

9) 屬吏：屬, 付也. 屬吏者, 付之於吏, 使監守之也. 屬, 之欲翻.(胡)

10) 賈誼：前200～前168. 河南洛陽人, 西漢初期的政治家辭賦家.(新)　論：指過秦論.(新)

11) 區區：小.(新)　致：達到, 發展到.(新)　萬乘：萬乘戰車的兵力.(新)

12) 招：① 通'翹', 取得, 攻取.(新) ② 音'翹', 擧也.(胡)　八州：秦國, 周職方雍州之地耳, 旣破六國, 乃擧豫兗青揚荊幽冀幷八州有之.(胡)　朝同列：使原來與秦國處于同等地位的諸侯國來朝拜秦國.(新)

13) 百有餘年：從秦孝公變法至秦始皇統一六國(前356～前221), 約136年.(新)

14) 以六合爲家：以天下爲一家私有. 六合, 天下.(新)　六合：謂天地東西南北.(胡)

15) 殽函爲宮：① 把殽山函谷關作爲自己的宮墻.(新) ② 殽卽殽山, 亦稱殽谷, 爲函谷之東端, 故函谷亦稱殽函.(今)

16) 一夫作難：指陳勝起義. 作難, 發難, 奮起反抗.(新)　七廟：① 天子的宗廟奉祀七代祖先.

何也? 仁誼不施而攻守之勢異也.[18]"¶

○【蕭何收秦圖籍】

蕭何收秦圖籍 沛公西入咸陽,[19] 諸將皆爭走金帛財物之府分之,[20] 蕭何獨先入收秦丞相府圖籍藏之,[21] 以此沛公得具知天下阨塞戶口多少彊弱之處.[22]

○【樊噲張良請還軍霸上】

樊噲張良請還軍霸上 沛公見秦宮室帷帳狗馬重寶婦女以千數,[23] 意欲留居之. 樊噲諫曰,[24] "沛公欲有天下耶, 將爲富家翁耶? 凡此奢麗之物, 皆秦所以亡也, 沛公何用焉![25] 願急還霸上, 無留宮中![26]" 沛公不聽. 張良曰, "秦爲無道, 故沛公得至此. 夫爲天下除殘賊,[27] 宜縞素爲

奢麗之物 皆秦所以亡

縞素爲資

是王朝的代稱.(新) ② 天子七廟, 三昭三穆, 與太祖之廟而七.(胡) 墮：同'隳', 毁壞.(新)

17) 身死人手：指秦二世被趙高殺死, 子嬰被項羽殺死, 都不得善終.(新)

18) 仁誼不施而攻守之勢異也：① 誼, 古'義'字. 攻, 指秦始皇及始皇以前兵力强, 處于攻伐六國之勢. 守, 指二世子嬰兵力弱, 處于困守關中之勢.(新) ② 以仁得之, 以仁守之, 其量百世. 以仁得之, 以不仁守之, 其量十世. 以不仁得之, 以不仁守之, 必及其世.(大戴禮記 卷6 武王踐阼)(漢文大系所載古文眞寶之過秦論註)

19) 咸陽：秦都. 故城在今陝西省咸陽縣東.(今)

20) 爭走：爭先恐後奔向. 走, 急趨.(新) 走：趣向.(今)

21) 圖籍：地圖及戶籍.(今)

22) 具知：備知.(今) 阨塞：險要之地.(今) 阨：亦塞也.(春) 塞：悉則翻.(胡)

23) 以千數：用千爲單位來計算.(新前359年)

24) 樊噲：爲劉邦的心腹之將, 在楚漢戰爭以及漢初鞏固政權的斗爭中建立了較大的戰功, 封爲舞陽侯.(新)

25) 沛公何用焉：謂凡此奢華之物, 皆足以喪人意志, 滅人之國, 於沛公毫無用處.(今)

26) 無留宮中：樊噲起於狗屠, 識見如此. 噲之功當以諫留秦宮爲上, 鴻門誚讓項羽次之.(胡)

助桀爲虐 資.[28] 今始入秦, 卽安其樂, 此所謂'助桀爲虐' 且忠

忠言逆耳利於行 毒藥苦口利於病 言逆耳利於行,[29] 毒藥苦口利於病,[30] 願沛公聽噲言."

沛公乃還軍霸上.

○【沛公約法三章】

沛公約法三章 十一月, 沛公悉召諸縣父老豪傑,[31] 謂曰, "父老苦秦

殺人者死 傷人及盜抵罪 苛法久矣.[32] 誹謗者族, 偶語者棄市.[33] 吾當王關中.

餘悉除去秦法 與父老約, 法三章耳,[34] 殺人者死, 傷人及盜抵罪.[35]

---

27) 爲：于僞翻.(胡)　殘賊：孟子, 梁惠王 上, "賊(損害)仁者謂之'賊', 賊義者謂之'殘'. 殘賊之人謂之'一夫'(失去群衆孤立無援的人)."(新)

28) 宜縞素爲資：① 應該以崇尙生活儉朴爲號召, 縞素, 喪服, 引申爲生活儉朴, 如同居喪時的生活. 資, 憑借.(新) ② 宜縞素爲資, 欲沛公反秦奢泰, 服儉素以爲藉也.(史記 留侯世家 集觧) ③ 縞, 繒之精白者. 素, 無采飾也. 資, 藉也.(春)

29) 忠言：誠懇勸告的話.　逆耳：不中聽.(新)

30) 忠言逆耳利於行 毒藥苦口利於病：① 見孔子家語.(史記 卷55 留侯世家 索隱) ② 此文在家語卷4六本.(◉)

31) 父老：對老人的尊稱.(新)

32) 苛法：峻刻煩瑣之法令.(今)　苛：細也.(國)

33) 偶語者棄市：秦禁民聚語偶對也. 始皇本紀曰, 偶語經書者棄市.(史記, 高祖本紀, 集解)

34) 與父老約 法三章耳：① 約, 省也, 省減秦之煩法, 唯三章, 謂殺人傷人及盜.(史記 卷8 高祖本紀 正義) 據此則句絶爲'與父老約法, 三章耳.'(◉) ② 王應麟曰, "與父老約爲句, 下云, 法三章耳." 何焯曰, "王氏因紀末有初順民心, 作三章之約, 改約字爲讀. 此約法與上苛法對. 文紀中宋昌有約法令之語, 刑法志言約法三章者非一, 當仍舊也." 愚按上文亦云, "吾與諸侯約." 約字義同, 王說不可易.(史記 卷8 高祖本紀 考證) 據王則句絶爲'與父老約, 法三章耳', 據何則句絶爲'與父老約法三章耳.'(◉) ③ 李宗侗曰, "按約字本重字, 原當作'與父老約 約法三章耳.' 原應於上約字斷句, 後傳抄時略去一約字, 遂起爭辯. 古人凡重字或重詞, 多以二點表示, 故易被忽略, 如此語原作'與父老約ㆍ約法三章耳'. 後此二點被省略, 遂成單約字.(今) 據此則句絶爲'與父老約, 約 …', 而加一'約'字耳.(◉)　約：達成協議.(新)　法三章：訂立三條法令.(新)　章：條.(綱鑑)

35) 抵罪：① 使各當其罪. 按傷人有曲直, 盜贓有多寡, 罪名不可預定, 各視案情之輕重以論罪.(今) ② 當其罪. 根據不同罪行定刑. 抵, 當, 相應.(新) ③ 抵, 至也, 當也. 秦法一人犯罪, 與家及隣伍皆坐之, 今但當其身坐, 父子兄弟罪不相及.(春)

餘悉除去秦法, 諸吏民皆案堵如故.[36] 凡吾所以來, 爲父老除害, 非有所侵暴,[37] 無恐![38] 且吾所以還軍霸上, 待諸侯至而定約束耳." 乃使人與秦吏行縣鄉邑,[39] 告諭之.[40] 秦民大喜. 爭持牛羊酒食獻饗軍士.[41] 沛公又讓不受, 曰, "倉粟多, 非乏, 不欲費民.[42]" 民又益喜, 唯恐沛公不爲秦王.

唯恐沛公不爲秦王

○【項羽坑秦卒】

項羽坑秦卒

項羽既定河北, 率諸侯兵欲西入關.[43] 秦卒多怨言. 羽乃夜擊坑秦降卒二十餘萬人新安城南.[44]

○【沛公使兵守函谷關】

沛公使兵守函谷關

或說沛公曰,[45] "秦富十倍天下,[46] 地形彊. 聞項羽號

---

36) 案堵 : 案, 次第也, 堵, 墻堵也, 言不遷動也.(胡) 案 : 通'安'.(新)

37) 侵暴 : 侵犯殘害.(新)

38) 無 : 勿, 不要.(新)

39) 行縣鄉邑 : 使軍中遣人隨秦吏徧行諸縣鄉邑, 諭以沛公所以入關之意.(今) 行 : 巡視.(新) 縣鄉邑 : 國語齊語, "三十家爲邑, 十邑爲卒, 十卒爲鄉, 三鄉爲縣."(新)

40) 告諭 : 宣告, 宣傳.(新)

41) 饗 : 用酒食款待慰勞.(新)

42) 倉粟多 非乏 不欲費民 : 謂秦所遺倉中存粟尙多, 軍不乏食, 不勞百姓輸送.(今) 費民 : 讓人破費.(新)

43) 關 : 函谷關.(新)

44) 擊坑 : 坑殺.(新) 新安 : 縣名, 在今河南省澠池縣東.(新)

45) 說 : 音'稅'.(綱鑑)

46) 秦富十倍天下 : 關中比天下其他地區要富裕十倍.(新)

秦降將章邯爲雍王,[47] 王關中, 今卽來,[48] 沛公恐不得有此.[49] 可急使兵守函谷關, 無內諸侯軍,[50] 稍徵關中兵以自益,[51] 距之.[52]" 沛公然其計,[53] 從之.

○【項羽攻破函谷關】

項羽攻破函谷關

已而項羽至關, 關門閉, 聞沛公已定關中, 大怒, 使黥布等攻破函谷關.

○【項羽欲擊沛公】

項羽欲擊沛公

十二月, 項羽進至戲.[54] 沛公左司馬曹無傷使人言羽曰,[55] "沛公欲王關中, 『令子嬰爲相』, 珍寶盡有之." 欲以求封. 羽大怒, 饗士卒, 期旦日擊沛公軍.[56] 當是時, 羽兵四十萬, 號百萬,[57] 在新豊鴻門,[58] 沛公兵

---

47) 號秦降將章邯爲雍王 : 給章邯雍王的封號.(新)

48) 卽 : 如果.(新)

49) 此 : 指"富十倍天下, 地形彊"的關中.(新)

50) 內 : ① 音納, 又如字.(胡) ② 使進入, 放入.(新)

51) 稍 : 逐步.(新)　益 : 加强.(新)

52) 距 : 通'拒'.(新)

53) 然 : 同意.(新)

54) 戲 : 水名, 在新豊東.(春)

55) 司馬 : 劉邦的屬官, 掌軍事軍需.(新)

56) 期旦日擊沛公軍 : 明日清晨, 項羽與士卒約以明日清晨襲擊沛公軍. 期, 約. 旦日, 明日清晨.(今)

57) 兵四十萬 號百萬 : 號, 虛稱. 兵實四十萬, 今號稱百萬, 虛張其數目以恐懼敵人.(今)

58) 新豊 : ① 秦時酈邑, 漢改名新豊, 在今陝西省臨潼縣東北.(新) ② 太上皇思東歸, 於是高祖改築城市街里以象豊, 徙豊民以實之, 故號新豊.(今)　鴻門 : 地名, 在新豊東17里, 今名項王營.(新)

沛公貪財好色

十萬，號二十萬，在霸上．范增說羽曰，“沛公居山東時，[59] 貪財，好色，今入關，財物無所取，婦女無所幸，[60] 此其志不⁌在⁍小．吾令人望其氣，[61] 皆爲龍⁌虎⁍，成五采，[62] 此天子氣也．[63] 急擊勿失．[64]”

望沛公氣皆爲龍虎

○【項伯見張良】

項伯見張良

項伯者，[65] 項羽季父也，素善張良，夜馳見良，具告以事，[66] 欲呼與俱去．張良曰，“臣爲韓王送沛公，[67] 沛公今有急，亡去，不義，不可不語．[68]” 良乃入，具告沛公．固要項伯，[69] ⁌項伯卽⁍入見沛公．沛公奉巵酒爲壽，[70] 約爲婚姻，[71] 曰，“吾入關，秋毫不敢有所近，[72]

59) 山東：崤山以東．戰國時泛指六國或六國土地．(新)

60) 幸：親近，指男女同房．(新)

61) 望其氣：秦漢講神仙方術的人托言望雲氣可以測知吉凶，又說在天子所居之處有異祥的雲氣．(新)

62) 皆爲龍虎，成五采：卽下文所謂“天子氣，” 是迷信的說法．(新)

63) 天子氣：按晉書天文志，天子氣內赤外黃，四方所發之處，當有王者．若天子欲有往遊處，其地亦先發此氣，或如城門，隱隱在氣霧中，或氣象青衣人，無手，在日西，或如龍馬，或雜色鬱鬱沖天者，皆帝王之氣．我國古時方士有所謂望氣者，以觀妖祥，辨吉凶，雖近妄誕，但古人頗信之．(今)

64) 勿失：勿失此良機．(今)

65) 項伯：伯其字也，一云名纏．字伯陵．(春)

66) 具告以事：具，皆也．謂項伯以項羽欲擊沛公之事，皆以告張良．(今)

67) 爲韓王送沛公：張良曾請項梁立韓公子成爲韓王，張良任相國．劉邦攻秦經韓時，韓王留守陽翟，張良隨劉邦同入秦．因此張良說自己是受韓王之命送劉邦的，實際并非是完成韓王的使命，而是出于忠心輔佐劉邦．(新)

68) 語：告訴．(新)

69) 固：强，堅決．(新)　要：通‘邀’，請求．(新)

70) 巵：飮酒禮器也．(春)　爲壽：表示向尊者祝頌健康長壽之意．(新)　壽：上酒爲稱壽，非大

籍吏民,[73] 封府庫, 而待將軍.[74] 所以遣將守關者, 備他盜也. 豈敢反乎! 願伯°具˙言◗臣之◖不敢倍德.[75]" 項伯許諾, 謂沛公曰, "旦日不可不蚤自來謝.[76]" 沛公曰, "諾." 於是項伯復夜去, °具˙以沛公言報羽,[77] 因言曰, "沛公不先破關中, 公豈敢入乎! 今人有大功而擊之, 不義也, 不如因善遇之." 項羽許諾.

○ 【沛公見羽鴻門】

沛公見羽鴻門

沛公旦日從百餘騎來見羽鴻門,[78] 謝曰, "臣與將軍勠力而攻秦,[79] 將軍戰河北, 臣戰河南, 不自意◗能◖先入關°˙破秦,[80] 得復見將軍於此. 今者有小人之言, 令將軍與臣有隙.[81]" 項羽曰, "此沛公左司馬曹無傷言之, 不然, 籍何以至此![82]"

行酒也.(春)

71) 約爲婚姻 : 約定做儿女親家.(新)

72) 秋毫 : 至秋而末銳, 小而難見, 故以秋毫喩微細.(今)

73) 籍吏民 : 登記官吏和百姓的戶籍. 籍, 登記戶籍, 用作動詞.(新)　籍 : 籍記於簿.(目)

74) 將軍 : 項羽將軍.(中白)

75) 伯 : 對人敬稱, 如說'老兄', '老哥哥.' 兄弟排行, 伯仲叔季, 伯爲長.(新)　具 : (春)本作'明', 誤.(◉) 倍德 : 背信棄義. 倍, 通'背'.(新)

76) 旦日 : 明日也.(要)　蚤 : 同早.(今)　自來謝 : 自來羽處, 請罪而謝.(綱合)

77) 具 : (春)本作'俱', 誤.(◉)

78) 從 : 帶領隨從.(新)　騎 : 一人一馬, 名詞.(新)　鴻門 : 于鴻門. 省介詞'于'.(新)

79) 勠力 : 幷力也. 一作戮力.(中)

80) 不自意 : 自己沒料到.(新)　°˙ : (春)本作'能', '能'當在'先'字之前.(◉)

81) 隙 : 釁也, 意言乖離不合.(要)

○【項莊拔劍起舞 項伯亦拔劍起舞】

項莊拔劍起舞項伯亦拔劍起舞 范增擧玦

羽因留沛公⁌與⁍飮.[83] 范增數目羽,[84] 擧所佩玉玦以示之者三,[85] 羽不應. 增起, 出, 召項莊,[86] 謂曰, "君王爲人不忍.[87] 若入前爲壽,[88] 壽畢, 請以劍舞, 因擊沛公於坐,[89] 殺之. 不者,[90] 若屬皆且爲所虜.[91]" 莊入爲壽, 壽畢曰, "軍中無以爲樂,[92] 請以劍舞." 羽曰, "諾." 項莊拔劍起舞. 項伯亦拔劍起舞, 常以身翼蔽沛公,[93] 莊不得擊.

○【樊噲擁盾入衛】

樊噲擁盾入衛

於是張良至軍門見樊噲. ⁌良⁍曰, "今項莊拔劍舞, 其意常在沛公也.[94]" 噲曰, "此迫矣.[95] ⁌臣請入, 與之

82) 何以至此：何至于這樣.(新)

83) 與飮：共飮.(新)

84) 數目羽：好幾次給項王使眼色. 目, 用作動詞.(新) 數目：謂頻數動目以諭之.(春) 數：音朔.(綱鑑)

85) 玦：① 玉佩也, 如環而有缺. 示以當決斷也.(春) ② 如環而有缺. 增擧以示羽, 蓋欲其決意殺沛公也.(胡)

86) 項莊：① 項羽從弟.(人) ② 項伯從弟.(今)

87) 君王：項王.(中白) 爲人不忍：秉性惻隱而仁慈.(今)

88) 若：汝.(今) 爲壽：凡言爲壽者, 謂進爵於尊者, 而獻無疆之壽.(胡)

89) 坐：徂臥翻.(胡)

90) 不者：不, 讀曰否. 否者, 猶言否則也.(目前66年)

91) 若：汝也.(要) 皆且爲所虜：都將被劉邦俘虜.(新)

92) 樂：音洛.(胡)

93) 翼蔽沛公：像鳥用翅膀一樣掩護沛公.(新) 翼蔽：掩護之如翼之覆蔽(今)

94) 其意常在沛公也：他(舞劍)的用意總是朝向沛公身上(刺).(新)

頭髮上指 目眦盡裂

樊噲拔劍切而啗 一生彘肩

臣死且不避 卮酒安足辭

樊噲詰項羽

同命![96]"即帶劍擁盾入. 軍門衛士欲止不內, 樊噲側其盾以撞, 衛士仆地.[97] 遂入, 披帷立,[98] 瞋目視項羽,[99] 頭髮上指,[100] 目眦盡裂.[101] 羽曰, "壯士! 賜之卮酒![102]" 則與斗卮酒.[103] 噲飲之. 羽曰, "賜之彘肩!" 則與一生彘肩. 噲拔劍切而啗之.[104] 羽曰, "壯士復能飲乎?" 噲曰, "臣死且不避, 卮酒安足辭! 夫秦有虎狼之心,[105] 殺人如不能擧,[106] 刑人如恐不勝,[107] 天下皆叛之. 懷王與諸將約曰, '先破秦入咸陽者, 王之.' 今沛公先破秦, 入咸陽, 毫毛不敢有所近, 還軍霸上以待將軍. 勞苦而功高如此, 未有封爵之賞, 而聽細人之說,[108] 欲誅有功之人, 此亡秦之續耳,[109] 竊

95) 此迫矣 : 眼前情勢很緊急了.(新)
96) 與之同命 : 如沛公同生死.(新)
97) 仆地 : 跌倒在地.(新)
98) 帷 : 帳幕之在旁側者.(今)
99) 瞋 : 怒目也.(胡)
100) 上指 : 向上竪起.(新)
101) 目眦盡裂 : 眦, 目際. 凡張目過甚則眦裂, 以喩盛怒之狀.(今)
102) 卮 : 酒器, 容四升.(綱合)
103) 與 : 給.(新) 斗卮 : 受一斗之卮也.(要) 斗 : '斗'字衍文.(新)
104) 啗 : 食也.(綱合)
105) 虎狼之心 : 喩指貪殘暴虐之心.(漢)
106) 殺人如不能擧 : 殺人唯恐不完.(中白) 擧 : 盡, 全數.(新)
107) 勝 : 盡, 極.(新)
108) 細人之說 : 小人的讒言.(新) 細人 : ① 言纖微人也.(今) ② 指曹無傷.(綱合)
109) 亡秦之續 : 踵亡秦之故轍.(今)

沛公間行趣霸上

爲將軍不取也.[110]” 須臾, 沛公起如厠,[111] 因招噲出. 間行趣霸上.[112] 留張良使謝羽.

○【沛公殺曹無傷】

沛公殺曹無傷

⁋沛公至軍, 立誅殺曹無傷.⁋

○【項羽殺子嬰 燒秦宮】

項羽殺子嬰燒秦宮

居數日, 項羽引兵西, 屠咸陽, 殺秦降王子嬰, 燒秦宮室, 火三月不滅, 收其貨寶婦女而東. 秦民大失望.[113]

○【羽思歸故鄉】

羽思歸故鄉

關中阻山帶河四塞之地

衣繡夜行

韓生說項羽曰,[114] “關中阻山帶河, 四塞之地,[115] 地肥饒, 可都以霸.[116]” 羽見秦宮室皆已燒殘破, 又心思東歸, 曰, “富貴不歸故鄉, 如衣繡夜行,[117] 誰知之

---

110) 竊爲將軍不取 : 我私心以爲將軍的做法是不可取的.(新)

111) 如厠 : 上厠所.(新)　如 : 往.(◉)

112) 間行 : 從微路而行.(要)　間 : 去聲, 從微路而行也.(國)　趣 : 趨嚮. 讀曰‘趨’.(今)

113) 失望 : 秦民初見沛公無所侵暴而悅, 及爲項羽殘滅, 失其初所望也.(胡)

114) 韓生 : 按史記未指明說者何人, 通鑑從漢書作韓生, 裴駰按楚漢春秋, 楊子法言, 俱云說者是蔡生, 未知孰是.(今)

115) 四塞 : ① 東函谷關, 南武關, 西散關, 北蕭關, 四面都有險可守, 故說‘四塞’.(新) ② 指四境皆有天險, 可作屛障. 塞, 先代切.(漢)

116) 可都以霸 : 謂項羽若都關中, 可以成霸業.(今)　可都 : 可以建都. 以覇, 成就霸業. 以, 爲.(新)

117) 衣繡夜行 : 言無人見之不顯榮也.(要)　衣 : 去聲.(春)

楚人沐猴而冠 者!”韓生退曰,“人言楚人沐猴而冠耳,[118] 果然![119]”

項羽烹韓生 羽聞之,烹韓生.[120]

○【羽陽尊懷王爲義帝】

羽陽尊懷王爲義帝 羽使人致命懷王,[121] 懷王曰,“如約.[122]”羽曰,“懷王者,吾家所立爾,非有功伐,[123] 何以得專主約![124]”春,正月,[125] 羽陽尊懷王爲義帝,實不用其命.[126]

○【羽立沛公爲漢王】

羽立沛公爲漢王 二月,羽分天下王諸將.羽自立爲西楚霸王,[127] 王梁

羽自立爲西楚霸王 楚地九郡,都彭城.[128] 羽與范增疑沛公,[129] 而業已講

---

118) 人言楚人沐猴而冠耳:① 獼猴戴人帽.徒具人形,不能辨人事.(新) ② 謂獼猴性躁,不耐久著冠帶,以此喻項羽之浮燥無識.(今) ③ 沐猴,獼猴也,言雖著人衣冠 其心不類人也.(胡) ④ 時珍曰.猴,好拭面如沐,故謂之沐.(本草綱目 獸4 獼猴)

119) 果然:如人之言也.(胡)

120) 烹:古代用鼎鑊煮人的酷刑.(漢)

121) 致命懷王:① 致,猶復也.蓋項羽欲王關中,故先復命於懷王也.(綱合) ② 把入關經過報告懷王請示.(新)

122) 如約:① 言如前約,令先入關者爲關中之王.(今) ② 謂令沛公王關中.(目)

123) 功伐:功勞,功勳.(新)

124) 專主:獨斷.(新)

125) 春 正月:凡此諸月號,皆太初正歷之後,記事者追改之,非當時本稱也.以十月爲歲首,卽謂十月爲正月.今此眞正月,當時謂之四月耳.他皆類此.(漢書 卷1上 高帝紀第1上 顔師古注)

126) 陽尊懷王爲義帝 實不用其命:陽,外也,命,猶令也,蓋羽外尊懷王爲義帝,而內實不用其號令.(綱合) 陽尊:以虛名尊崇之.謂名尊之爲帝而實則抑損其權.(今) 陽:假裝.(新) 義帝:猶假帝.(漢)

127) 西楚:據史記貨殖列傳,今豫東皖北與江蘇西北地區爲西楚,因在全楚之西北,故名,彭城以東長江下游一帶爲東楚,長江中部江南一帶爲南楚.(新) 霸王:諸侯盟主.彭城在西楚,項羽以彭城爲都,又爲諸侯盟主,故稱'西楚霸王'.(新)

解,[130] 又惡負約,[131] 乃陰謀曰, "巴蜀道險,[132] 秦之遷人皆居之.[133]" 乃曰, "巴蜀亦關中地也.[134]" 故立沛公爲漢王,[135] 王巴蜀漢中,[136] 都南鄭.[137] 而三分關中,[138] 王秦降將章邯司馬欣董翳, 以距塞漢路.[139]

○【蕭何勸王漢中 漢王就國】

蕭何勸王漢中 漢王就國

能詘於一人之下而信於萬乘之上

漢王怒, 欲攻項羽, 周勃灌嬰樊噲皆勸之. 蕭何諫曰, "雖王漢中之惡,[140] 不猶愈於死乎?[141] 能詘於一人之下而信於萬乘之上者,[142] 湯武是也. 臣願大王王漢中, 養其民以致賢人,[143] 收用巴蜀,[144] 還定三秦,[145]

---

128) 彭城 : 故址卽今江蘇省銅山縣.(今)
129) 疑沛公 : ① 疑沛公有天下也.(要) ② 疑忌劉邦有統一天下的野心.(新)
130) 業已 : ① 已經.(漢) ② 已然曰業, 言雖疑心, 然事已和鮮也.(春) 講解 : 和解.(新)
131) 惡負約 : ① 畏人言己背負盟約.(今) ② 害怕承担撕毁懷王"先入定關中者王之"之約的罪名. 惡, 畏忌, 害怕.(新) 惡 : 烏故切, 耻也.(要)
132) 巴蜀道險 : 項羽范增認爲巴蜀道險, 不易和中原交通, 所以把劉邦封在那里.(新)
133) 遷人 : ① 被徒放荒僻地區之罪囚.(今) ② 流放犯.(新)
134) 巴蜀亦關中地 : 巴蜀地處函谷關以西, 戰國時屬秦, 故云.(新)
135) 故立沛公爲漢王 : 所以立沛公爲漢王.(岳白)
136) 漢中 : 郡名, 在漢水上游, 約當今陝西省秦岭以南地帶及湖北省西北部.(新)
137) 南鄭 : ① 漢中都郡邑.(綱合) ② 卽今陝西省漢中市.(新)
138) 三分關中 : 將關中分割爲雍塞翟三國.(新)
139) 距塞漢路 : ① 距塞漢軍東出之道路.(今) ② 切斷劉邦回關中的通路. 距塞, 拒塞, 阻斷.(新)
140) 惡 : 壞.(新)
141) 愈 : 勝.(新) 於 : 介詞. 比. 表示比較.(漢)
142) 詘 : 屈通. 信 : 古'伸'字.(春)
143) 致 : ① 招攬.(新) ② 招徠.(今)
144) 收用 : 收納使用.(新)

何爲丞相

天下可圖也." 漢王曰, "善!" 乃遂就國,[146] 以何爲丞相.

○【張良說漢王燒絶棧道】

張良說漢王燒絶棧道

夏, 四月, 諸侯罷戲下兵,[147] 各就國.[148] 項王使卒三萬人從漢王之國.[149] 張良送至褒中,[150] 漢王遣良歸韓,[151] 良因說漢王燒絶所過棧道,[152] 以備諸侯盜兵, 且示項羽無東意.[153]

○【張良復歸漢】

張良復歸漢

西楚殺韓王成, 張良復歸漢.[154]

145) 還定三秦 : 回師東進, 平定雍翟塞三秦之地.(中白) 三秦 : ① 秦亡, 項羽三分關中, 封秦降將章邯爲雍王, 司馬欣爲塞王, 董翳爲翟王, 合稱三秦.(新) ② 雍翟塞三國皆秦故地, 總稱三秦.(今)

146) 就國 : 到自己封國去.(新)

147) 罷戲下兵 : ① 戲, 謂軍之旌麾也. 先是, 諸侯從項羽入關者, 各帥其兵聽命於羽. 今旣受封爵, 各使就國, 故總言罷戲下也.(胡) ② 戲下有二說. 顔師古釋戲爲麾, 謂諸侯從項羽西入關, 各帥其軍聽命於羽, 羽旣封諸侯, 各使就國, 故總言罷戲下. 司馬貞謂戲卽戲水, 項羽入關至戲西鴻門, 屯軍戲水下, 故曰戲下, 如屯軍許稱許下, 屯軍洛稱洛下. 胡三省以顔說爲是, 而顧炎武王先愼諸人則贊同司馬貞之說. 其實二說各自可通, 不必堅持作麾下或戲水下.(今) 戲 : 與'麾'通, 大將旗.(要)

148) 各就國 : 各諸侯分別到自己的封地.(新)

149) 三萬人 : 劉邦在灞上時擁兵十萬, 現在從者僅三萬, 可見項羽已奪了他的一部分兵力.(新) 之國 : 到漢中.(岳白)

150) 張良送至褒中 : 漢書張良傳同. 高紀, 作 "張良辭歸韓, 漢王送至褒中."(史記 55卷 留侯世家 考證) 褒中 : 漢中郡褒中縣.(春)

151) 歸 : 反回.(新)

152) 燒絶 : 全部燒掉.(新) 棧道 : ① 在懸崖絶壁上鑿孔支架木椿, 鋪上木板而成的架空的通道. 亦稱'棧閣.(新) ② 棧, 卽閣也. 今謂閣道, 蓋架木爲之.(胡)

153) 無東意 : 言令羽知漢王, 更無東出之意.(要) 示 : 告訴.(新)

154) 西楚 … 歸漢 : 據綱目補.(◉)

○【韓信俛出袴下】

韓信俛出袴下 乞食漂母

初, 淮陰人韓信,[155] 家貧, 釣於城下, 有漂母見信飢,[156] 飯信. 信喜, 謂漂母曰, "吾必有以重報母." 母怒曰, "大丈夫不能自食,[157] 吾哀王孫而進食,[158] 豈望報乎!" 淮陰屠中少年有侮信者,[159] 因衆辱之曰,[160] "信能死,[161] 刺我,[162] 不能死, 出我袴下![163]" 於是信俛出袴下,[164] 蒲伏.[165] 一市人皆笑信, 以爲怯.

○【信亡楚歸漢】

信亡楚歸漢

及項梁渡淮, 信杖劒從之,[166] 居麾下,[167] 無所知名.[168]

---

155) 淮陰：縣名, 在今江蘇省淮陽市西南.(新) 韓信：初從項梁擧兵, 後歸劉邦, 拜爲大將, 後因戰功封爲齊王, 共滅項羽後立爲楚王, 與張良蕭何稱漢初三傑.(新)

156) 漂母：① 漂洗衣物的老婦.(漢) ② 以手擊絮爲漂, 故曰漂母. 母, 老婦之尊稱.(今) 漂：在水裏冲洗絲綿.(新)

157) 自食：自己養活的自己. 食：① 供養.(新) ② 食, 讀曰飼.(春) ③ 食, 音寺.(史記 92卷 淮陰侯列傳 正義) ④ 飼與食, 同音, 皆音寺, 祥吏切(中文大辭典), 則國音曰'사', 當從此音. 綱目曰, '食, 如字.' 則未及見史記正義之'音寺'而然歟!(◉)

158) 王孫：少年人之尊稱, 言如公子. 秦滅六國, 廢封建, 貴族之後裔, 多淪爲平民, 故凡尊稱少年人則曰公子王孫.(今)

159) 屠：屠夫.(新)

160) 因衆辱：於衆中辱之也.(要)

161) 能死：不怕死.(新)

162) 刺：七亦翻.(胡)

163) 袴下：股下.(今) 袴：苦化反. 袴, 一作胯. 胯, 股間也. 依字讀亦通, 何須作胯下.(春)

164) 俛：① 音免, 俯首也.(胡) ② 音俯.(史記 92卷 淮陰侯列傳 正義) ③ 有免俯兩音.(◉)

165) 蒲伏：① 同'匍匐', 爬行.(新) ② 蒲, 亦作匍, 手行也. 伏, 亦作匐, 伏地也.(春)

166) 杖劒從之：言直帶一劒, 更無餘資也.(要)

167) 麾下：部下.(新)

168) 知名：出名.(新)

項梁敗, 又屬項羽, 羽以爲郎中,[169] 數以策干羽,[170] 羽不用. 漢王之入蜀, 信亡楚歸漢, 王『拜』以爲治粟都尉,[171] 亦未之奇也.[172]

○【韓信爲大將】

韓信爲大將 蕭何追韓信 信數與蕭何語, 何奇之. 漢王至南鄭,[173] 諸將及士卒皆歌謳思東歸,[174] 多道亡者.[175] 信亡去. 何聞信亡, 不及以聞, 自追之. 人有言王曰, "丞相何亡." 王大怒, 如失左右手. 居一二日,[176] 何來謁王. 王且怒且喜, 罵何曰, "諸將亡者以十數, 公無所追, 追信, 詐也!" 何曰, "諸將易得耳, 至如信者, 國士無雙.[177] 王必欲長王漢中,[178] 無所事信,[179] 必欲爭天下, 非信無

韓信國士無雙

169) 郎中 : 隨身警衛.(新)

170) 數 : 所角翻.(胡)　干 : 求. 謂獻策於羽, 求其取用.(今)　以策干羽 : 給項羽獻計. 干, 請求, 進獻.(新)

171) 拜 : 任命.(新)　治粟都尉 : 管理糧餉的軍官.(新)

172) 未之奇 : '未奇之'的倒裝. 沒有看重他.(新)

173) 南鄭 : 今陝西省漢中市.(新)

174) 皆歌謳思東歸 : 都唱歌思念東歸故鄕.(中白)　歌謳 : 齊聲歌唱.(今)　謳 : 謂齊聲而歌也.(目)　齊 : 衆也.(目)

175) 道亡 : 未至南鄭, 卽中道而逃亡.(今)　道 : 半途.(新)　亡 : 逃.(新)

176) 居 : 過了.(新)

177) 國士無雙 : 漢國之中, 僅有信一人也, 他無與比. 一云, 國士, 國家之奇士.(要)　國士 : 一國中傑出的人.(新)

178) 必 : 只是, 僅僅.(新)　長王漢中 : 永爲漢中之王.(今)

179) 無所事信 : 謂無事用信.(春)

可與計事者.[180] 顧王策安▸所◂決耳![181]" 王曰, "吾亦欲東耳,[182] 安能鬱鬱久居此乎![183]" 乃▸欲◂召信拜大

漢王素慢無禮 將. 何曰, "王素慢無禮,[184] 今拜大將, 如呼小兒, 此

設壇具禮 乃信所以去也. 王必欲拜之, 擇良日, 齋戒,[185] 設壇場,[186] 具禮, 乃可耳." 王許之. 諸將皆喜, 人人各自

一軍皆驚 以爲得大將. 至拜大將, 乃韓信也, 一軍皆驚.

○【韓信論項王】

韓信論項王 信拜禮畢, 上坐.[187] 王曰, "丞相數言將軍,[188] 將軍何以教寡人計策?" 信辭謝,[189] 因問王曰, "今東鄉爭權天下,[190] 豈非項王邪?" 漢王曰, "然." 曰, "大王自

漢王不如項王 料, 勇悍仁彊孰與項王?[191]" 漢王良久, 曰, "不如也."

---

180) 非信 : 除了韓信.(新) 計事者 : 商議大事的人.(新)

181) 顧 : 但.(新) 策 : 指'長王漢中'和'爭天下'. 安所決 : 決定采取哪一種計劃.(新)

182) 東 : 向東. 指出關與項羽爭奪天下.(新)

183) 鬱鬱 : 幽滯貌.(國)

184) 素 : 向來.(新) 慢 : 對人不恭敬.(今)

185) 齋戒 : 古人在祭祀或擧行典禮前, 沐浴更衣, 獨宿, 不飮酒, 不吃葷, 淸心潔身, 表示誠敬.(新)

186) 壇場 : 拜將的場所. 壇, 築高臺. 場, 平廣場.(新)

187) 上坐 : ① 上坐, 以漢王平常宮殿言也, 非壇上, 言壇上拜時之禮已畢, 漢王乃延入見之與坐也.(史記 92卷 淮陰侯列傳 考證) ② 上, 指漢王.(新) ③ 上坐, 登座. 坐, 同'座'.(今) ④ 案, 當從① ② 解之.(◉)

188) 數 : 所角翻.(胡)

189) 辭謝 : 自謙讓而不敢以賢能自居.(今)

190) 鄉 : 讀曰向.(今)

191) 孰與 : 猶言何如. 意謂還不如, 常用于反詰語氣.(漢)

信曰, "信亦以爲大王不如也. 然臣嘗事之, 請言項王之爲人也, 項王喑啞叱咤,[192] 千人°皆˙廢,[193] 然不能任屬賢將,[194] 此特匹夫之勇耳.[195] 項王見人, 恭敬慈愛, 言語嘔嘔,[196] 人有疾病, 涕泣分食飮, 至使人,[197] 有功當封爵者, 印刓敝, 忍不能予,[198] 此所謂婦人之仁也.[199] 項王雖覇天下而臣諸侯, 不居關中而都彭城, °遷˙逐義帝,[200] 所過無不殘滅, 名雖爲覇,[201] 實失天下心, 故其彊易弱. 今大王誠能反其道,[202] 任天下武勇, 何所不誅, 以天下城邑封功臣, 何所不服, 以義兵從思東歸之士, 何所不散![203] 且三秦王爲

項王喑啞叱咤

印刓敝忍不能予

婦人之仁

項王覇天下

項王都彭城遷逐義帝

項王失天下心

---

192) 喑啞 : 懷怒氣.(春) 叱咤 : 發怒聲.(春)

193) 千人皆廢 : 千人皆失氣不敢當也.(春) 皆 : (春)本作'自', 誤.(◉) 廢 : 慴伏.(今)

194) 任屬 : 放手使用.(新) 屬 : 之欲反, 委也.(春)

195) 特 : 但.(今) 匹夫 : 匹, 單獨之意, 匹夫卽獨夫. 謂孤獨無援, 雖勇不足懼.(今)

196) 嘔嘔 : 形容語言溫和的樣子.(新)

197) 使人 : 所任用的人.(新)

198) 印刓敝, 忍不能予 : 刓, 角訛. 敝, 舊敝. 謂撫弄印久, 角訛舊敝, 然終不忍與人. 喩項羽吝於爵賞, 不能按功授人官爵. 予, 讀曰與.(今)

199) 婦人之仁 : 謂羽但知篤於小仁, 如婦人之富於惻隱之心, 然而吝於爵賞, 無遠大之見, 臣下皆怨, 不能成大功.(今)

200) 遷 : (春)本作'放', 誤.(◉)

201) 名雖爲覇 : 項羽分天下以封諸侯, 政由己出, 諸侯皆聽命臣服, 自號西楚覇王, 故云名雖爲覇.(今)

202) 反其道 : 不逞匹夫之勇, 不行婦人之仁.(新)

203) 以義兵從思東歸之士 何所不散 : 韓信云項羽殘暴, 主宰天下不平, 又遷逐義帝, 是爲不義, 今漢反其道而行之, 以申義於天下, 是爲義兵. 漢軍西從入關者, 皆關東人, 今被謫遷於巴蜀, 日思東歸, 故曰思東歸之士. 此謂漢若興兵, 名正言順, 旣有義名, 兼用思東歸之士, 以此擊敵, 敵軍無有不敢散者.(今) 以 : 率領.(新)

將,[204] 將秦子弟數歲矣, 欺其衆,[205] 降諸侯,[206] 至新安, 項王詐坑秦降卒二十餘萬, 唯獨邯欣翳得脫. 秦父兄怨此三人, 痛入骨髓. 今楚彊以威王此三人,[207] 秦民莫愛也.[208] 大王入關,[209] 秋毫無所害, 除秦苛法, 秦民無不欲得大王王秦者. 今大王擧而東,[210] 三秦可傳檄而定也.[211]" 於是漢王大喜, 自以爲得信晩, 遂聽信計.

項王詐坑秦降卒

漢王除秦苛法

漢王自以爲得信晩

○【司馬欣董翳降於漢】

司馬欣董翳降於漢

八月, 『漢王』引兵從故道出,[212] 襲雍,[213] 雍王邯戰敗走. 塞王欣翟王翳皆降.[214]

○【陵母伏劒】

陵母伏劒

王陵者, 沛人也, 先聚黨數千人, 居南陽, 至是始以

---

204) 三秦王 : 指雍王章邯塞王司馬欣和翟王董翳.(新)
205) 欺其衆 : 三秦王欺騙了部下的士兵.(新)
206) 諸侯 : 指秦末起義的各路領袖, 此指項羽.(新)
207) 彊 : 强行.(岳白)
208) 秦民莫愛也 : 謂此三人, 皆不得秦人之心, 易於潰敗.(今)
209) 武關 : 地名. 在陝西商南縣西北. 公元前207年劉邦由此入秦.(漢)
210) 擧而東 : 起兵東進.(岳白)
211) 傳檄而定 : ① 言不足用兵也.(春) ② 是說劉邦取關中不必打仗, 只要發布一道聲討敵人的文告(檄)就可以平定.(新) 檄 : 罪責曉慰之文書.(今)
212) 故道 : 縣名, 在今陝西省鳳縣西北, 接今甘肅省兩當縣.(新)
213) 襲 : 掩其不備, 出兵突擊.(今)
214) 塞 : 先代翻.(胡)

王陵以兵屬漢 兵屬漢. 項王取陵母置軍中, 陵使至, 則東鄕坐陵母,[215] 欲以招陵. 陵母私送使者, 泣曰, "願爲妾語陵,[216] 善事漢王, 漢王長者, 『終得天下,』 毋以老妾故持二心.[217] 妾以死送使者!" 遂伏劍而死.[218]

漢王長者終得天下

○【張良遺書項王】

張良遺書項王 張良遺項王書曰, "漢王失職,[219] 欲得關中, 如約卽止, 不敢東.[220]" 又以齊梁反書遺項王曰,[221] "齊欲與趙并滅楚." 項王以此故無西意, 而北擊齊.

【丙申(前205)[222]】

○【項羽弑義帝】

項羽弑義帝 冬, 十月, 項王密使九江王布等擊義帝,[223] 殺之江中.[224]

215) 東鄕坐 : 向東坐. 古以東鄕坐爲尊. 鄕, 通'向'.(新)
216) 語 : 告, 告誡.(新)
217) 二心 : 異心.(漢)
218) 伏劍 : ① 以劍自殺.(新) ② 謂仰劍刃刀, 身伏其上而取死也.(左傳 襄公3年 疏)
219) 失職 : 失其應得之職. 漢王本當王關中而徒王漢中, 故曰失職.(今)
220) 如約卽止 不敢東 : 按照懷王的舊約, 劉邦得到關中, 這停止進兵, 不再向東. 就是爲'定三秦'找借口.(新)
221) 齊 : 指田榮. 梁 : 指彭越. 田彭反項羽事詳史記田儋列傳及彭越列傳.(新) 反書 : 報告叛亂的文書.(漢)
222) 丙申(前205) : 西楚二年, 漢二年. 是歲韓亡. 凡二大國, 小國凡十二國.(春)
223) 布 : 黥布也.(春)
224) 殺 : 讀曰'弑'.(今) 之 : 指義帝. 漢書 高帝紀項籍傳英布傳所載, 皆與黥布列傳同. 則項

○陳餘襲°˙常山.[225] 張耳敗，走漢，陳餘迎趙王於代，復爲趙王.[226]

○漢王立韓襄王孫信爲韓王,[227] 常將韓兵從漢王.

○【陳平分肉甚均】

陳平分肉甚均 初，陽武人陳平,[228] 家貧，好讀書. 里中社,[229] 平爲宰,[230] 分肉甚均. 父老曰，"善，陳孺子之爲宰!"[231] 平曰，"嗟乎，使平得宰天下，亦如是肉矣!"

○【陳平歸漢】

陳平歸漢 及諸侯叛秦，平事魏王咎於臨濟，爲太僕,[232] 說魏王，不聽. 人或讒之，平亡去. 後事項羽，拜爲都尉. 後復杖劍歸漢.[233] 因魏無知求見漢王.[234] 王與語而悅之,[235]

羽所派的人和義帝被殺的地點，說法有所不同.(新) 江：長江.(中白)

225) °˙：(春)本有'破'字，當削.(◉) 常山：指常山王張耳.(新)

226) 趙王：原趙王歇，項羽改封他爲代王，陳餘又恢復他爲趙王.(新)

227) 韓襄王孫信：戰國時韓襄王之孫，曾隨劉邦入關中漢中，以功封爲韓國太尉. 高祖七年(前200)投降匈奴，爲了與淮陰侯韓信區別，史書一般稱'韓王信'.(新)

228) 陽武：縣名，今河南省原陽縣東南.(新)

229) 里中社：里中祭祀土地神. 里，相當今鄉村.(新) 社：后土也. 使民祀之，春以祈穀，秋以報功.(國)

230) 宰：主切割肉也.(胡)

231) 善 陳孺子之爲宰：陳家這小子做祭祀宰做的眞好.(新) 孺子：小子. 是一種昵稱.(新)

232) 魏咎：戰國時魏國的公子，後兵敗自殺.(新) 臨濟：邑名，在今河南省封丘縣東.(新) 太僕：管理帝王車馬的官.(新)

233) 杖劍：持劍.(漢)

234) 因：通過.(新)

235) 說：同悅.(新)

拜平爲都尉

問曰, "子之居楚何官?" 曰, "爲都尉." 是日卽拜平爲都尉, 使爲參乘,[236] 典護軍.[237] 諸將盡讙曰,[238] "大王一日得楚之亡卒, 未知其高下, 而卽與同載,[239] 反使監護長者![240]" 漢王聞之, 愈益幸平.[241]

漢王愈益幸平

○【漢王爲義帝發喪 討項羽】

漢王爲義帝發喪 討項羽

董公遮說漢王

順德者昌 逆德者亡

漢王南渡平陰津,[242] 至洛陽新城.[243] 三老董公遮說王曰,[244] "臣聞'順德者昌, 逆德者亡', '兵出無名,[245] 事故不成'.[246] 故曰, '明其爲賊, 敵乃可服.'[247] 項羽爲無道, 放殺其主,[248] 天下之賊也. 夫仁不以勇, 義不以

---

236) 參乘：陪乘或陪乘的人. 古代乘車, 尊者在左, 御者在中, 一人在右陪坐, 稱'參乘'或'車右'.(漢) 參：通'驂'.(漢)

237) 典護軍：① 使平典護軍而監護諸將也.(胡) ② 典護：監領. 督察. ③ 典, 掌管. 護軍, 監督和協調諸將士.(新) ④ 護, 監領也.(國)

238) 讙：① 喧嘩. 表示不服.(新) ② 音喧, 譁然不服之聲.(胡)

239) 同載：同乘一輛車.(新)

240) 長者：諸將自謂. 諸將以年齡較陳平爲長, 且從漢王日久, 故自謂長者.(今)

241) 益幸：更加寵信.(新)

242) 平陰津：渡口名, 在今河南省孟津縣東北.(新)

243) 新城：縣名, 在今河南省伊川縣西南.(新)

244) 三老：① 古代掌教化之官. 鄕縣郡均曾先後設置.(漢) ② 古代掌教化的官. 秦置鄕三老, 漢置縣三老, 東漢以後有郡三老.(新) 董公：① 其名未詳, 秦世隱士.(要) ② 高祖本紀正義引楚漢春秋云, "董公八十二遂封爲成侯."(新) 遮：橫道自言曰遮.(胡) 說：① 勸說.(新) ② 式芮翻.(胡)

245) 名：名義, 理由. 伐有罪則兵出有名.(新)

246) 事故：事情.(中白)

247) "明其爲賊 敵乃可服"兩句：布告天下, 言項羽殺義帝, 明其爲亂賊, 擧兵征之, 乃可使對立面心服.(新)

248) 放：謂遷義帝于郴.(新) 殺：① 謂殺之郴縣.(新) ② 殺讀曰'弑', 下之'殺'同.(春)

力,[249] 大王宜率三軍之衆爲之素服,[250] 以告諸侯而伐之,[251]" 於是漢王爲義帝發喪, 告諸侯曰, "天下共立義帝, 今項羽放殺之, 寡人親爲發喪兵皆縞素,[252] 悉發關中兵, 收三河士,[253] 南浮江漢以下,[254] 願從諸侯王擊楚之殺義帝者![255]"

○【漢王入彭城 置酒高會】

漢王入彭城置酒高會
彭越歸漢

項王雖聞漢東,[256] 欲遂破齊而後擊漢, 漢王以故得率諸侯兵凡五十六萬人伐楚.[257] 彭越將兵歸漢. ◤°漢王˙拜越爲魏相◗國,[258] 擅將兵畧定梁◖地.◥[259] 漢◗王◖遂入彭城,[260] 收其貨寶美人,[261] 日置酒高會.[262]

---

249) 仁不以勇 義不以力：己有仁, 天下歸之, 可不用勇天下自服, 己有義, 天下奉之, 可不用力而天下自定.(新)

250) 爲之素服：爲義帝穿喪服.(新)

251) 伐之：討伐'天下之賊'項羽.(新)

252) 縞素：白色喪服.(漢) 縞：繒之精白, 素無采飾也.(國)

253) 三河：漢代以河內河東河南三郡爲'三河', 卽今河南省洛陽市黃河南北一帶.(新)

254) 南浮江漢以下：向南沿長江漢水而下. 浮, 順流. 以, 而.(新)

255) 諸侯王：諸侯及王.(新)

256) 漢東：漢軍向東擊.(新)

257) 諸侯兵：指常山王張耳河南王申陽韓王鄭昌魏王魏豹殷王司馬卬五諸侯兵.(新)

258) 漢王：(春)本作'沛公', 誤.(◉) 相國：古官名. 春秋戰國時, 除楚國外, 各國都設相, 稱爲相國相邦或丞相, 爲百官之長. 秦及漢初, 其位尊於丞相. 後爲宰相的尊稱.(漢)

259) ◤ ◥：此文(春)本在甲午三年(前207)之'春二月沛公北擊昌邑'以下條, 而移記於此.(◉) 擅：專也, 使專爲此事.(漢書 卷34 韓彭英盧吳傳 第4 顔師古注) 畧定：攻克平定.(漢)

260) 彭城：羽都時羽北擊齊.(要)

261) 貨寶：財貨珍寶.(新)

262) 日：每天.(新) 置酒：設酒席.(新) 高會：皆召尊爵, 故曰高會. 一說大會也.(要)

○【漢軍敗於睢水】

漢軍敗於睢水

項王聞之，自以精兵三萬人，至彭城，大破漢軍於睢水，[263] 漢軍爲楚所擠，[264] 卒十餘萬人皆入睢水，睢水爲之不流．[265] 圍漢王三匝．[266] 會大風從西北起，[267] 折木，發屋，[268] 揚沙石，[269] 窈冥晝晦，[270] 楚軍大亂壞散，[271]

太公呂后遇楚軍 項王置軍中

漢王乃得與數十騎遁去．[272] 審食其從太公呂后間行求漢王，[273] 反遇楚軍，項王常置軍中爲質．[274]

○【漢王欲捐關以東 等棄之】

漢王欲捐關以東 等棄之

漢王問，"吾欲捐關以東，等棄之，[275] 誰可與共功

---

263) 睢：音雖．(春)
264) 擠：冲擊推壓．(新)
265) 水爲之不流：殺人既多，睢水爲之所塞．(今)　爲之：因此．(新)
266) 三匝：包圍了好幾層．三，表多數．匝，四周環繞合圍．(新)
267) 會：正趕上．(新)
268) 發屋：掀去屋頂．(新)
269) 揚沙石：飛沙走石．(新)
270) 窈冥晝晦：天昏地暗，白晝如同黑夜．窈冥，幽暗昏黑．晦，昏暗．(新)
271) 壞散：陣容混亂，四散奔逃．(新)
272) 遁：逃．(新)
273) 審食其：① 呂后幸臣，后封辟陽侯，爲左丞相，文帝時，被淮南王劉長所殺．(新) ② 審，姓，食其，名．食其，音異基．(胡)　太公：① 古代稱父或尊稱他人之父．(漢) ② 劉邦父親．(新) ③ 皇甫謐云，名執嘉．王符云，太上皇名煓，與湍同．(史記 卷8 高祖本紀 索隱)　求：尋找．(新)
274) 軍：軍營．(新)　質：① 人質．(新) ② 音致．(胡)
275) 捐關以東 等棄之：① 捐，棄．等棄之，捐以與人，與棄相等．(今) ② 捐關以東，把函谷關以東之地送人，讓其立功共破楚．等棄之，送人與拋棄是一樣的．(新) ③ 等棄之，不自有其地，將與其人，令其立功，共破楚也．(國)

者?[276]" 張良曰, "九江王布, 楚梟將,[277] 與項王有隙,[278] 彭越與齊反梁地,[279] 此兩人可急使.[280] 而漢王之將, 獨韓信可屬大事,[281] 當一面.[282] 卽欲捐之,[283] 捐之此三人,[284] 則楚可破也."

○【隨何使九江】

隨何使九江

漢王謂左右◖曰,◗[285] "無足與計天下事![286]" 謁者隨何進曰,[287] "不審陛下所謂.[288]" 漢王曰, "孰能爲我使九江,[289] 令之發兵倍楚?[290] 留項王數月,[291] 我之取天下可以°百˙全.[292]" 隨何曰, "臣請使之!" 漢王使與二十

---

276) 與共功 : 與我共建統一天下的功業.(新)
277) 布 : 黥布.(新) 梟將 : 猛將. 梟, 最勇健.(新)
278) 隙 : 矛盾.(新)
279) 彭越與齊反梁地 : ① 彭越正聯合齊王田榮在梁地起兵反楚.(中白) ② (要解)云, "反, 謂復其地也." 而不取焉.(◉)
280) 急使 : 赶快利用.(新)
281) 屬 : 委也. 音, 之欲翻.(胡)
282) 當一面 : 獨當一面. 當, 承擔. 一面, 一介方面的重任.(新)
283) 卽 : 如果.(新) 之 : 指上文'關以東'.(新)
284) 之 : 與, 給.(新) 三人 : 黥布彭越韓信.(新)
285) 左右 : 劉邦的親隨侍從.(新)
286) 無足 : 不可以, 不能.(新) 計 : 議論, 謀劃.(新)
287) 謁者 : 官名, 掌接待賓客, 傳達文書.(新) 隨何 : 辯士, 劉邦卽帝位, 以隨何爲護軍中尉.(新)
288) 審 : 明白.(新) 陛下 : ① 天子稱'陛下'自秦始, 此時劉邦爲漢王, 而稱'陛下', 乃史臣追書之辭.(新204年) ② 當作'大王'.(史記 卷91 黥布列傳 考證)
289) 孰 : 誰.(新) 使 : 出使.(新) 九江 : 九江王黥布.(新)
290) 倍 : 通'背', 叛.(新)
291) 留項王數月 : 言擧兵反楚, 則楚必留擊矣.(要)

人俱.[293]

○【漢王破楚軍於滎陽】

漢王破楚軍於滎陽

五月, 漢王至滎陽,[294] 諸敗軍皆會, 蕭何亦發關中老弱未傅者,[295] 悉詣滎陽, 漢軍復大振. 楚與漢戰滎陽南京索間.[296] 漢王擊楚騎於滎陽東, 大破之, 楚以故不能過滎陽而西. 漢軍滎陽, 築甬道屬之河,[297] 以取敖倉粟.[298]

漢軍築甬道取敖倉粟

○【陳平受諸將金】

陳平受諸將金

陳平美如冠玉

周勃等言於漢王曰, "陳平雖美如冠玉,[299] 其中未必有也.[300] 臣聞平居家時盜其嫂,[301] 事魏不容,[302] 亡歸楚,[303] 不中,[304] 又亡歸漢. 今日大王令護軍, 『臣聞

---

292) 百 : (春)本作'萬', 據(資治)改.(◉) 百全 : 萬無一失.(新)

293) 與二十人俱 : 與二十人俱往使九江.(今)

294) 滎陽 : 縣名. 在今河南省滎陽縣東北.(新)

295) 未傅 : 沒有載入服役簿籍. 古時23歲入簿, 56歲免歸田里. 傅, 著. 言著名籍, 給公家服役.(新) 傅 : 音附.(春)

296) 京 : 邑名, 在今河南省滎陽縣東南.(新) 索 : 索亭, 卽今滎陽縣治.(新)

297) 甬道 : 於兩旁築牆禦敵, 中間爲道以轉輸輜重, 稱爲甬道.(今) 屬 : ① 連接.(新) ② 之欲翻.(胡) 之 : 到.(新)

298) 敖倉 : 秦在滎陽北敖山上修建的大糧倉, 下臨黃河.(新)

299) 陳平雖美如冠玉 : 飾冠以玉, 光好外見, 中無所有也.(胡) 冠玉 : 帽子用美玉作裝飾, 外表好看, 內中空虛.(新)

300) 其中未必有 : 腹中未必有奇策妙計.(新)

301) 盜嫂 : 與嫂私通.(新) 盜 : 私之.(今)

302) 不容 : 不容于人, 待不下去.(新)

303) 歸 : 投靠.(新)

平受諸將金，金多者得善處，金少者得惡處．平，反覆亂臣也，願王察之．" 漢王召讓魏無知．無知曰，"臣所言者能也，[305] 陛下所問者行也．[306] 今有尾生孝己之行，[307] 而無益勝負之數，陛下何暇用之乎！[308] 楚漢相距，[309] 臣進奇謀之士，[310] 顧其計誠足以利國家不耳．[311] 盜嫂受金，何足疑乎！"

盜嫂受金

○【漢王謝陳平】

漢王謝陳平

漢王召讓平，平曰，"臣臝身來，[312] 不受金無以爲資．[313] 誠臣計畫有可采者，願大王用之，使無可用者，[314] 金具在，請封輸官，得請骸骨．[315]" 漢王乃謝，厚賜，拜

---

304) 不中：不得其志．中，音仲．(今) 中：中意．(新)

305) 能：才能．(新)

306) 行：品行．(新)

307) 尾生：姓尾生名高，魯人，相傳是一个堅守信約的男子，說他和一位女子約好在橋下見面，女子未來，水暴漲，他抱橋柱淹死．又作微生高．(新) 孝己：① 相傳殷王高宗武丁之子，侍親一夜五起，視衣之厚薄，枕之高下，甚'愛其親'．'親'指後母．(新) ② 殷高宗子，… 高宗惑後妻之言，放之而死．(春)

308) '而無益'兩句：然而對于決定勝敗命運無益的人，陛下又哪有閑工夫去使用他們呢．數，命運．(新)

309) 相距：相持不下．距，通'拒'．(新)

310) 進：推薦．(新)

311) 顧：考慮．(新) 誠：眞正．(新) 不：① (春)本作'事'，誤．(◉) ② 讀曰'否'．(胡)

312) 臝身：空身．(新) 臝：郎果翻 赤身也．(胡)

313) 資：費用．(新)

314) 使：假使．(新)

315) 請骸骨：① 請求辭職．(新) ② 人臣委身以事君，身非我之有矣．故於其乞退也，謂之乞骸骨．(胡前317年)

爲護軍中尉,[316] 盡護諸將. 諸將乃不敢復言.

○ 魏王豹謁歸視親疾,[317] 至則絶河津,[318] 反爲楚.[319]

○【蕭何守關中】

蕭何守關中

八月, 漢王如滎陽,[320] 命蕭何守關中, 計關中戶口, 轉漕調兵以給軍,[321] 未嘗乏絶.

○【韓信等擊魏】

韓信等擊魏

漢王使酈食其緩頰往說魏王豹,[322] 且召之. 豹不聽, 於是漢王以韓信灌嬰曹參俱擊魏.[323] 漢王問食其, "魏大將誰也?" 對曰, "柏直." 王曰, "是口尙乳臭,[324] 安能當韓信![325]" "騎將誰也?" 曰, "馮敬." 曰, "是秦將馮無擇子也, 雖賢, 不能當灌嬰." "步卒將誰也?" 曰,

口尙乳臭

316) 護軍中尉:以卿專任監軍, 有實權, 地位更高, 故"諸將乃不敢復言."(新)

317) 魏王豹謁歸:魏王魏豹拜謁漢王, 請求返回魏地.(中白) 謁歸視親疾:謁歸, 請假而歸. 親, 母親. 謂請假歸國, 以省侍其母之疾.(今)

318) 則:卽.(今) 絶河津:① 切斷蒲津關的黃河渡口, 阻止漢軍東渡.(新) ② 豹都平陽, 在河東, 故斷其津濟以拒漢軍.

319) 爲:于僞翻.(胡)

320) 如:到.(岳白)

321) 轉漕:運送軍糧草料. 轉, 陸運. 漕, 水運.(新) 調:謂計發之也.(要)

322) 緩頰:漢書・高帝紀上, 引此文, 顔師古注引張晏曰, "緩頰, 徐言引譬喩也." 後用以稱婉言勸解或代人講情.(漢)

323) 曹參:沛人, 佐劉邦定天下, 封平陽侯, 蕭何卒, 爲漢相, 一遵蕭何舊規. 史記有曹相國世家.(新)

324) 口尙乳臭:言少不經事, 弱不任職, 如嬰兒未離乳母之懷.(新)

325) 安:何, 怎麽.(新) 當:對抗.(新)

"項它." 曰, "不能當曹參. 吾無患矣!" ▼遂進兵.▼

○【韓信定魏地】

韓信定魏地 °☜˙魏王盛兵蒲坂以塞臨晉.[326] 信乃益爲疑兵,[327] 陳船欲渡臨晉, 而伏兵從夏陽以木罌渡軍,[328] 襲安邑.[329] 魏王豹驚, 引兵迎信. 九月, 信擊虜豹, 傳詣滎陽,[330] 悉定魏地.

○【陳餘背漢 韓信請兵】

陳餘背漢 韓信請兵 ⁋漢之敗於彭城而西也,[331] 陳餘亦覺張耳不死, 卽背漢.[332]⁋ 韓信旣定魏, 使人請兵三萬, 願以北擧燕趙, 東擊齊, 南絶楚粮道. 西與漢王會於滎陽, 漢王許之, 乃遣張耳與俱.

【丁酉(前204)】

○冬十月, 韓信張耳以兵數萬東擊趙. 趙王及成安君

---

326) 盛兵 : 結集重兵.(新) 蒲坂 : 邑名, 今山西省永濟縣西蒲州鎭, 隔黃河與潼關相對.(新) 塞 : 封鎖. 臨晉 : 臨晉關.(新)

327) 疑兵 : 虛張旗鼓以迷惑敵人.(新)

328) 夏陽 : 縣名, 在今陝西省韓城縣南.(新) 木罌 : 木制大腹小口瓮, 縛在身上渡河.(新)

329) 安邑 : 縣名, 今山西省夏縣西北.(新)

330) 傳 : 驛站的車.(新) 詣 : 到.(新)

331) 漢之敗于彭城而西 : 漢二年四月, 劉邦率領張耳等五王的軍隊, 乘項羽攻齊的機會, 突襲楚國, 攻入彭城, 項羽回軍猛攻, 大敗漢軍, 劉邦向西敗退.(新)

332) 陳餘 … 背漢 : 韓信擊趙(陳餘)之張本.(◉)

陳餘聞之, 聚兵井陘口,[333] 號二十萬.

○【李左車說成安君】

李左車說成安君 千里餽粮 士有飢色 樵蘇後爨 師不宿飽 井陘之道 車不得方軌 騎不得成列 陳餘義兵

廣武君李左車說成安君曰,[334] "韓信張耳乘勝遠鬪,[335] 其鋒不可當.[336] 臣聞'千里餽粮, 士有飢色,[337] 樵蘇後爨, 師不宿飽.'[338] 今井陘之道, 車不得方軌,[339] 騎不得成列,[340] 行數百里,[341] 其勢糧食必在其後. 願足下假臣奇兵三萬人,[342] 從間路絶其輜重,[343] 足下深溝高壘勿與戰.[344] 不◖至◗十日, 而兩將之頭可致於麾下,[345] 否則必爲二子所擒矣." 成安君°嘗˙自稱義兵,[346] 不用

---

333) 陘口：爲太行八隘之一, 稱井陘關, 又叫土門關, 在今河北省井陘縣東北的井陘山上.(新) 陘：音刑.(胡)

334) 李左車：趙國的謀士, 廣武君是他的封號.(新)

335) 乘勝：乘取代的勝勢.(新)

336) 鋒不可當：來勢洶洶不可抵當.(新) 鋒：銳勢, 勢頭.(新)

337) 飢色：言難繼也.(國)

338) 千里餽糧 士有飢色：是說遠粮不解近飢. 饋粮, 遠送粮餉.(新) 樵蘇後爨 師不宿飽：是說靠臨時打柴割草來點火做飯, 部隊就不可能經常喫飽. 樵, 打柴. 蘇, 割草. 爨, 燒飯. 師, 軍隊. 宿, 久, 經常. 這可能是古時成語.(新)

339) 方軌：① 兩車幷行.(新) ② 方, 幷列. 軌, 車.(新)

340) 成列：排成行列.(新)

341) 行數百里：行軍隊伍拉開幾百里.(新)

342) 假臣：暫且拔給我.(新) 奇兵：出乎適人豫料的突擊部隊.(新)

343) 間路：小路.(今) 絶：切斷.(新) 輜重：指一般軍需物資, 此處特指粮草. 輜, 衣車. 重, 載重物車.(新)

344) 深溝：掘深護營的戰壕. 高壘：加高兵營的圍墻.(新)

345) 致於麾下：送到將軍的帳前. 致, 送達. 麾下, 對統帥的尊稱.(新)

346) 嘗：①(春)本作'常', (資治)作'嘗'. '常'通'嘗', 而'曾經'之義, 今多用'嘗', 則當作'嘗'.(◉) ② 曾經.(中白) 義兵：正義之師.(新)

詐謀奇計.

○【韓信背水陣】

韓信背水陣

韓信使人間視,[347] 知其不用廣武君策, 大喜, 乃敢引兵遂下. 未至井陘口三十里, 止舍.[348] 夜半, 傳發,[349] 選輕騎二千人,[350] 人持一赤幟,[351] 從間道望趙軍.[352] 誡曰,[353] "趙見我走,[354] 必空壁逐我,[355] 若疾入趙壁,[356]

拔幟立幟

拔趙幟, 立漢赤幟." 令裨將傳餐曰,[357] "今日破趙會食![358]" 諸將皆莫信, 佯應曰,[359] "諾." 乃使萬人先行, 出, 背水陣,[360] 趙軍望見大笑.[361]

○【韓信定趙地】

---

347) 間視 : 暗中窺伺.(今)
348) 止舍 : 立營休息, 停止前進.(今)
349) 傳發 : 傳令出發.(新)
350) 輕騎 : 人馬不帶甲.(國)
351) 赤幟 : 紅旗. 漢旗皆赤.(新)
352) 間道 : 微道.(綱鑑)
353) 誡 : 下命令.(新)
354) 走 : 敗逃.(新)
355) 空壁 : 全軍出動.(新)
356) 若 : 汝也.(胡) 疾 : 速也.(胡)
357) 傳餐 : 分發一點食物, 暫作充飢.(新)
358) 破趙會食 : 等攻破趙軍後再正式集合會餐.(新)
359) 佯應 : 假意答應.(新)
360) 出 : 出井陘口.(新) 背水陣 : 面向趙軍, 背向河水, 擺開陣勢. 水, 指綿蔓水, 發源于山西省壽陽縣東, 東經河北省井陘縣, 流入滹沱河.(新)
361) 大笑 : "背水陣"爲絶地, 故趙軍笑其陳.(新)

韓信定趙地

平°旦˙,[362] 信建大將旗鼓,[363] 鼓行出井陘口,[364] 趙開壁擊之,[365] 大戰良久. 信與張耳佯棄鼓旗, 走水上軍,[366] 趙果空壁爭漢旗鼓, 逐信耳. 信耳已入水上軍, 軍皆殊死戰,[367] 不可敗.[368] 信所出奇兵二千, °則˙馳入趙壁,[369] 皆拔趙旗, 立漢赤幟.[370] 趙軍已不能得信等,[371] ⁍欲⁌還歸壁, 壁皆漢幟, 見而大驚,[372] 兵亂, 遁走,[373] 漢兵夾擊,[374] 大破趙軍, 斬成安君泜水上,[375] 禽趙王歇.[376]

○【韓信論兵法】

韓信論兵法

諸將問信曰, "兵法, '右倍山陵, 前左水澤.'[377] 今者

---

362) 平旦：天平明之時.(中)　旦：(春)本作'朝'. 註解千字文云. "旦, 아츰 단. 早也, 明也. (朝鮮)太祖御諱, 當讀如조." 則今當作'旦'.(◉)

363) 建：打起.(新)

364) 鼓行：大吹大擂地前進.(新)

365) 開壁：洞開營門.(中白)

366) 走水上軍：敗逃到水邊陣地.(新)

367) 殊死：殊, 絶也, 殊死, 謂決意必死.(目)

368) 不可敗：無法打敗他們.(中白)

369) 則：(春)本作'遂', 誤.(◉)

370) 立：插上(新)

371) 得：捉獲.(新)

372) 而：才, 始.(新)

373) 遁走：趙兵逃跑.(新)

374) 夾擊：猶夾攻.(漢)　夾攻：從兩方面同時進攻.(漢)

375) 泜水：水名, 卽今槐河, 源出河北省贊皇縣西南, 東流入滏陽河.(新)　泜：音祗. 又丁計翻, 又丁禮翻.(胡)

376) 禽：與'擒'通.(國)

陷之死地而後生 置之亡地而後存

將軍令臣等反背水陣以勝, 何也?" 信曰, "此在兵法, 顧諸君不察耳. 兵法不曰, '陷之死地而後生,[378] 置之亡地而後存乎?' 且信非得素拊循士大夫也,[379] 此所謂'驅市人而戰',[380] 予之生地,[381] 皆走, 寧得而用之乎?[382]" 諸將皆服.

○【韓信師事廣武君】

韓信師事廣武君

信募生得廣武君者予千金.[383] 有縛致麾下者, 信解其縛, 東鄉坐,[384] 師事之.[385] 問曰, "僕欲北攻燕,[386] 東伐齊, °何若˙而有功?[387]" 廣武君曰, "亡國之大夫不可以圖存, 敗軍之將不可以語勇." 信曰, "百里奚居虞而虞亡,[388] °在˙秦而秦霸,[389] 非愚於虞而智於秦也,[390]

亡國之大夫不可以圖存 敗軍之將不可以語勇

---

377) 右倍山陵 前左水澤 : ① 是說行軍布陣應該右面和背後靠山, 前面和左邊臨水. 倍, 通'背'. 孫子行軍 : "丘陵堤防, 必處其陽, 而右背之."(新) ② 太公曰, 軍必左川澤, 而右丘陵.(武經總要 前集 卷九 制度 雜叙戰地 注)

378) '陷之'兩句 : 是說必須把軍隊置于危窘之境, 士兵就能發揮最大的戰鬪力, 絶處逢生. 孫子九地, "投之亡地然後存, 陷之死地然後生. 夫衆陷于害, 然後能爲勝敗."(新)

379) '且信非得'句 : 何況我率領的幷不是平素受過嚴格訓練服從調度的將士. 拊循, 訓練, 調度. 士大夫, 指將士.(新)

380) 市人 : 集市上的人群, 卽烏合之衆.(新)

381) 予 : 讀曰與.(今) 生地 : 有退路的地方.(新)

382) 寧 : 怎麽, 哪兒.(新) 尙可能 : 還能够.(新) 用之 : 使用他們.(新)

383) 募 : 招求.(新) 生得 : 活捉.(新)

384) 東鄉坐 : 面向東坐. 鄉, 通'向'. 漢初以東向爲尊.(新)

385) 師事之 : 以老師之禮對待李左車.(新)

386) 攻 : (資治)作'伐', 史記淮陰侯列傳作'攻', 則兩存亦可.(◉)

387) 何若 : ① (春)本作'若何', 誤.(◉) ② 如何.(新)

用與不用, 聽與不聽°也˙.[391] 向使成安君聽子計,[392] 僕亦禽矣."

○【廣武君爲韓信計】

廣武君爲韓信計 智者千慮 必有一失 愚者千慮 必有一得 狂夫之言 聖人擇焉

廣武君曰, "智者千慮, 必有一失, 愚者千慮, 必有一得.[393] 故曰, '狂夫之言, 聖人擇焉.' 將軍虜魏王豹, 誅成安君, 威振天下, 然欲擧倦敝之兵頓之燕堅城之下,[394] 欲戰不得,[395] 攻之不拔, 今爲將軍計, 莫如按甲休兵,[396] 鎭撫趙民,[397] 遣辨士奉咫尺之書,[398] 燕必聽從. 燕已從而東臨齊,[399] 雖有智者, 亦不知爲齊計矣.[400]" 韓信從其策, 發使使燕,[401] 燕從風而靡.[402]

388) 百里奚 : 爲春秋時虞國大夫, 虞君不聽百里奚諫而亡國. 秦穆公重用百里奚爲丞相, 助穆公成霸業.(新)

389) 在 : (春)本作'之', 誤.(◉)

390) 非愚於虞而智於秦 : 并不是百里奚在虞國就愚蠢, 到了秦國就變得聰敏了.(新)

391) 也 : (春)本作'爾', 據(資治)改.(◉)

392) 向使 : 假使, 假令.(漢)　成安君 : 陳餘.(目)

393) 智者千慮 … 必有一得 : 晏子雜篇下, "聖人千慮, 必有一失, 愚人千慮, 必有一得."(史記 92卷 淮陰侯列傳 考證)　千慮一失 : 指聰明人卽使反覆考慮, 也難免會有失誤的地方.(漢)　千慮一得 : 愚笨人的細緻考慮也會有可取的地方.(漢)

394) 擧 : 率領.(新)　倦敝 : 疲憊勞乏.(新)　頓 : 停留.(新)　堅城 : 防守堅固的城池.(新)

395) 得 : 能.(新)

396) 按甲休兵 : 停止戰事, 休養士卒.(新)

397) 鎭撫 : 安頓撫慰. 鎭, 安.(新)

398) 咫尺之書 : 書信. 咫尺, 指當時寫信用的木簡的尺寸, 或八寸或一尺.(新)

399) 臨 : 進逼.(新)

400) 不知爲齊計 : 不知如何爲齊出謀劃策.(新)

401) 發使使燕 : 派遣使者出使燕國.(岳白)

○【九江王布歸漢】

九江王布歸漢 ⁋十一月,⁋ 隨何至九江,[403] ⁋九江太宰主之,[404] 三日不得見.[405] 太宰乃言之王, 王見之.[406] 十二月,⁋ 九江王布奉命至漢, 漢王方踞牀洗足,[407] 召布入見.[408] 布大怒, 悔來, 欲自殺, 及出就舍, 帳御飮食從官皆如漢王居,[409] 布又大喜過望.[410] 漢益九江王兵,[411] 與俱屯成皐.

(漢王踞牀洗足見黥布)(黥布大喜過望)

○【酈食其請立六國後】

酈食其請立六國後 楚數侵奪漢甬道,[412] 漢軍乏食. 漢王與酈食其謀撓楚權,[413] 食其曰, "陛下能復立六國之後,[414] 德義已行,

402) 從風而靡 : 順着風倒下去. 是說燕國聽到消息立刻就投降. 從, 順, 隨. 靡, 倒下. 這裏喻投降.(新)
403) 隨何至九江 : 劉邦派隨何勸九江王英布叛楚.(新)
404) 太宰 : 官名. 掌管膳食.(新) 主之 : 以主人的身分接待隨何.(新)
405) 不得見 : 不能見到九江王黥布.(岳白)
406) 之 : 于.((新)
407) 踞牀 : 兩脚岔開坐在牀上, 顯出傲慢無禮的樣子. 劉邦以英布久爲王, 恐其自尊大, 故意怠慢, 以折其氣. 牀, 古時坐具, 非今臥牀.(新)
408) 見 : 賢遍翻.(胡)
409) 帳御飮食從官皆如漢王居 : 漢王以布先立爲王, 恐其自尊大, 故峻禮. 令布折服, 已而美其帷帳, 厚其飮食, 多其從官, 以悅其心, 權道也.(春) 帳御 : 泛指屋內陳設及日用品. 從官, 隨從官員.(新)
410) 大喜過望 : 結果比原來希望的更好, 因而感到特別高興.(新)
411) 益 : 增拔.(新)
412) 數 : 所角翻.(胡) 甬道 : 築牆垣於道路之兩旁, 於其中運輸糧秣, 防備敵軍侵掠.(今)
413) 權 : 力量.(新)
414) 陛下 : 天子稱'陛下'自秦始, 此時劉邦爲漢王, 而稱'陛下,' 乃史臣追書之辭.(新) 六國 :

趣刻印 楚必斂衽而朝.[415]" 漢王曰, "善. 趣刻印,[416] 先生因行佩之.[417]"

○【張良沮酈食其謀】

張良沮酈食其謀 食其未行, 張良從外來謁. 漢王方食曰,[418] "客有爲我計撓楚權者.[419]" 具以酈生語告良, 良曰, "畫此計, 陛下事去矣.[420] 請借前箸,[421] 爲大王籌之,[422] 其不可者八, 天下游士, 離其親戚, 棄墳墓, 去故舊, 從陛下游者, 徒欲日夜望咫尺之地.[423] 今復立六國之後, 天下游士各歸事其主, 陛下誰與取天下乎?[424] 誠用客謀, 陛下事去矣." 漢王輟食,[425] 吐哺,[426] 罵曰, "豎儒幾敗迺公事![427]" 令趣銷印.[428]

借箸籌策 · 豎儒幾敗迺公事 · 趣銷印

指戰國時位于函谷關以東的齊楚燕韓趙魏六國.(漢)

415) 斂衽而朝：整肅衣服, 恭恭敬敬地朝拜漢王. 斂, 束. 衽, 衣襟.(新)

416) 趣刻印：赶快催促刻六國王印.(新)　趣：讀曰'促'.(胡)

417) 因行佩之：言將使食其行使六國, 授之以印而使佩之.(胡)　佩：帶.(新)

418) 方食：正在喫飯.(新)

419) 撓：① 弱也.(春) ② 與'橈'通.(中)

420) 事去矣：統一天下的大事完了.(新)

421) 請借前箸：求借所食之箸, 用以指畫也.(春)　前箸：指劉邦面前的筷子.(新)

422) 籌：計數.(新)

423) 游士：遊說之士.(新)　親戚：家人眷屬.(新)　墳墓：指祖宗.(新)　故舊：老朋友.(新)　徒：只是.(新)　望：希望得到.(新)　咫尺之地：一點封地. 咫尺, 比喩狹小.(新)

424) 誰與取天下：倆和誰奪取天下.(新)

425) 輟食：停止喫飯.(新)

426) 吐哺：把正在口裏嚼的飯吐出. 哺, 在口裏咀嚼着的食物.(新)

427) 豎儒幾敗迺公事：① 這小子幾乎把老子的大事給壞了.(新) ② 而公, 而, 汝也, 公, 尊稱

○【陳平反間】

陳平反間

漢王謂陳平曰, “天下紛紛, 何時定乎?[429]” 陳平曰, “項王骨鯁之臣,[430] 亞父鍾離昧龍且周殷之屬,[431] 不過數人耳. 大王誠能出捐數萬斤金,[432] 行反間,[433] 間其君臣,[434] 以疑其心,[435] 項王爲人, 意忌信讒,[436] 必內相誅, 漢因擧兵而攻之, 破楚必矣.” 漢王曰, “善!” 乃出黃金四萬斤與平, °恣˙所爲,[437] 不問其出入.[438] 平多以金縱反間於楚,[439] 宣言, “鍾離昧等爲項王將, 功多矣, 然終不得裂地而王, 欲與漢爲一, 以滅項氏而

也. 高祖嫚罵人, 率曰‘而公’‘乃公’, 蓋自尊辭.(胡) ③ 迺公, 漢王自謂也. 迺, 綱目作‘而’.(春) 豎儒 : 言其賤劣無智若童豎也.(漢書 卷1上 高帝紀 上 顔師古注) 幾 : 近也.(綱合) 迺 : 與‘乃’通.(中) 乃 : 汝也.(要)

428) 趣 : 促, 赶快.(新) 銷 : 毁.(新)

429) 紛紛 : 混亂.(新) 定 : 安定.(新)

430) 骨鯁 : ① 剛直. 鯁, 正直.(新) ② 喩正直而不阿諛.(今) ③ 隨事敢刺, 鯁不從容也. 一說, 直言難受, 如骨之哽咽也.(要)

431) 亞父 : ① 范增, 項羽重要謀臣.(新) ② 項羽得范增, 號曰亞父. 言尊之亞於父, 猶管仲齊謂仲父. 父並音‘甫’.(史記 卷8 高祖本紀 索隱) 鍾離昧 : ① 項羽的將領, 羽死, 投靠韓信, 後被迫自殺.(新) ② 鍾離, 複姓, 昧, 名也.(春) ③ 昧, 莫曷翻, 其字從本末之末.(胡) 昧 : (春)本作‘昧’(下畫長), 是形似之誤, 字當作‘昧’(下畫短).(◉) 龍且 : 且, 子余翻.(胡) 周殷 : 項羽的大司馬, 後降漢.(新) 屬 : 儕輩. 指同一類人.(漢)

432) 捐 : 拿出.(新)

433) 反間 : ① 誘使敵方的間諜或其他人反爲我用, 製造其內訌, 伺機取勝.(新) ② 間, 去聲, 以計離間敵人曰反間.(要)

434) 間 : 離間.(新)

435) 疑其心 : 使其互相猜疑.(新)

436) 意忌 : 卽疑忌. 意, 同疑.(今) 意 : 猜疑.(新)

437) 恣所爲 : 任他使用. 恣, 任意.(新) 恣 : (春)本作‘資’, 誤.(◉)

438) 不問其出入 : 不過問他開支的情況.(新)

439) 縱 : 大量派出. 反間 : 此指進行反間的間諜人員.(新)

分王其地.” 項羽果不信鍾離昧等.

○【割滎陽以西者爲漢】

割滎陽以西者爲漢

夏, 楚圍漢王於滎陽, 急, 漢王請和, 割滎陽以西者爲漢. 亞父勸羽急攻滎陽, 漢王患之.

○【范增以憤恚死】

范增以憤恚死

項王使使至漢, 陳平使爲大牢具.[440] 擧進,[441] 見楚使, 卽佯驚曰, “吾以爲亞父使, 乃項王使![442]” 復持去,[443]

項王疑亞父

更以惡草具進,[444] 楚使歸, 具以報項王,[445] 王果大疑亞父. 亞父欲急攻下滎陽城, 項王不聽. 亞父聞項王疑之, 乃怒曰, “天下事大定矣, 君王自爲之, 願請骸骨歸![446]” 未至彭城, 疽發背而死.[447]

---

440) 大牢具 : ① 豊盛降重最高規格的筵席.(新) ② 大牢, 指祭祀或筵席牛羊豕齊備.(新) ③ 大, 古‘太’字.(新) ④ 禮曹啓, “謹按毛晃韻, 太字註云, ‘大也, 過也, 甚也. 通作泰.’ 顔師古曰, ‘太上, 居尊上之位者.’ 大字註云, ‘漢書, 大子大師大傅大中大夫大守竝音泰.’ 古字無點, 後人加點以別之. 本朝廟號太祖謚號王大后及事大文書內, 太子等大字, 皆無點, 請皆加點.” 從之.(世宗實錄 2年8月29日) ⑤ 具, 饌也.(綱鑑)

441) 擧進 : ① 獻上.(新) ② 謂擧鼎進來也.(春)

442) 乃 : 却是, 怎么是.(新)

443) 持去 : 把太牢具撤除.(新)

444) 更 : 改換.(新) 惡草具 : 粗劣飯食.(新) 草 : 粗也.(春)

445) 具以報項王 : 把上述情況一一地報告給項王.(新)

446) 請骸骨 : ① 指古代官吏請求退休. 言使骸骨得以歸葬故鄕.(漢) ② 人臣委身以事君, 身非我有, 故於其乞退, 謂之請骸骨.(要)

447) 疽 : 結成塊狀的惡瘡, 浮淺的爲癰, 深層的爲疽.(新)

○【紀信誑楚】

紀信誑楚

將軍紀信言於漢王曰,[448] "事急矣! 臣請誑楚,[449] 王可以間出.[450]" 於是陳平夜出女子東門二千餘人,[451] 楚因擊之. 紀信乃乘王車, 黃屋,[452] 左纛,[453] 曰, "食盡, 漢王降楚." 楚皆呼萬歲, 之城東觀.[454] 以故漢王得與數十騎出西門遁去. ⁋羽見紀信, 問, "漢王安在?" 曰, "已出去矣." 羽燒殺信.⁋

○【漢王堅壁不戰】

漢王堅壁不戰

漢王出滎陽, 至成皐, 入關,[455] 收兵欲復東.[456] 轅生說漢王⁋曰,⁋ "深壁勿戰,[457] 令滎陽成皐間且得休息." 漢王從其計, 出軍宛葉間.[458] 與黥布行收兵.[459] 羽聞

---

448) 紀信 : 張晏曰, "紀通, 紀信子也." 晉灼曰, "紀信焚死, 不見其後. 功臣表云, '通, 紀成之子, 以成死事故封侯.'" 貢父曰, "漢祖以善用人得天下, 豈忘紀信之功哉! 疑成者, 卽信之一名也."(胡前180年'襄平侯紀通尙符節'註)

449) 誑楚 : 扮作劉邦欺騙楚軍.(新)

450) 間出 : ① 暗中出行, 如云間行微行.(今) ② 謂投間隙而微出也.(胡前209年)

451) 二千 : 史記項羽本紀'二千'上有'被甲'二字.(新)

452) 黃屋 : 天子用車, 以黃綢作頂篷.(新)

453) 左纛 : 天子用車, 左邊揷着用犛牛尾或雉鷄尾做的裝飾物.(新) 纛 : 徒倒翻, 又音毒.(胡)

454) 之城東觀 : 之, 往. 言往城東觀漢王出降.(今)

455) 入關 : 進入函谷關.(中白)

456) 收兵 : 徵集軍隊.(今)

457) 深壁 : 深溝高壘堅守.(新)

458) 宛 : ① 今河南省南陽市.(新) ②於元翻.(胡) 葉 : ① 邑名, 今河南省葉縣.(新) ② 式涉翻.(胡)

漢王在宛，果引兵°南˙，[460] 漢王堅壁不與戰.

○【漢王逃渡河】

漢王逃渡河

彭越爲漢將，游兵擊楚，[461] 羽乃使終公守成皐，而自東擊彭越. 漢王破終公，復軍成皐. 羽已破走彭越，乃引兵西拔滎陽城，遂圍成皐. 漢王逃，獨與滕公共車出成皐玉門，[462] 北渡河，宿小修武傳舍.[463]

○【漢王奪信耳軍】

漢王奪信耳軍

晨，自稱漢使，馳入趙壁.[464] 張耳韓信未起，卽其臥內，[465] 奪其印符以麾召諸將，[466] 易置之.[467] 信耳起，乃知漢王來，大驚. 漢王旣奪兩人軍，卽令張耳循行，[468] 備守趙地.[469] 拜韓信爲相國，[470] 收趙兵未發者擊齊.[471]

---

459) 行收兵：沿路徵集兵員.(新)
460) 南：(春)本作'來'，誤.(◉)
461) 游兵：流動作戰的小股軍隊.(漢)
462) 玉門：成皐北門之名稱.(今)
463) 小修武：邑名，在今河南省獲嘉縣境.(新)　傳舍：① 古時供行人休息住宿的處所.(漢) ② 舍，亭也，猶今驛館.(國)
464) 趙壁：趙軍營壘.(新)
465) 卽其臥內：就其臥處.(今)
466) 印符：帥印和兵符.(新)　麾：旌麾，軍中用來召喚將領的旗子.(新)
467) 易置之：調動了他們的職位.(新)
468) 循行：巡視.(新)　行：下孟翻.(胡)
469) 備守：防守.(新)
470) 相國：趙相國.(新)
471) 未發者：未調往滎陽去的.(新)

○諸將稍稍得出成皐從漢王,[472] 楚遂拔成皐, 欲西, 漢使兵距之鞏,[473] 令其不得西.

○【酈生請據敖倉】

酈生請據敖倉
知天之天者王事可成
王者以民爲天民以食爲天

漢王欲捐成皐以東,[474] 屯鞏洛以°距˙楚.[475] 酈生曰,[476] “臣聞‘知天之天者,[477] 王事可成’, 王者以民爲天, 民以食爲天.[478] 夫敖倉, 天下轉輸久矣,[479] 藏粟甚多. 楚人拔滎陽, 不堅守敖倉, 乃引而東,[480] 此天所以資漢也.[481] 願足下急進兵, 收取滎陽, 據敖倉之粟,[482] 塞成皐之險,[483] 杜太行之°道˙,[484] 距蜚狐之口,[485] 守白

---

472) 稍稍 : 陸續.(新)

473) 鞏 : 縣名, 在今河南省鞏縣西南.(新)

474) 捐 : 放棄.(新) 以 : 而.(新) 東 : 東撤. 用作動詞.(新)

475) 屯 : 駐守.(新) 鞏 : 鞏縣.(新) 洛 : 洛陽.(新) 距 : (春)本作‘拒’. (新)本註曰, “距, 通‘拒’.”(◉)

476) 酈生 : 酈食其.(今)

477) 天之天 : ① 比喩重要事物中最重要的事物. 喩事物的關鍵.(新) ② 王者以民爲天, 民以食爲天, 能知天之天者, 斯可矣.(史記 卷97 酈生列傳 索隱)

478) 天 : 賴以生存, 不可缺少的事物.(新)

479) 轉輸 : 轉送運輸.(新)

480) 引 : 帶領軍隊.(新)

481) 此天所以資漢也 : 項羽占滎陽, 不乘勢西進, 却東攻彭越, 又令疲憊的謫卒守成皐. 所以說 “此天所以資漢也”.(新)

482) 據 : 占有.(新)

483) 塞 : ① 堵塞.(新) ② 悉則翻.(胡)

484) 杜 : 切斷.(新) 太行 : 太行山, 在河北山西兩省交界處.(新) 行 : 戶剛翻.(胡) 道 : (春)本作‘路’, ‘道’與‘路’同義字, 而據(資治)改.(◉)

485) 距 : 通‘拒’, 扼制.(新) 蜚狐口 : 要隘名. 今河北省淶源縣北蔚縣東南.(新)

馬之津,[486] 以示諸侯形制之勢,[487] 則天下知所歸矣.[488]"王從之, 乃復謀取敖倉.

○【酈生下齊】

酈生下齊 食其又說王曰,"方今燕趙已定,[489] 唯齊未下. 諸田宗彊,[490] 負海岱, 阻河濟,[491] 雖遣數萬師, 未可以歲月破也.[492] 臣請得奉明詔說齊王,[493] 使爲漢而稱東藩.[494]"上曰,"善!"乃使酈生說齊王曰,"天下之事歸漢, 可坐而策也.[495] 王疾先下,[496] 齊國可得而保,[497] 不然, 危亡可立而待.[498]"先是, 齊聞韓信且東兵,[499] 使華無

---

486) 守 : 封鎖.(新) 白馬津 : 古渡口名, 在今河南省滑縣東北, 古黃河渡口.(新)

487) 形制之勢 : 憑借控制的有利地形制服敵人的形勢.(新) 形制 : 猶言形勝. 得形勢之勝, 便地形險固, 故能勝人, 以地形而制敵也.(要)

488) 天下知所歸 : 天下人都知道自己的歸宿. 卽投向劉邦.(新)

489) 定 : 平定.(新)

490) 諸田宗彊 : 齊國王族各支勢力强大.(新)

491) 負海岱 阻河濟 : 齊地東至海, 南至泰山, 故曰負海岱, 西阻淸濟, 北阻大河, 故曰阻河濟.(今) 負 : 仗恃.(新) 海岱 : 東海泰山.(新) 阻河濟 : 依仗黃河濟水的阻隔.(新) 阻 : 限也.(要)

492) 未可以歲月破也 : 謂齊國地勢險要, 民俗詐僞, 非歲月之間, 所能攻破.(今) 歲月 : 指短時間.(漢)

493) 明詔 : 英明的詔示.(漢)

494) 東藩 : 東邊的屬國.(新)

495) 坐而策 : ① 足不出戶就可策算得出. 言形勢顯而易見.(新) ② 言不出戶而知也. 策, 籌也.(要)

496) 疾 : 赶快.(新) 下 : 投降, 歸順.(新)

497) 得而 : 得, 得以. 而, 以.(新)

498) 立而待 : 卽'立待', 很短時間.(新)

499) 且東兵 : 將領軍東擊齊.(新) 東兵 : 將兵而東.(今)

傷田解將重兵屯歷下以距漢.[500] 及納酈生之言, 遣使與漢平,[501] 乃罷歷下守戰備.

○ 【蒯徹說信】

蒯徹說信

韓信引兵東, 未度平原,[502] 聞酈食其已說下齊, 欲止. 辯士蒯徹說信曰,[503] "將軍受詔擊齊, 而漢獨發間使下齊,[504] 寧有詔止將軍乎,[505] 何以得毋行也?[506] 且酈生, 一士, 伏軾掉三寸之舌,[507] 下齊七十餘城, 將軍以數萬衆, 歲餘乃下趙五十餘城. 爲將數歲, 反不如一豎儒之功乎![508]" 信然之.

【戊戌(前203)】[509]

○ 【齊王烹酈生】

齊王烹酈生

信襲破齊歷下軍, 遂至臨淄. 齊王以酈生爲賣己,[510]

500) 華無傷：齊國的車騎將軍.(新)　屯：駐扎.(新)　歷下：歷城, 邑名, 今山東省濟南市.(新)　距：通拒.(新)
501) 平：媾和.(新)
502) 度：渡過.(中白)　平原：平原津, 當時黃河渡口, 在今山東省平原縣西南.(新)
503) 蒯徹：因避漢武帝劉徹諱, 改爲蒯通.(新)
504) 獨：只不過.(新)　發：派.(新)　間使：密使.(新)
505) 寧：豈, 難道.(新)
506) 毋行：停止進軍.(新)
507) 伏軾：伏身靠在車前的橫木上. 多用來指乘車.(新)　伏：憑也.(綱鑑)　掉：搖動. 這句是說輕而易舉.(新)
508) 豎儒：對儒生的鄙稱.(漢)
509) 戊戌：西楚四年. 漢四年.(春)

乃烹之, 引兵東走高密.[511)]

○【漢王就敖倉食】

漢王就敖倉食

楚大司馬咎守成皐,[512)] 項王令謹守勿戰,[513)] 漢數挑戰,[514)] 楚軍不出.[515)] 使人辱之, 數日, 咎怒, 渡兵汜水.[516)] 士卒半渡, 漢擊之, 大破楚軍, 盡得楚國°金玉貨賂˙,[517)]

司馬欣自剄

咎及司馬欣自剄.[518)]

漢王復取成皐

漢王引兵渡河, 復取成皐, 軍廣武,[519)] 就敖倉食.[520)] 項羽聞成皐破, 乃引兵軍廣武, 與漢相守.

○【項羽欲烹太公】

項羽欲烹太公

楚軍食少, 項王患之, ˹乃˺爲高俎, 置太公其上,[521)]

---

510) 齊王以酈生爲賣己：齊王謂酈生與韓信合謀, 使漢得乘懈破齊歷下軍, 故以酈生爲賣己.(今) 賣：欺也.(中)

511) 走：逃往.(新)　高密：縣名, 在今山東省高密縣西南.(新)

512) 咎：海春侯曹咎.(新)

513) 項王令謹守勿戰：項羽聞之, 謂其大司馬曹咎曰, 謹守城皐, 卽漢挑戰, 愼勿與戰, 漢果挑楚軍.(長短經　卷9　水火)　勿戰：勿與漢戰.(古今攷　卷17　楚大司馬曹咎敗汜水)

514) 數：所角翻.(胡)　挑戰：① 激使敵方出戰.(漢) ② 挑身獨戰, 不復須衆也. 如古之致師. 致師者, 致其必戰之志也. 古者將戰, 先使勇力之士犯敵.(春)

515) 楚軍不出：項羽使曹咎守成皐, 戒勿與漢戰, 故不出.(綱鑑)

516) 渡兵汜水：領兵渡過汜水應戰.(新)　汜水：① 水名, 源于今河南省鞏縣東南的方山, 北流經成皐東入黃河.(新) ② 此水舊讀音'凡', 今彼鄉人呼之音'祀'.(漢書　卷1上　高帝紀　顔師古注)

517) 金玉貨賂：(春)本作'寶貨', 誤.(◉)　貨賂：財物.(新)

518) 欣：長史司馬欣.(新)

519) 廣武：城名, 在今河南省滎陽縣東北廣武山上.(新)

520) 就敖倉食：吃敖倉的糧食. 就, 求取.(新)

521) 乃爲俎　置太公其上：俎, 木几, 置肉其上, 以備臠切. 項羽示漢王欲烹太公, 故置太公其

告漢王曰,"今不急下,[522] 吾烹太公!"漢王曰,"吾與
吾翁卽若翁 羽俱北面受命懷王,[523] 約爲兄弟,吾翁卽若翁,[524] 必
幸分我一杯羹 欲烹而翁,[525] 幸分我一杯羹![526]"項王怒,欲殺之.項
爲天下者不顧家 伯曰,"爲天下者不顧家,[527] 雖殺之無益,祇益禍耳!"
項王從之.

○【漢王數羽十罪】

漢王數羽十罪 項王謂漢王曰,"願與王挑戰,決雌雄,[528] 毋徒苦天下
吾寧鬪智 不鬪力 之民父子爲也![529]"漢王曰,"吾寧鬪智,不鬪力."相
與臨廣武間,漢王數羽十罪,[530] 羽大怒,伏弩射中漢
傷胷捫足 漢王病創臥 王,[531] 漢王傷胸,乃捫足曰,[532]"虜中吾指.[533]"漢王病

上.史記漢書俱作高俎.高俎,卽俎之高者.置太公於高俎,目的在使漢王易於看見.(今)
太公:① 劉邦的父親.(新) ② 古代稱父或尊稱他人之父.(漢)

522) 下:投降.(新)

523) 北面:面向北.古禮,臣拜君,卑幼拜尊長,皆面向北行禮,因而居臣下晩輩之位曰'北面.'(漢)

524) 吾翁卽若翁:我父卽汝父.(今) 若:汝也.(綱鑑)

525) 而:汝也.(綱鑑)

526) 幸:希望.(新) 羹:肉湯.(新)

527) 爲天下者:爭奪天下的人.(新)

528) 決雌雄:謂決定勝負.雌雄,喩高低.(漢)

529) 毋徒苦…爲:是'毋爲徒苦…'的倒裝,意思是,不要讓天下老老小小的人白白地受這種無爲的煎熬.(新)

530) 數:① 列擧其罪狀而責之.(今) ② 責也.(漢書 卷31 項籍列傳 顔師古注)

531) 射:音'石'.(綱鑑)

532) 捫足:① 捫,摸也.傷胸而捫足者,以安衆也.(胡) ② 恐士卒壞散,故言中吾足指.(史記 卷8 高祖本紀 正義)

533) 虜:對敵人的蔑稱. 中吾指:傷胸而摸趾爲了安定身邊的人.指,脚趾.(新)

創臥,[534] 張良彊請漢王起行勞軍,[535] 以安士卒, 毋令楚乘勝. 漢王出行軍, 疾甚, 因馳入成皐.

○【信殺龍且 定齊地】

信殺龍且 定齊地

韓信已定臨淄, 遂東追齊王.[536] 項王使龍且將兵, 救齊, 龍且曰, "吾平生知韓信爲人, 易與耳![537] 寄食於漂母, 無資身之策,[538] 受辱於袴下, 無兼人之勇,[539] 不足畏也." 齊楚與漢夾濰水而陳.[540] 韓信夜令人爲

囊沙壅水殺龍且

萬餘囊, 盛沙, 壅水上流, 引軍半渡擊龍且, 佯不勝, 還走. 龍且果喜曰, "固知信怯也!" 遂追信. 信使人決壅囊, 水大至, 龍且軍太半不得渡.[541] 卽急擊殺龍且, 虜齊王,[542] 盡定齊地.

○立張耳爲趙王.

○【韓信王齊】

---

534) 創 : 讀作瘡, 傷也.(春)
535) 起行勞軍 : 行勞, 並去聲.(目) 行 : 巡視.(今) 勞 : 慰撫.(今)
536) 齊王 : 田廣.(新)
537) 易與 : 容易對付.(新)
538) 資身 : 猶言糊口.(新) 策 : 謀略. 龍且謂韓信謀略, 尙不足以資其一身, 何能克敵制勝.(今)
539) 兼人 : 超過他人.(新)
540) 濰水 : 卽今山東省的濰河. 陳 : 擺開陣勢.(新)
541) 太半 : 凡數三分有二爲太半, 有一爲小半.(目)
542) 虜齊王 : 虜齊王田廣.(國)

韓信王齊 韓信請爲假王 躡足附耳

韓信使人言漢王曰, “齊僞詐多變, 反覆之國也,[543] 南邊楚.[544] 請爲假王以鎭之.[545]” 漢王大怒, 張良陳平躡漢王足,[546] 因附耳語曰, “漢方不利, 寧能禁信之自王乎![547] 不如因而立之,[548] 使自爲守.” 漢王亦悟, 因復罵曰, “大丈夫定諸侯,[549] 卽爲眞王耳,[550] 何以假爲!” 遣張良操印立信爲齊王, 徵其兵擊楚.

○【武涉說韓信】

武涉說韓信 韓信右投則漢王勝左投則項王勝 三分天下 官不過郎中位不過執戟

項羽聞龍且死, 大懼, 使盱台人武涉往說齊王信曰, “當今二王之事,[551] 權在足下,[552] 足下右投則漢王勝, 左投則項王勝.[553] 項王今日亡, 則次取足下. 足下與項王有故,[554] 何不反漢與楚連和, 三分天下王之!” 信謝曰, “臣事項王, 官不過郎中,[555] 位不過執戟,[556] 言

---

543) 反覆之國也 : 是反復無常的國家.(岳白)　反覆 : 變化無常.(漢)

544) 邊 : 接近.(新)

545) 假王 : 暫時立爲代理的王.(新)　鎭 : 鎭撫.(新)

546) 躡漢王足 : 暗中踩漢王的脚. 暗示劉邦不應顯露不滿情緖. 史記高祖本紀留侯世家只言張良諫立齊王. 豈有二人同時‘躡足’同時‘耳語’之理.(新)　躡 : 蹈也.(目)

547) 寧 : 豈.(新)

548) 因 : 順水推舟.(新)

549) 定諸侯 : 指韓信平定了趙魏齊燕等諸侯.(新)

550) 卽 : 就.(新)

551) 二王之事 : 指劉邦項羽二人誰勝誰敗的事.(新)

552) 權在足下 : 決定輕重的砝碼在儞. 是說儞處于擧足輕重的地位.(新)　權 : 秤錘.(新)

553) 右投 : 向西依附劉邦.(新)　左投 : 向東依附項羽.(新)

554) 故 : 老交情.(新)

解衣衣我 推食食我

不聽，畫不用，[557] 故倍楚而歸漢.[558] 漢王授我上將軍印，予我數萬衆，解衣衣我，[559] 推食食我，[560] 言聽計用，故吾得以至於此. 夫人深親信我，我倍之不祥，‘雖死不易！[561]’ 幸爲信謝項王.[562]”

○【蒯徹以相人之術說韓信】

蒯徹以相人之術說韓信

參分天下 鼎足而居

武涉已去，蒯徹以相人之術說信曰，[563] “僕相君之面，不過封侯，相君之背，貴不可言.[564]” 韓信曰，“何謂也?” 蒯徹曰，“楚漢分爭，智勇俱困，[565] 當今兩主之命，縣於足下，[566] 爲漢則漢勝，與楚則楚勝，[567] 誠能聽臣之計，[568] 莫若兩利而俱存之，[569] 參分天下，鼎足

---

555) 郎中：守衛宮廷的武官.(新)
556) 執戟：與‘郎中’爲互文，持戟者爲郎中. 戟，古兵器.(新)
557) 畫：策畫.(今)
558) 倍：背叛.(中白)
559) 衣衣：下衣字，去聲，著也.(綱合)
560) 推：吐雷翻.(胡)　食食：下食字，讀曰‘飼’.(春)
561) 易：變心.(新)
562) 幸：希望.(新)　謝項王：辭謝項王盛情美意.(新)
563) 以相人之術說信：蒯徹欲以微言挑動韓信，故托之於相術.(今)
564) 相君之面 … 貴不可言：‘相君之背’兩句：用隱語說動韓信，示意他背叛劉邦則大貴.(新)　面：謂向漢.(綱鑑)　背：謂背漢.(綱鑑)
565) 智勇俱困：指劉項兩敗俱傷. 智，指劉邦. 勇，指項羽.(新)
566) 縣於足下：攥在儞的手心裏. 縣，通‘懸’.(新)
567) 爲：助.(新)　與：助.(新)
568) 誠：如果.(新)
569) 兩利：劉項雙方都不受損傷.(新)

天與弗取 反受其咎 時至不行 反受其殃

而居,[570] 其勢莫敢先動. 案齊之故,[571] 有膠泗之地,[572] 深拱揖讓,[573] 則天下之君王相率而朝於齊矣. '天與弗取, 反受其咎, 時至不行, 反受其殃.'[574] 願足下熟慮之!" 信曰, "漢王遇我甚厚, 吾豈可以鄉利而倍義乎![575]" 蒯生曰, "'勇略震主者身危,[576] 功蓋天下者不賞'.[577] 今足下戴震主之威,[578] 挾不賞之功, 歸楚, 楚人不信, 歸漢, 漢人震恐. 足下安歸乎?[579]" 信曰, "先生且休矣, ⁋吾將念之.[580]⁋" 蒯徹復說曰, "夫功者, 難成而易敗, 時者,[581] 難得而易失也, 時乎時乎, 不再來![582]" 信猶豫,[583] 不忍倍漢, 遂謝蒯徹.[584] ⁋徹因去,

勇略震主者身危 功蓋天下者不賞

戴震主之威 挾不賞之功

功者難成而易敗 時者難得而易失

韓信不忍倍漢

570) 鼎足 : ① 鼎有三足, 比喩三方幷峙之勢.(漢) ② 謂三分天下而割據之也.(中)

571) 案齊之故 : 據守住齊國舊有的疆域. 案, 據.(新)

572) 膠泗 : 二水名.(胡)

573) 深拱揖讓 : ① 高坐深宮之中, 而以禮敎治天下.(今) ② 恭敬謙讓.(新)

574) 天與弗取 … 反受其殃 : 國語越語下, 范蠡云, "得時無怠, 時不再來, 天予不取, 反爲之灾." 其意相類.(新) 與 : 賜予.(新) 咎 : 罪責.(新) 時 : 時機.(新) 殃 : 災禍.(新)

575) 鄕利 : 圖私利. 鄕, 通'向'.(新) 倍義 : 違背正義. 倍, 通'背'.(新)

576) 震主 : 使國君受到威壓.(新) 震 : 動也, 惧也.(要)

577) 不賞 : 功績超過天下所有的人, 達道頂點, 就'賞無可賞'了.(新)

578) 戴 : 擁有.(新) 挾 : 握持.(新)

579) 安歸 : 到哪裏去. 安, 何.(新)

580) 且休矣 : ① 暫且回去吧.(新) ② 不必說了.(岳白)

581) 時 : 機會.(新)

582) 時乎時乎 不再來 : 時, 機會. 時不再來, 謂良機難再得, 稍縱卽逝, 嘆惜之語.(今) 乎 : (資治)無'乎'字, (目)有'乎'字.(◉)

583) 猶豫 : ① 猶, 獸名, 性多疑, 聞有聲, 則豫登木, 下上不一, 故謂不一曰猶豫.(春) ② 不決也. 亦作猶與猶預.(中)

584) 遂謝蒯徹 : 辭謝蒯徹之計策而不採用.(今)

佯狂爲巫.[585]¶

○秋, 立黥布爲淮南王.

○【割鴻溝爲界】

割鴻溝爲界 / 漢楚相約 中分天下 / 項羽歸太公 / 良平說漢王擊楚 / 養虎遺患

項羽自知少助, 食盡, 韓信又進兵擊楚, 羽患之. 漢遣侯公說羽請太公.[586] 羽乃與漢約, 中分天下, 割鴻溝以西爲漢,[587] 以東爲楚. 九月, 楚歸太公呂后, 引兵解而東歸.[588] 漢王欲西歸, 張良陳平說曰, "漢有天下太半,[589] 而諸侯皆附, 楚兵疲食盡, 此天亡之時也. 今釋弗擊, 所謂'養虎自遺患'也.[590]" 漢王從之.

---

585) 徹因去 佯狂爲巫 : ① 徹知信之必敗, 因去河間, 稱爲巫也.(要) ②'因去'之前, (資治)無'徹'字. 歷代通鑑輯覽卷12作"遂謝徹, 徹去, 佯狂爲巫." 則'因去'之前, 當補'徹'字.(◉)

586) 侯公 : 史失其名, 據史記項羽本紀漢書載, 漢封他爲平國君.(新)

587) 洪溝 : ① 卽鴻溝, 古運河, 自今河南省滎陽縣北引黃河水, 東流, 經中牟至開封, 南折流入淮陽縣南入潁水.(新) ②'鴻溝'本作'洪溝'.(◉)

588) 解 : 撤.(新)

589) 太半 : 大半. 古人以爲三分之二爲大半, 三分之一爲少半.(新)

590) 養虎自遺患 : 比喩縱容敵人, 自留後患.(漢) 遺 : 遺留.(今)

通鑑節要增損校註 卷五

漢紀

▪ 太祖高皇帝 下

【己亥(前202) 高帝五年】

○【漢王追項羽】

漢王追項羽 冬, 十月, 漢王追項羽至固陵, 與齊王信魏相國越期

信越期會不至 會擊楚,[1] 信越不至, 楚擊漢軍, 大破之. 漢王堅壁自

守, 謂張良曰, "諸侯不從, 奈何?" 對曰, "楚兵且破,

君王能與共天下可立致 二人未有分地,[2] 其不至固宜.[3] 君王能與共天下,[4] 可

立致也.[5] 今能取睢陽以北至穀城皆以王彭越,[6] 從陳

以東傅海與齊王信.[7] 能出捐此地以許兩人,[8] 使各自

---

1) 期會 : 約期會合.(新)

2) 未有分地 : ① 沒有確定封地的疆界.(新) ② 信等雖名爲王, 未爲分畫疆界.(胡) 分 : 去聲, 別也. 凡裂土封諸侯, 其受封者, 各有分也.(要)

3) 固宜 : 理宜然也.(要)

4) 與共天下 : 和他們共分天下.(新) 共天下 : 共有天下之地, 割而封之.(要)

5) 立 : 立卽.(中白)

6) 睢 : 音雖.(春)

7) 從陳以東傅海 與齊王信 : ① 陳, 今河南省淮陽縣.(新) ② 傅, 讀曰'附', 附著之意. 此謂自陳以東著於海, 盡以與齊王信.(今)

8) 捐 : 棄之.(今) 許 : 許給.(中白)

爲戰,[9] 則楚易破也.” 漢王從之. 於是韓信彭越皆引兵來.

○【四面楚歌】

四面楚歌 十二月, 項王至垓下,[10] 兵少, 食盡, 與漢戰不勝, 入
圍羽垓下 壁,[11] 漢軍及諸侯兵圍之數重.[12] 項°王˙夜聞漢軍四面
皆楚歌,[13] 乃大驚曰, “漢皆已得楚乎? 是何楚人之多
項羽悲歌 也!” °則˙夜起,[14] 飮帳中. 有美人名虞, 駿馬名騅,[15]
力拔山氣蓋世 乃悲歌慷慨,[16] 自爲詩曰, “力拔山兮氣蓋世, 時不利
兮騅不逝, 騅不逝兮可奈何, 虞兮虞兮奈若何!” ◖歌
項王泣下 數闋,[17] 美人和之.[18] 項王◗因泣下,[19] 左右皆泣, 莫
能仰視.[20]

---

9) 各自爲戰 : 卽各爲自戰, 各人爲自己的封地而戰.(新)
10) 垓下 : 地名. 在今安徽省靈壁縣南的沱河北岸.(新)
11) 壁 : 營壘.(新)
12) 圍之數重 : 把楚軍重重包圍.(新)
13) 王 : (春)本作‘羽’. 或云‘王’, 或云‘羽’, 而上文有‘項王至垓下’, 則當作‘王’.(◉)　楚歌 : 楚人之歌. 楚軍多已降漢, 所以纔‘四面皆楚歌’.(新)
14) 則 : (春)本作‘乃’, 誤.(◉)
15) 騅 : ① 項羽的坐騎名.(漢) ② 音隹. 顧野王云, “靑白色也.” 釋畜云, “蒼白雜毛, 騅也.”(史記 卷7 項羽本紀 正義)
16) 慷 : (胡)本作‘忼’, 而‘慷’與‘忼’同字.(◉)
17) 闋 : 盡也, 曲終爲闋. 闋, 口穴反.(漢書 卷40 張良傳 顔師古注)
18) 美人和之 : 美人和歌曰, “漢兵已畧地, 四方楚歌聲, 大王意氣盡, 賤妾何聊生.” 因泣下自刎.(山堂肆考 卷160 帳中歌)
19) 行 : 戶剛翻.(胡)　泣 : 目中淚也.(胡)
20) 莫能仰視 : 都低頭哭泣, 沒有人能够擡頭看項王.(新)

○【羽陷大澤中】

羽陷大澤中 於是項王乘其駿馬,[21] 麾下壯士騎從者八百餘人,[22] 直夜,[23] 潰圍南出馳走.[24] 平明,[25] 漢軍乃覺之, 令騎將灌嬰以五千騎追之. 項王渡淮, 騎能屬者纔百餘人.[26]

田父紿羽 至陰陵, 迷失道, 問一田父,[27] 田父紿曰 "左".[28] 左, 乃陷大澤中,[29] 以故漢追及之.

○【羽自謂天亡】

羽自謂天亡 項王乃復引兵, 至東城, 乃有二十八騎. 項王自度不得脫.[30] 謂其騎曰, "吾起兵至今, 八歲矣, 身七十餘

羽未嘗敗北 戰,[31] 未嘗敗北. 今卒困°於˙此,[32] 此天之亡我, 非戰之罪也! 今日固決死,[33] 願斬將, 刈旗,[34] 三勝之, 令

---

21) 騅：毛色蒼白相染的馬.(新)
22) 麾下：部下.(新)　騎從者：騎馬跟隨的.(新)
23) 直夜：當天晚上.(新)　直：當也. 古字例以直爲値.(春)
24) 潰圍：突破包圍.　潰：破壞.(新)　南出：向南沖出.(新)　馳走：飛馬逃奔而去.(新)
25) 平明：天正明時候.(今)
26) 騎能屬者 纔百餘人：能跟隨項王逃奔的騎士.(新)　屬：① 聯及(今) ② 之欲翻.(胡)　纔：僅僅.(新)
27) 田父：① 老農.(新) ② 良預教田父也.(要)
28) 紿曰左：紿, 欺言也, 欺令向左去.(春)
29) 大澤：低窪泥濘之地. 今安徽省全椒縣南有迷溝, 相傳爲項羽陷入的大澤.(新)
30) 度：① 度徒洛翻.(胡) ② 估計.(新)　不得脫：不能逃脫.(新)
31) 身：親自參加.(新)
32) 卒, 終也.(漢書 卷31 項籍列傳 顏師古注)　於：(春)本作'如', 誤.(◉)
33) 決死：決然死亡, 必死.(漢)
34) 刈旗：砍倒敵方軍旗.(新)

諸君知天亡我, 非戰之罪." 斬漢一將一都尉, 殺數十百人. °˙騎皆伏⁌曰,[35] "如大王言!"⁍

○【羽自刎而死 楚亡】

羽刎自而死楚亡

於是項王欲東渡烏江, 烏江亭長檥船待,[36] 謂項王曰, "江東雖小, 地方千里, 亦足王也. 願大王急渡." 項王笑曰, "天之亡我, 我何渡爲![37] 且籍與江東子弟八千人渡江而西,[38] 今無一人還, 縱江東父兄憐而王我,[39] 我何面目見之! 縱彼不言, 籍獨不愧於心乎!" 乃令騎皆下馬步行, 持短兵接戰.[40] 獨籍所殺漢軍數百人, 身亦被十餘創.[41] ⁌顧見漢騎司馬呂馬童,[42] 曰, "若非吾故人乎?[43]" 馬童面之,[44] 指示中郎騎王翳曰, "此項

項羽不渡烏江

---

35) °˙ : (春)本有'諸', 當削.(◉) 伏 : 通'服'. 心腹.(新)

36) 亭長 : 亭是鄕以下的行政機構, 十里設一亭, 設亭長一人.(新) 檥船待 : 停船靠岸等待項羽.(新)

37) 我何渡爲 : ① 劉屛山評, 項羽引兵欲渡, 烏江亭長檥船待, 請羽急渡, 羽不渡, 乃戰死, 蓋是時, 漢購羽千金邑萬戶. 亭長之言甚甘, 羽疑其欺己也. 羽意謂丈夫窮途, 寧戰死, 不忍爲亭長所執, 故托以江東父兄之言爲解耳. 使羽果無東渡意, 豈引兵至此? … 及田父所紿, 陷於大澤中, 羽知人心不與己, 安知亭長不出田父之計哉! 此羽所以戰死也.(綱合) ② 據劉屛山評, 則項羽欲渡江而不渡者, 疑亭長欺己故也.(◉) 何渡爲 : 渡江幹什麼.(新) 爲 : 助詞. 用在句末, 常與'何''奚'等相配合, 表疑問或反詰.(漢)

38) 籍 : 籍名, 羽字.(國)

39) 縱 : 卽使.(新)

40) 短兵 : 兵器之短者, 謂刀劍之屬.(今)

41) 創 : ① 初良翻.(胡) ② 創傷.(漢)

42) 若 : 汝.(今) 顧見 : 回頭看見.(新)

43) 故人 : 舊交.(漢)

44) 面之 : ① 張晏曰, "以故人難親斫之, 故背之也." 如淳曰, "面謂不正視也." 師古曰, "如說

王也." 項王◀乃曰, "吾聞漢購我頭千金,[45] 邑萬戶, 吾爲若德.[46]" 乃自刎而死.

○【五人共會羽體】

五人共會羽體

▶王翳取其頭, 餘騎相蹂踐,[47] 爭項王,[48] 相殺者數十人,[49] 最其後, 楊喜呂馬童及郎中呂勝楊武各得其一體, 五人共會其體, 皆是,[50] 故分其戶,[51] 封五人皆爲列侯.[52]◀

○【漢以魯公禮葬項王】

漢以魯公禮葬項王

魯守禮義之國

楚地悉定, 獨魯不下,[53] 漢王欲屠之. 至其城下, 猶聞絃誦之聲,[54] 謂其守禮義之國,[55] 爲主死節, 乃持項王頭以示之,[56] 魯乃降. 漢以魯公禮葬項王,[57] ▶親爲發

非. 面, 謂背之, 不正向也."(胡) ② 向之.(今)

45) 購 : 懸賞.(新)

46) 吾爲若德 : 羽蓋謂我爲汝自刎以德汝.(胡)

47) 相蹂踐 : 爲了爭奪項羽的屍體, 互相爭鬪踐踏.(新)

48) 爭項王 : 爭搶項羽的軀體.(中白)

49) 相殺 : 互相殘殺.(新)

50) 共會其體 皆是 : 將五人所得項羽屍體幷合, 確是項羽.(新)

51) 分其戶 : 指懸賞的萬戶.(新)

52) 封五人皆爲列侯 : 馬童封中水侯, 王翳封杜衍侯, 楊喜封赤泉侯, 楊武封吳防侯, 呂勝封涅陽侯.(胡)　列侯 : 爵位名. 秦制爵分二十級, 徹侯位最高. 漢承秦制, 爲避漢武帝劉徹諱, 改徹侯爲通侯, 或稱'列侯'.(漢)

53) 獨魯不下 : 唯獨魯縣仍不投降.(中白)

54) 弦 : 依琴瑟而詠歌.(新)　誦 : 口誦歌樂之篇章.(新)

55) 謂 : (資治)作'爲', 謂與'爲'通.(◉)

56) 示魯 : 把項羽的頭拿到魯地去示衆.(新)

封項伯爲列侯 哀,[58] 哭之而去. 諸項氏枝屬皆不誅.[59] 封項伯等四人皆爲列侯,[60] 賜姓劉氏, 諸民略在楚者皆歸之.[61]

○【羽不覺悟】

羽不覺悟 太史公曰,[62] 羽起隴畮之中,[63] 三年, 遂將五諸侯滅秦,[64] 分裂天下而封王侯, 政由羽出,[65] 位雖不終,[66] 近古以來未嘗有也.[67] 及羽背關懷楚,[68] 放逐義帝而自立, 怨王侯叛己, 難矣.[69] 自矜功伐,[70] 奮其私智而不師古,[71] 謂霸王之業, 欲以力征經營天下.[72] 五年, 卒

羽五年亡國 亡其國,[73] 身死東城, 尙不覺悟而不自責, 乃引"天亡

57) 魯公：楚懷王初封項羽爲魯公, 及其死, 魯最後下, 故以魯公禮葬項王.(新)
58) 爲：于僞翻.(胡) 發哀：發喪.(新)
59) 枝屬：宗族旁枝.(新)
60) 四人：項伯爲侯, 項襄爲桃侯, 項佗爲平皐侯, 玄武侯(高祖功臣侯者年表中無), 也許是始封不久卽廢.(新)
61) 諸民略在楚者皆歸之：各地人民被略取到楚地的都讓他們返歸原地.(岳白)
62) 太史公曰：司馬遷論贊.(新)
63) 隴畮：田野. 此指民間.(新) 畮：古'畝'字.(胡)
64) 五諸侯：指齊趙韓魏燕五國的諸侯軍.(新)
65) 政：政令.(新) 出：頒布.(新)
66) 位：指政權.(新) 不終：不得善終.(新)
67) 近古：近代. 指戰國及秦楚之際.(新)
68) 背關：放棄關中形勝之地. 背, 棄.(新) 懷楚：懷戀故鄉而重歸於楚國.(今)
69) 難矣：是說項羽在上述情況下還想成大事那就太難了.(新)
70) 自矜功伐：自以爲有功. 矜, 誇耀. 伐, 功勳.(新)
71) 奮：逞.(新) 私智：個人的聰敏才智.(新) 不師古：不以古代成功立業的帝王爲師.(新)
72) 力征：只用武力征服.(新) 經營：治理.(新)
73) 卒：終.(新)

我, 非用兵之罪也.” 豈不謬哉![74]¶

○【漢王馳信壁 奪其軍】

漢王馳信壁奪其軍

漢王還, 至定陶, 馳入齊王信壁,[75] 奪其軍.[76] 春, 正月, 更立齊王信爲楚王,[77] 王淮北, 都下邳. 封魏相國彭越爲梁王, 王魏故地, 都定陶. °☞˙

○【漢王卽帝位】

漢王卽帝位

諸侯王皆上疏請漢王爲皇帝. 二月甲午,[78] 王卽皇帝位於汜水之陽.[79]

○【高祖能用三傑】

高祖能用三傑

夏, 五月, 帝置酒洛陽南宮,[80] 上曰,[81] “徹侯諸將毋敢隱朕,[82] 皆言其情.[83] 吾所以有天下者何? 項氏之所

---

74) 謬 : 荒謬, 荒唐.(新)

75) 馳入 : 飛馬直入.(新) 壁 : 軍營.(新)

76) 奪其軍 : 奪了韓信的軍權.(新)

77) 更立 : 改封.(新) 更 : 工衡翻.(胡)

78) 甲午 : 初三日.(新)

79) 汜水之陽 : 汜水的北岸. 汜水, 在今山東省曹縣北, 從南濟水分出, 東北流入菏澤.(新) 汜 : 敷劍翻.(胡)

80) 置酒 : 會群臣使共知之也.(要) 南宮 : 在洛陽城內, 秦時洛陽已有南宮北宮.(新)

81) 上 : ① 指君.(新) ② 指高祖. 古人不敢直稱君主尊號, 但稱上以代表之. 若當代皇帝則稱今上.(今)

82) 徹侯 : ① 爵位名, 秦二十級軍功爵中最高級, 漢初因襲之, 多授予有功的異性大臣.(新) ② 徹侯, 避武帝諱曰通侯. 徹, 通也, 言其上通王室也.(春) 毋敢隱朕 : 不要隱瞞我.(新)

83) 情 : 實.(新)

以失天下者何?” 高起王陵對曰,[84] “陛下嫚而侮人,[85] 項羽仁而愛人, 然陛下使人攻城略地, 因以與之, 與天下同其利, 項羽妬賢嫉能 有功者害之, 賢者疑之, 此其所以失天下也.” 上曰, “公知其一, 未知其二. 夫運籌帷幄之中,[86] 決勝千里之外, 吾不如子房,[87] 鎭國家,[88] 撫百姓,[89] 給餉餽,[90] 不絶糧道,[91] 吾不如蕭何, 連百萬之衆,[92] 戰必勝, 攻必取, 吾不如韓信. 三者皆人傑, 吾能用之, 此「吾」所以取天下者也. 項羽有一范增而不能用, 此所以爲我禽也.[93]” 群臣說服.[94]

(知其一未知其二 / 決勝千里之外 / 戰必勝攻必取 / 三者皆人傑 / 羽有一范增不能用)

○【信召漂母賜金 召辱己少年登用】

(信召漂母賜金召辱己少年登用)

「韓信至楚,[95] 召漂母, 賜千金. 召辱己少年, 以爲中尉,[96] 告諸將相曰, “此壯士也. 方辱我時, 「我」寧

84) 高起 : 漢初之將. 或以爲無此人.(新)
85) 嫚 : 易也, 讀與‘慢’同.(漢書 卷1下 高帝紀 第1下 顔師古注)
86) 運 : 運用.(新) 籌 : 謀略.(新) 帷幄 : 軍帳.(新)
87) 子房 : 漢張良之字.(中)
88) 鎭 : 通‘塡,’ 安定.(新)
89) 撫 : 按撫.(新)
90) 給 : 供給.(國) 餉餽 : ① 軍糧.(今) ② 餉, 通作‘饟’. 餽, 通作‘饋’.(春)
91) 不絶糧道 : 使運粮暢通不阻.(新) 糧道 : 運糧的道路.(漢)
92) 連 : 引. 此有率領之義.(新)
93) 禽 : 同‘擒’.(新)
94) 說服 : 悅服, 心悅誠服.(新) 說 : 讀曰‘悅’.(今)
95) 楚 : 韓信改封爲楚王, 都下邳, 此楚當指下邳.(新)
96) 中尉 : 管巡城捕盜的武官.(新)

不能殺之邪?[97] 殺之無名,[98] 故忍而就此.[99]”

○【田橫自剄】

田橫自剄

項羽已滅, 田橫懼誅, 與其徒屬五百餘人入°海, 居˙島中,[100] 帝恐其爲亂. 乃使°使˙赦橫罪,[101] 召之. 曰, “橫來, 大者王, 小者侯, 不來, 且擧兵加誅「焉」.[102]” 橫乃與其客二人乘傳詣洛陽.[103] 未至三十里自°剄˙,[104] 帝拜其二客爲都尉,[105] 以王禮葬之. 橫旣葬, 二客穿其冢旁「孔」,[106] 皆自剄, 下從之.[107] 帝聞之, 大驚.

田橫之徒皆自殺

聞其餘尙五百人在海中, 使使召之, 至, 則聞橫死, 亦皆自殺.

○【赦季布】

---

97) 寧 : 豈, 難道.(新)

98) 名 : 名義.(新)

99) 就此 : 就, 成也, 成今日之功也.(要)

100) 海, 居 : (春)本作‘居海’.(◉)

101) 使 : (春)本作‘人’.(◉)

102) 橫來 … 且擧兵加誅 : 高祖召田橫, 謂橫若來, 大則封王, 小亦不失封侯, 不來, 則加誅戮.(今)

103) 乘傳 : ① 古代驛站用四匹下等馬拉的車子.(新) ② 傳, 驛傳. 驛站置車, 謂之傳車, 或稱驛車, 凡乘傳車者, 每至一驛, 則更易其乘車, 故稱乘傳, 取轉相傳受之義.(今)

104) 未至三十里 : 距洛陽三十里.(新) 剄 : (春)本作‘殺’, 據(資治)改.(◉)

105) 都尉 : 卽護軍都尉, 督護出軍將領.(新)

106) 穿其塚旁孔 : 在墳旁挖洞穴.(新)

107) 下從之 : 倒進洞穴陪葬.(新)

赦季布

季布爲奴

季布爲項籍將,[108] 數窘辱帝.[109] 項籍滅, 帝購求布千金,[110] 敢有舍匿,[111] 罪三族. 布乃髡鉗爲奴.[112] 自賣於魯朱家.[113] 朱家心知其季布也, 買置田舍,[114] 身之洛陽見滕公.[115] 說曰, "季布何罪! 臣各爲其主用,[116] 職耳,[117] 今上始得天下, 而以私怨求一人, 何示不廣也![118] 且以季布之賢, 漢求之急, 此不北走胡, 南走越耳.[119] 君何不從容爲上言之![120]" 滕公待間,[121] 言於上, 如朱家指.[122] 上乃赦布, 召拜郎中, ⸢朱家遂不復見之.[123]⸣

108) 季布: 曾爲項羽將, 以重然諾聞名于關中, 時有得黃金百斤, 不如得季布一諾之諺.(新)
109) 數: 所角翻.(胡) 窘: 困也.(胡)
110) 購求: 懸賞征求.(新)
111) 舍匿: 收留隱藏.(新)
112) 髡鉗: ① 古代刑罰名. 髡, 剃去頭髮.(新) ② 鉗, 以鐵具束頸. 古人皆蓄髮, 惟卑賤者始剃之.(今) ③詐爲刑人也.(目)
113) 魯朱家: ① 魯之大俠.(胡) ② 漢初著名游俠. 見史記游俠列傳.(新)
114) 買置田舍: 把季布買來安置在農舍.(新)
115) 身之: 朱家親自到.(新) 滕公: 夏侯嬰.(新)
116) 爲: 于僞翻.(胡)
117) 職: ① 職, 常也, 言此乃常道也. 一曰, 職, 主掌其事也. 爲, 于僞翻.(胡) ② 布爲羽將, 而迫窘高祖, 是布之職耳.(史記 卷100 季布列傳 正義)
118) 何示不廣也: ① 爲什麽要顯示自己如此的心胸狹隘呢.(新) ② 不廣, 胸襟狹窄, 不能容物. 高祖不能容一季布, 故曰示天下以不廣.(今)
119) 不北走胡 南走越: 不是向北逃奔匈奴, 就是向南逃奔南越.(新)
120) 從容: 找機會.(新)
121) 待間: 等待機會.(新)
122) 如朱家指: 按照朱家的意思. 指, 通旨意.(新)
123) 復: 扶又翻.(胡)

○【斬丁公】

斬丁公 布母弟丁公,[124] 亦爲項羽將, 逐窘帝彭城西.[125] 短兵接, 帝急, 顧謂丁公曰, "兩賢豈相戹哉![126]" 丁公引兵而還.[127] 及項王滅, 丁公謁見.[128] 帝以丁公徇軍中,[129] 曰, "丁公爲項王臣不忠, 使項王失天下者也." 遂斬之, 曰, "使後爲人臣無傚丁公也![130]"

人臣無傚丁公

○【戮一人 千萬人懼】

戮一人千萬人懼 溫公曰, "高祖起豊沛以來, 罔羅豪傑,[131] 招亡納叛, 亦已多矣. 及卽帝位, 而丁公獨以不忠受戮,[132] 何哉? 夫進取之與守成,[133] 其勢不同. 當羣雄角逐之際,[134] 民無定主, 來者受之, 固其宜也. 及貴爲天子, 四海

---

124) 丁公 : ① 丁固, 季布的舅父.(新) ② 布母弟丁公, 按謂布之舅也.(史記 卷100 季布列傳 索隱) ③ 丁公, 名固, 季布之異父同母弟.(今) ④ 一曰布之舅, 一曰布之弟, 未詳熟是, 俟後之君子.(◉)

125) 逐窘 : 追迫.(新) 帝 : 劉邦.(新)

126) 兩賢 : 咱們兩條好漢. 指劉邦丁固.(新) 豈相戹 : 難道要互相迫害嗎. 戹, 爲難, 困迫.(新)

127) 引 : 領.(新)

128) 見 : 賢遍翻.(胡)

129) 徇 : 行示.(今)

130) 傚 : 仿效.(新)

131) 罔 : 古網字.(今)

132) 受戮 : 被殺.(新)

133) 進取 : 指努力向前開創基業.(新) 守成 : 旣已成功保守基業.(新)

134) 角逐 : 武力竟競爭取勝. 角, 競爭.(新)

之內，無不爲臣，苟不明禮義以示之，[135] 使爲臣者，人懷貳心以徼大利，[136] 則國家其能久安乎！[137] 是故斷以大義，[138] 使天下曉然皆知爲臣不忠者無所自容，[139] 而懷私結恩者，[140] 雖至於活己，猶以義不與也．[141] 戮一人而千萬人懼，其慮事豈不深且遠哉！子孫享有天祿四百餘年，[142] 宜矣！”

○【婁敬請都關中】

婁敬請都關中 齊人婁敬戍隴西，[143] 過洛陽，脫輓輅，[144] 衣羊裘，[145] 因虞將軍見上．[146] 曰，“陛下都洛陽，豈欲與周室比隆哉？[147]” 上曰，“然．” 婁敬曰，“洛邑天下之中，[148] 有德

洛邑天下之中

---

135) 苟不明禮義以示之：如果不宣傳讓大家明白禮義．(新)

136) 懷貳心：對國君不盡忠．(新)　以：而．(新)　徼：追求．(新)

137) 其：豈．(新)

138) 斷以大義：一切以大義爲判斷是非的標準．(新)

139) 曉然皆知：人人都明明白白地知道．(新)　無所自容：無處容身．意思是沒有活路．(新)

140) 懷私結恩：心懷私情結恩于人．意近結黨營私．(新)

141) 與：許．(新)

142) 天祿：天賜的福祿．後常指帝位．(新)

143) 婁敬：賜性劉，拜郎中，號奉春君，封爲建信侯．史記有劉敬列傳．(新)　戍：駐防．(新)

144) 脫輓輅：此謂解脫繫於輅上之挽索，使乘車停止前進．輓，繫於輅上之挽索，爲引車之用．輅，轅車前之橫木，音'洛'．(今)

145) 衣羊裘：因齊人虞將軍求見上．虞將軍欲與之鮮衣．婁敬曰，“臣衣帛，衣帛見，衣褐，衣褐見．” 終不敢易衣．(胡)

146) 因：通過．(新)　虞將軍：漢高祖將領，生平不詳．(新)

147) 豈：豈不．(◉)　豈有：猶豈不有也．(纂注杜詩澤風堂批解 卷15 十二月一日 三首 '卽看鷰子入山扉 豈有黃鸝歷翠微' 註)　周室：周王朝．(新)　隆：興盛，尊威．(新)

148) 洛邑：戰國以後改謂洛陽．洛，古作'雒'．(中)　中：中心．(新)

秦地被山帶河四塞以爲固

扼吭拊背

秦二世即亡

洛陽非用武之國

關中沃野千里

金城天府

則易以王.[149] 無德則易以亡. 夫秦地被山帶河,[150] 四塞以爲固,[151] 卒然有急,[152] 百萬之衆可具.[153] 亦扼天下之吭而拊其背也.[154]" 帝問羣臣. 羣臣皆山東人, 爭言, "周王數百年, 秦二世卽亡. 洛陽東有成皐, 西有殽澠,[155] 倍河,[156] 向伊洛,[157] 其固足恃也." 上問張良. 良曰, "洛陽雖有此固, 四面受敵, 非用武之國也.[158] 關中左殽函,[159] 右隴蜀,[160] 沃野千里,[161] 阻三面而固守,[162] 獨以一面東制諸侯, 此所謂金城千里,[163] 天府之國.[164] 婁敬說是也." 上卽日車駕西,[165] 都長安.

---

149) 有德則易以王 : 國君有德則容易依靠德統治天下. 以後省介詞賓語之.(新)

150) 秦地 : 謂關中, 秦都也.(綱鑑) 被 : 寢衣也, 喩其亘延.(戰國策 卷5 鮑彪注) 帶河 : 河渭環繞如帶.(綱鑑)

151) 四塞 : ① 指四境皆有天險, 可作屛障. 塞, 先代切.(漢) ② 四面山河之固.(綱鑑)

152) 卒 : 讀曰'猝'.(胡)

153) 具 : 具備.(今)

154) 扼 : (資治)作'搤'.(◉) 搤 : 與'扼'同, 捉持之也.(胡) 搤亢拊背 : ① 是說控制要害.(新) ② 搤, 持也. 亢, 咽喉, 喩關中. 拊, 擊也. 背, 喩天下.(綱鑑) 亢 : 咽喉. 搤其亢, 謂控持其生死要道. 拊, 打擊.(今) 吭 : (資治)作'亢', 吭或作'亢'.(◉)

155) 殽澠 : 殽, 殽山. 澠, 卽澠池.(胡) 澠 : 彌兗翻.(胡前154年)

156) 倍河 : 黃河在洛陽城北, 故曰倍河. 倍, 通'背'.(新)

157) 向 : (資治)作'鄕'.(◉) 鄕伊洛 : 伊洛二水在洛陽城南, 故曰鄕. 鄕通'向'.(新)

158) 非用武之國也 : 言無險可恃, 非用兵之地.(目)

159) 殽函 : 殽山和函谷關. 殽山與潼關間, 大山中裂, 絶壁千仞, 有路如槽, 深險如函, 故名函谷, 亦稱殽函.(新)

160) 隴蜀 : 隴山南連蜀之岷山, 在地理上爲一單位, 故並稱隴蜀.(今)

161) 沃野 : 肥沃的田野.(新) 沃 : 灌沃也, 言其土壤廣遠, 有灌漑之利.(春)

162) 三面 : 南北西三面皆有險阻.(新)

163) 金城 : 金屬鑄的城墻, 喩防守堅固.(新)

164) 天府 : 府者, 物所聚也. 天物所聚, 不假人力, 故曰天府.(胡)

婁敬賜姓劉氏

⁋拜婁敬爲郎中, 號曰⁋奉春君,[166] 賜姓劉氏.

○【張良欲從赤松子游】

張良欲從赤松子游

張良素多病,[167] 從上入關, 卽道引,[168] 不食穀, ⁋杜門不出,⁋ 曰,[169] "家世相韓, 及韓滅, 不愛萬金之資, 爲韓報讎彊秦, 天下振動. 今以三寸舌爲帝者師,[170] 封萬戶侯, 此布衣之極,[171] 於良足矣. 願棄人間事, 欲從赤松子游耳.[172]"

○【張良明哲保身】

張良明哲保身

溫恭曰, "夫生之有死, 譬猶夜旦之必然,[173] 自古及今, 固未嘗有超然而獨存者也. 以子房之明辨達理, 足以知神仙之爲虛°詭˙矣,[174] 然其欲從赤松子游者, 其智可知也. 夫功名之際, 人臣之所難處.[175] 如高帝

---

165) 卽日 : 當日. 高祖卽日西遷者, 蓋謂其日卽定計, 非卽日遂行也.(今) 車駕 : 謂天子乘車而行, 不敢指斥也.(要)

166) 奉春君 : 春, 歲之始也. 以婁敬首謀關中, 故號奉春君.(要)

167) 素 : 平日.(新)

168) 道引 : ① 謂道家養生法也. 亦作'導引', 謂搖筋骨動支節也.(中) ② 導氣令其和, 引體欲其柔.(綱鑑) 道 : 讀曰'導'.(今)

169) 不食穀 : 亦稱'辟穀', 卽不吃糧食而食用藥物. 也是道家所謂的養生法.(新)

170) "今以"句 : 指靠口才爲劉邦出謀畫策.(新)

171) 布衣之極 : 謂爵位之尊, 僅次於帝王.(今)

172) 赤松子 : 太古時代某仙人之稱號.(今)

173) 夜旦 : 黑夜與白晝.(新)

174) 詭 : (春)本作'僞', 誤.(◉)

所稱者，三傑而已，[176] 淮陰誅夷，[177] 蕭何繫獄，[178] 非以履盛滿而不止耶！[179] 故子房託於神仙，遺棄人間，等功名於外物，[180] 置榮利而不顧，所謂'明哲保身'者，[181] 子房有焉。

○【韓信陳兵出入】

韓信陳兵出入

◤楚王信，初之國，行縣邑，[182] 陳兵出入。[183]◥

【庚子(前201) 高帝六年】

○ °☜˙【高祖僞游雲夢禽韓信】

高祖僞游雲夢禽韓信

◤十月，◥ 人有告信反者，帝問陳平，平曰，"古者天子有巡狩，[184] 會諸侯。陛下第出，[185] 僞游雲夢，[186] 會諸侯於陳。[187] 信聞天子出游，其勢必郊迎謁，[188] 而陛下因

175) "夫功名"兩句：在評定功名的時候，做人臣的處境非常爲難。(新)
176) 三傑：淮陰侯韓信，相國蕭何，留侯張良。(新)
177) 淮陰：卽韓信。初封齊王，改封楚王，後爲淮陰侯。(◉) 誅夷：殺戮。(新)
178) 繫獄：漢十二年，蕭何爲民請地，觸怒漢王，下獄。(新)
179) 履盛滿：榮顯至極。(新)
180) 等功名於外物：視富貴榮華爲身外之物。(今)
181) 明哲保身：明哲之士，能擇安而處，不爲禍害所及。(今)
182) 行縣邑：巡視所管轄的縣邑。(新) 行：巡行也。(要)
183) 陳兵出入：出入都派軍隊戒嚴。(新)
184) 巡狩：也作'巡守'。古時黃帝巡視諸侯國所守的疆土。就是視察。(新)
185) 第：但。(今)
186) 雲夢：楚澤名，在今湖北省大江南北。(今)
187) 陳：縣名，在今河南省淮陽縣。(新)

禽之,[189] 此特一力士之事耳.[190]" 帝以爲然.

○【械繫韓信】

械繫韓信

『十二月,』 會諸侯於陳, 信謁上, 上令武士縛信, 載後車.[191] 信曰, "果若人言,[192] '狡兎死, 走狗烹, 高鳥盡, 良弓藏, 敵國破, 謀臣亡.'[193] 天下已定, 我固當烹." 上曰, "人告公反." 遂械繫信以歸.[194]

兎死狗烹 鳥盡弓藏

○【秦得百二 齊得十二】

秦得百二 齊得十二

田肯賀上曰, "陛下得韓信, 又治秦中.[195] 秦, 形勝之國, 帶山河之險,[196] 持戟百萬, 秦得百二焉.[197] 地勢

---

188) 郊迎謁 : 出其郊, 遠迎謁也.(要)

189) 因 : 乘機.(新)　禽 : 同擒.(今)

190) 特 : 但.(今)

191) 後車 : 隨侍皇帝後面的副車.(新)

192) 人 : 蒯徹也.(要)

193) 狡兎死 … 謀臣亡 : ① 黃石公之三略中言耳.(要) ② 韓信引用以自譬, 故曰"果若人言."(今) ③ "狡兎死"六句, 前四句是比喩, 後二句是本意, 言敵國旣已消滅, 謀臣就要被殺害了. 這或是當時流行的成語.(新) ④ 烹藏亡, 韻. 蒯通曾以風韓信, 故云"果若人言"也. 吳越春秋大夫鍾曰, "子胥於吳當夫差之誅也, 謂臣曰, '狡兎死, 良犬烹, 敵國滅, 謀臣亡.'" 顔師古引黃石公三略, 非也.(史記 卷92 淮陰侯列傳 考證)

194) 械繫 : ① 加以杻械, 而以繩索縛之.(今) ② 械繫 : 戴上鐐銬, 囚禁起來. 械, 械鎖之類的刑具.(新)

195) 治秦中 : 謂定都關中也.(春)　治 : 建都.(新)　秦中 : 謂關中, 秦地也. 山東人謂關中爲秦中.(胡)

196) 秦形勝之國 帶山河之險 : ① 秦地被山帶河, 得形勢之勝便, 地形險固, 故能勝人也.(春) ② 得形勢之勝便. 秦阻四塞以爲固, 故稱形勝之國.(今) ③ 地理位置優越, 形勢險要.(新)

197) 秦得百二焉 : 得百中之二焉, 秦地險固, 二萬人足當諸侯百萬人也.(史記 卷8 高祖本紀 集解)

高屋建瓴

便利, °其以˙下兵於諸侯,[198] 譬猶居高屋之上建瓴水也.[199] 夫齊, 東有瑯琊即墨之饒,[200] 南有泰山之固, 西有濁河之限,[201] 北有勃海之利,[202] 持戟百萬, 齊得十二焉.[203] 故此東西秦也,[204] 非親子弟, 莫可使王齊矣." 曰, "善."

○【韓信多多益善 漢高善將將】

韓信多多益善 漢高善將將 韓信爲淮陰侯 羞與絳灌等列

上還, 至洛陽, 赦韓信, 封爲淮陰侯. 信知漢王畏惡其能,[205] 多稱病, 不朝從,[206] 居常鞅鞅,[207] 羞與絳灌等列.[208] 上嘗從容與信言諸將能將兵多少. 上問曰,

---

198) 其以 : (春)本作'以其', 誤.(◉) 其 : 若.(新) 以 : 由, 從. 猶言從這裏.(新) 下兵 : 出兵.(新)

199) '譬猶'句 : ① 就像在高的屋脊上把水從瓦溝裏倒下去一樣. 比喩居高臨下勢不可擋. 建, 通'瀽', 傾倒. 瓴, 瓦溝.(新) ②建, 覆也. 瓴, 盛水瓶也. 居高屋之上, 而飜瓴水, 譬其向下之勢易也.(春) 瓴 : 瓴音'鈴'.(胡)

200) 東有琅邪即墨之饒 : 琅邪即墨皆近海, 齊地財用之所出.(今) 瑯琊 : 又作'琅邪'.(中)

201) 濁河 : 指黃河, 因河水混濁而得名.(新) 限 : 阻隔.(新)

202) 勃海之利 : 指魚鹽之利.(新) 勃 : 通作'渤'.(春)

203) 得十二焉 : 二十萬人當百萬.(春)

204) 東西秦也 : ① 此言齊地形勢, 足與秦亢衡, 齊之與秦, 猶東西二秦.(今) ② 東西秦, 是說齊地形勢優越, 物產富饒, 齊在東, 秦在西, 而齊足以與秦抗衡. 所以下文說"非親子弟, 莫可使王齊".(新)

205) 漢王 : 浙本無王字. 按六年游雲夢時, 高祖已即帝位, 不容更稱王也.(漢書 卷34 韓信列傳 顔師古注) 惡 : 烏路翻.(胡) 其 : 指韓信自已.(今)

206) 朝 : 朝見也.(胡) 從 : 從行. 皇帝有事出行大臣要隨行侍奉.(今)

207) 居 : 平時在家.(新) 鞅鞅 : 通'怏怏', 不服氣, 或愁悶失意的神情.(新)

208) 絳灌等列 : ① 絳, 謂絳侯周勃. 灌, 謂潁陰侯灌嬰. 等列, 即同列. 韓信本爲王, 位在勃嬰諸人上, 至是降封爲侯, 與勃嬰輩等列, 故引以爲差.(今) ② 絳灌的功績和聲望遠不如韓信, 故'羞與絳灌等列'.(新)

“如我能將幾何?”信曰, “陛下不過能將十萬.”上曰, “於君何如?”曰, “臣多多益善耳.”上笑曰, “多多益善, 何爲爲我禽?[209]”信曰, “陛下不能將兵而善將將,[210] 此信所以爲陛下禽也. 且陛下, 所謂‘天授, 非人力’也.[211]”

漢高天授非人力

○【剖符封功臣】

剖符封功臣

蕭何封酇侯所食邑獨多

始剖符封諸功臣爲徹侯.[212] 蕭何封酇侯,[213] 所食邑獨多.[214] 功臣皆曰, “臣等身被堅執銳,[215] 多者百餘戰, 少者數十合.[216] 今蕭何未嘗有汗馬之勞,[217] 徒持文墨議論,[218] 反居臣等上, 何也?”帝曰, “諸君知獵乎? 追殺獸兎者, 狗也, 而發縱指示獸處者,[219] 人也. 今

---

209) 禽 : 同‘擒’.(新)

210) 將將 : 駕馭將領.(中白)

211) 天授, 非人力 : 言劉邦的才能是天賦, 與人力無關.(新)

212) 剖符 : ① 古代帝王分封諸侯功臣時, 以竹符爲信証, 剖分爲二, 君臣各執其一, 後因以‘剖符’爲分封授官之稱.(新) ② 將符破開爲二, 一存帝所, 一授諸侯, 以爲憑信.(今)

213) 酇 : 縣名. 在今河南省永城縣西南.(新)

214) 所食邑獨多 : 按班書功臣表, 蕭何封酇, 八千戶, 而曹參封平陽, 張良封留, 皆萬戶, 宜不得言何封邑獨多. 蓋參以十二月甲申封, 何以正月丙午封, 功臣言何居上其意不能平者, 特同日受封樊酈絳灌諸人耳. 張良亦以丙午封. 諸人言何而不言良者, 蓋高祖先使良自擇齊三萬戶, 而良止受留萬戶, 故不敢言也.(胡)

215) 被堅執銳 : 被堅甲, 執銳兵. 被, 音披.(今)

216) 合 : ① 古代打鬥時雙方對打一次爲一合, 也叫‘回合’.(新) ② 合戰.(今)

217) 汗馬之勞 : ① 馳逐行陣, 馬亦汗流.(要) ② 指征戰的勞苦. 亦指戰功.(新)

218) 文墨 : 文書辭章. 蕭何初爲刀筆吏.(新) 議論 : 發發論議.(新)

219) 發縱 : ① 謂解紲而放之也.(胡) ② 放開系犬的繩索.(新) 指示 : ① 以手指示之, 今俗言

功狗 功人 諸君徒能得走獸耳.[220] 功狗也,[221] 至如蕭何,[222] 發縱指示, 功人也.[223]" 羣臣皆莫敢言.

○【張良爲留侯】

張良爲留侯 張良爲謀臣, 亦無戰鬪功, 帝使自擇齊三萬戶, 良曰, "°始, 臣˙起下邳,[224] 與上會留,[225] 此天以臣授陛下, 陛下用臣計, 幸而時中.[226] 臣願封留足矣, 不敢當三萬戶.[227]" 乃封張良爲留侯.

○【陳平爲戶牖侯】

陳平爲戶牖侯 非魏無知 臣安得進 陳平不背本 封陳平爲戶牖侯,[228] 平辭曰, "此非臣之功也." 上曰, "吾用先生謀計, 戰勝克敵, 非功而何?[229]" 平曰, "非魏無知, 臣安得進?[230]" 上曰, "若子,[231] 可謂不背本

放狗.(胡) ② 指出獵取的目的物.(新)

220) 徒 : 但.(今)

221) 功狗 : 功勞像獵狗.(新)

222) 至如 : 至于.(新)

223) 功人 : 功勞如獵人.(新)

224) 始, 臣 : (春)本作'臣始', 誤.(◉)

225) 臣起下邳, 與上會留 : 秦二世二年, 張良遇沛公於留縣遂以其軍屬高祖. 留, 故址在今江蘇省沛縣東南.(今)

226) 時中 : 謂有時而中, 蓋謙辭也.(要) 中 : 計無遺策. 音仲.(今)

227) 當 : 接受.(新)

228) 戶牖 : 卽後之東昏縣, 故城在今河南省蘭陽縣東北.(今)

229) 而 : 却.(新)

230) 非魏無知 臣安得進 : ① 陳平因魏無知求見漢王, 見漢二年.(今) ② 安, 何. 進, 擧薦.(新)

231) 若子 : ① 如先生者. 子, 男子美稱, 猶今稱人爲先生.(今) ② 初稱先生, 尊之也, 後稱子,

賞魏無知 矣![232]" 乃復賞魏無知.

○【大封同姓】

大封同姓 秦孤立而亡 帝以天下初定, 子幼, 昆弟少, 懲秦孤立而亡,[233] 欲大封同姓以鎭撫天下.[234] 春, 立從兄賈爲荊王,[235] 弟交爲楚王. 兄喜爲代王, 微時外婦之子肥爲齊王.[236]

○【先封雍齒】

先封雍齒 諸將爭功 沙中偶語 上已封大功臣二十餘人, 其餘日夜爭功不決,[237] 上在洛陽南宮, 望見諸將, 往往相與坐沙中偶語.[238] 上曰, "此何語?" 留侯曰, "陛下起布衣,[239] 以此屬取天下,[240] 今爲天子, 而所封皆故人, 所誅皆仇怨.[241] 故相聚謀反耳." 上憂之曰, "爲之奈何?" 留侯曰, "上平生所憎羣臣所共知,[242] 誰最甚者?" 上曰, "雍齒與我有故

親之也. 君而先生其臣者見此.(史記 卷56 撰陳丞相世家 考證)

232) 背 : 遺忘.(新)

233) 秦孤立而亡 : 子嬰孤立無親, 危弱無輔.(史記 卷6 秦始皇本紀) 懲 : 鑒于.(新)

234) 鎭撫 : 鎭守安撫.(新)

235) 從兄 : ① 同祖伯叔之子年長于己者. 卽堂兄.(漢) ② 兄弟之子, 相爲從父昆弟, 本同祖, 從父而別也.(要)

236) 微時 : 未顯達之時.(今) 外婦 : 情婦.(今) 齊王 : 齊形勝, 次於秦中, 故以封子肥也.(要)

237) 不決 : 一時未作決定.(新)

238) 偶 : 對也.(要) 語 : 議論.(新)

239) 布衣 : 本庶人之服, 因以爲庶人之稱, 猶言匹夫也.(中)

240) 以此屬 : 依靠這幫人.(新) 屬 : 猶言徒也.(要)

241) 仇怨 : 仇恨, 怨恨.(漢)

怨,[243] 數窘辱我,[244] 欲殺之, 爲其功多, 故不忍.” 留侯曰, “今急先封雍齒, 則羣臣人人自堅矣.[245]” 於是上乃置酒, 封雍齒爲什方侯, 而急趣丞相御史定功行封.[246] 羣臣罷酒, 皆喜, 曰, “雍齒尙爲侯, 我屬無患矣![247]”

雍齒尙爲侯 我屬無患

○【張良善諫】

張良善諫

溫公曰, “張良爲高帝謀臣, 委以心腹,[248] 宜其知無不言, 安有聞諸將謀反,[249] 必待高帝°目˙見偶語,[250] 然後乃言之邪! 蓋以高帝初得天下,[251] 數用愛憎行誅賞,[252] 或時害至公, 羣臣往往有觖望自危之心,[253] 故良因事納忠以變移帝意, 使上無阿私之失,[254] 下無猜

---

242) 平生 : 平素.(中白)
243) 雍齒 : 沛人, 從劉邦起兵.(新) 故怨 : 史記劉侯世家無‘怨’字, 漢書張良傳有‘怨’字.(新)
244) 數窘辱我 : 每以勇力困辱高祖. 余觀帝初起, 令雍齒守豊, 齒雅不欲屬帝, 卽以豊降魏, 可以見其有故怨矣, 數, 所角翻.(胡)
245) 自堅 : 心情穩定.(新)
246) 趣 : ① 與‘促’同.(要) ② (胡)本作‘趨’, 趣與‘趨’同.(◉)
247) 我屬無患矣 : 謂我輩不患不封侯.(今) 屬 : 猶言‘徒’也.(要)
248) 委以心腹 : 付以心腹機密之事.(今) 委 : 全部交出.(新)
249) 安 : 怎麽.(新) 有 : 會, 能.(新)
250) 目 : (春)本作‘自’, 誤.(◉)
251) 以 : 因.(新)
252) 數 : ① 所角翻.(胡) ② 常常.(新) 用 : 以.(新) 愛憎行誅賞 : 愛則賞, 憎則誅.(新)
253) 觖望 : 因不滿而怨恨. 觖, 不滿.(新)
254) 阿私 : 徇私.(新) 失 : 錯誤.(新)

°懼˙之謀,[255] 國家無虞,[256] 利及後世. 若良者, 可謂善諫矣."

○【定元功十八人位次】

定元功十八人位次 列侯畢已受封,[257] 詔定元功十八人位次.[258] 皆曰, "平陽侯曹參, 身被七十創, 攻城畧地, 功最多, 宜第一." 鄂千秋進曰, "羣臣議皆誤, 夫曹參雖有野戰略地之功, 此特一時之事. 漢與楚相距五歲 上與楚相距五歲,[259] 失軍亡衆, 跳身遁者數矣,[260] 蕭何°常˙從關中遣軍補其處,[261] 又軍無見糧,[262] 蕭何轉漕關中,[263] 給食不乏, 陛下雖數亡山東,[264] 蕭何萬世之功 何常全關中以待陛下.[265] 此萬世之功也.[266] 今雖亡參等百數,[267] 何缺於漢, 奈何欲以一旦

255) 猜懼 : 疑懼.(今) 懼 : (春)本作'忌', 誤(◉)
256) 無虞 : 無憂.(今)
257) 列侯 : 群臣異姓有功封者稱曰徹侯, 武帝諱改曰通侯, 或曰列侯.(蔡邕 獨斷)
258) 詔 : 皇帝下達命令.(新) 元功 : ① 大功, 首功.(今) ② 開國元勛.(新) 十八人位次 : 蕭何曹參張敖周勃樊噲酈商奚涓夏侯嬰灌嬰傅寬靳歙王陵陳武王吸薛歐周昌丁復蟲達, 自第一至十八.(新)
259) 相距 : 相拒, 相持.(新)
260) 跳身遁 : 卽逃遁. 跳, 通'逃'.(新) 數 : ① 好幾次.(新) ② 所角翻. 下同.(胡)
261) 常 : (春)本作'嘗', (資治)作'常'. '常'通'嘗', 而以恒之義用之, 則似當作'常'.(◉)
262) 見糧 : 現有糧食, 卽儲糧. 見, 讀曰現.(今)
263) 轉漕 : 陸運曰轉, 水運曰漕.(中)
264) 數亡山東 : 亡, 喪失. 謂屢次喪失關東之地.(今)
265) 全關中 : 全, 保全. 謂保全關中爲漢王之根據地.(今)
266) 萬世 : 永久, 不朽.(新)
267) 亡 : 與'無'同.(中) 百數 : 猶言上百個.(漢)

蕭何第一 曹參次之 / 賜蕭何帶劍履上殿 / 進賢受上賞 / 封鄂千秋

之功而加萬世之功哉！蕭何第一，曹參次之.” 上曰，“善.” 於是乃賜蕭何帶劍履上殿,[268] 入朝不趨.[269] 上曰，“吾聞‘進賢受上賞.’蕭何功雖高，得鄂君乃益明.” 於是封鄂千秋爲安平侯.

○【太上皇】

太上皇

⁋尊太公爲太上皇.[270]¶

○【冒頓攻漢】

冒頓攻漢

初，匈奴畏秦，北徙十餘年．及秦滅，匈奴復稍南渡⁋河¶.[271] 單于頭曼有太子曰冒頓.[272] 自立爲單于．遂滅東胡.[273] 走月氏,[274] 侵燕代．是時，漢楚相距,[275]

---

268) 賜：特許.(新)　帶劍履上殿：帶劍穿鞋上殿朝見皇上．這是帝王給有功之臣的特殊恩榮.(新)　劍履上殿 入朝不趨：古者君子必帶劍，所以衛身，且昭武備也．秦法，郡臣上殿，不得持尺寸之兵．草曰菲，麻曰屨，皮曰履．屨履所以從軍，軍容不入國，故皆不許以上殿．君前必趨，崇敬也．今賜劍履上殿，入朝不趨，皆殊禮也.(今)

269) 趨：低頭小步快走．這是古代下級見上級表示崇敬的禮節.(新)

270) 太上皇：太上者，極尊之稱也．皇，君也．天子之父，故號曰皇，不預治國，故不言帝.(胡)

271) 渡河：此河指何套而言，在今綏遠省境內.(今)

272) 單于：① 匈奴國主之稱號．讀音如禪于.(今) ② ‘撐犁孤塗單于’的省稱．匈奴語‘撐犁孤塗’爲‘天子’，‘單于’爲‘廣大’.(新)　頭曼：單于之名.(春)　冒頓：① 公元209年殺父自立爲單于，建立軍政制度，征服四鄰部族，西漢初侵擾漢王朝，公元前174年卒.(新) ② 音默特.(春) ③ 讀音如墨毒.(今) ④ 冒，讀如墨，頓，讀如突．他書亦有書作墨突者，蓋夷狄之名，初無定字，譯者各以其聲之相近者傳之．輕則爲冒頓，重則爲墨突也.(別雅 卷4)　冒：音墨，又莫報翻.(胡)

273) 東胡：烏桓鮮卑之屬，在匈奴之東，故稱東胡.(今)

274) 走：驅而走之也.(春)　月氏：① 西域國．或曰氏音支，或作支.(春) ② 讀音如月支.(今)

275) 距：① 通拒.(今) ② 抗衡.(今)

中國罷於兵革.[276] 以故冒頓得自强,[277] 控弦之士三十餘萬.[278] 圍韓王信於馬邑.[279] 信以馬邑降匈奴. 冒頓因引兵南踰句注,[280] 攻太原,[281] 至晉陽.

韓王信降匈奴

○【叔孫通起朝儀】

叔孫通起朝儀 羣臣飮酒爭功拔劍擊柱 儒者難與進取可與守成 五帝異樂 三王不同禮

帝悉去秦苛儀法,[282] 爲簡易.[283] 羣臣飮酒爭功, 醉, 或妄呼,[284] 拔劍擊柱, 帝益厭之.[285] 叔孫通說上曰, "儒者難與進取,[286] 可與守成.[287] 臣願徵魯諸生, 與臣弟子共起朝儀.[288]" 帝曰, "得無難乎?[289]" 通曰, "五帝異樂, 三王不同禮, °禮˙者,[290] 因時世人情爲之節文

---

276) 中國 : 上古時代, 我國華夏族建國于黃河流域一帶, 以爲居天下之中, 故稱中國, 而把周圍其他地區稱爲四方. 後泛指中原地區.(漢)　罷 : ① 通'疲'.(新) ② 音'皮'.(春)　兵革 : 指戰爭. 兵, 兵器. 革, 甲冑.(新)

277) 自强 : 坐大. 時中國多事, 無暇北顧, 故匈奴得以坐大.(今)

278) 控弦之士 : 控弦, 引弓. 控弦之士, 謂力能引弓者. 匈奴以弓矢爲主要武器, 故稱其士卒爲控弦之士.(今)

279) 韓王信 : ① 故韓襄王孼子, 高祖二年爲韓王.(要) ② 按劉知幾謂韓王本名信都, 史削去一字, 遂與淮陰無別, 此臆說也. 史無削人名字之理, 兩人姓名偶同, 故稱韓王信以別之.(史記 卷93 韓王信列傳 考證)

280) 因 : 于是.(新)　句注 : 山名, 在今山西省代縣西北.(新)

281) 太原 : 郡名, 有今山西省中部, 治所晉陽, 今太原市西南.(新)

282) 儀法 : 禮儀法規.(新)

283) 簡易 : 簡便易行.(新)　易 : 以豉翻.(胡)

284) 妄呼 : 亂喊亂叫.(新)

285) 益 : 逐漸.(新)

286) 進取 : ① 謂創業.(今) ② 指攻戰奪取天下.(新)

287) 守成 : ① 謂治國.(今) ② 指保守鞏固國家.(新)

288) 起 : 制作.(今)　朝儀 : 朝會的禮儀.(新)

289) 得無難乎 : 該不會煩難吧.(新)

者也.[291] 臣願采古禮,[292] 與秦儀雜就之.[293]" 上曰, "可試爲之, 令易知,[294] 度吾所能行⁋者⁋爲之.[295]"

○【叔孫通爲綿蕞 野外習禮】

叔孫通爲綿蕞野外習禮

⁋於是叔孫通使,[296] 徵魯諸生三十餘人.[297]⁋ 魯有兩生不肯行, 曰, "今天下初定, 死者未葬, 傷者未起, 又欲起禮樂. 禮樂所由起, 積德百年而後可興也.[298] 吾不忍爲公所爲, 公往矣, ⁋無汙我!⁋" 叔孫通笑曰,

鄙儒不知時變

"鄙儒不知時變![299]" 遂與所徵三十人, 西,[300] 及上左右爲學者與其弟子百餘人,[301] 爲綿蕞,[302] 野外習之.

---

290) 禮 : (春)本作'二', 誤.(◉)

291) 禮者 因時世人情爲之節文者也 : 節, 節制. 文, 文飾. 此謂禮樂之功用, 在於節制人之情感, 文飾人之儀表, 使其符合節度而已, 故不必古今相同.(今) 節文 : 謂禮節文飾也. 因人情以爲節度. 而存禮敬之容.(中)

292) 采 : 同'採'.(今)

293) 雜就之 : 結合制定, 參酌制定.(新)

294) 易 : 以豉翻.(胡)

295) 度 : ① 忖度.(今) ② : 洛徒翻.(胡)

296) 使 : 奉派作使者.(新)

297) 諸生 : 儒生.(今)

298) 禮樂所由起, 積德百年而後可興也 : 此言禮樂之興, 必先以德敎化民, 歷久積漸而後可以成就, 非一朝一夕能猝變.(今) 所由起 : 產生.(新)

299) 鄙儒 : 迂腐不通世務之儒.(新) 時變 : 時勢變化.(新)

300) 西 : ① 自魯啓程而西入關.(今) ② 西入長安.(新)

301) 左右 : 近臣.(新) 爲學者 : 素有學術修養的.(新)

302) 綿蕞 : ① 古代演習朝會禮儀時, 牽引繩索表示演習的處所, 稱爲綿, 樹立茅草表示尊卑位次. 稱爲蕞.(新) ② 應劭曰, 立竹及茅索營之, 習禮儀其中也. 如淳曰, 謂以茅剪樹地, 爲纂位尊卑之次也. 春秋傳曰, 置茅蕝. 師古曰, '蕝'與'蕞'同, 子悅翻, 如說是. 韋昭曰, 引繩爲綿, 立表爲蕞. 蕞, 茲會翻. 賈逵曰, 束茅以表位爲蕝. 纂文曰, 蕝今之纂字, 卽悅翻, 又音'纂'.(胡)

【辛丑(前200) 高帝七年】

○【高祖知爲皇帝之貴】

高祖知爲皇帝之貴
長樂宮成
置法酒

冬, 十月,[303] 長樂宮成.[304] 諸侯羣臣皆朝賀.[305] 諸侯王以下至吏六百石,[306] 莫不震恐肅敬.[307] 禮畢, 復置法酒.[308] 諸侍坐殿上, 皆伏, 抑首,[309] 以尊卑次起上壽.[310] 無敢讙譁失禮者.[311] 於是帝曰, "吾乃今日知爲皇帝之貴也!" 乃拜叔孫通爲太常.[312]

○【通制禮皆襲秦故】

通制禮皆襲秦故

初, 秦有天下, 悉內六國禮儀,[313] 采其尊君抑臣者存之,[314] 及通制禮, 大抵皆襲秦故.[315]

---

303) 十月：時尚以十月爲歲首, 故行朝賀之禮.(要)

304) 長樂宮：西漢主要宮殿之一.(新)

305) 諸侯羣臣皆朝賀：時未起未央宮, 故帝御長樂宮受朝賀. 及蕭何旣起未央前殿, 自惠帝以後, 皆御未央, 而長樂爲太后所居, 謂之東朝.(胡)

306) 諸侯王：① 漢稱諸王爲諸侯王, 取爵爲王而位爲諸侯之義, 非謂諸侯及諸王.(今) ② 皇子而奉爲王者, 其實古諸侯也, 故爲之諸侯王. 王子封爲侯者, 爲之諸侯.(稱謂錄 宗室古封爵名稱 諸侯) 六百石：每月得俸祿七十斛穀. 這里指官階的代稱. 石. 官俸的計量單位, 秦漢時以爲官位的品級.(新)

307) 肅敬：震驚恐懼.(新)

308) 法酒：猶言禮酌, 法者, 進止有禮也. 古人飮酒, 不過三爵, 君臣百拜, 終日宴, 不爲亂也.(春)

309) 抑首：低首. 謂不敢平視.(今)

310) 上壽：① 敬酒祝福.(新) ② 壽者, 人之所欲, 故卑下奉觴進酒, 皆稱上壽.(要)

311) 讙譁：高聲說話. 讙, 通'喧'.(新)

312) 太常：① 奉常, 秦官, 掌宗廟禮儀. 景帝中六年改曰太常. 此不書奉常而書太常者, 使人易知.(胡) ② 太常卿, 掌禮儀祭祀, 每祭祀, 先奏其禮儀, 及行事, 常贊天子.(春)

313) 內：同'納'.(今)

○【叔孫器小】

叔孫器小

溫恭曰, "禮之爲物大矣.[316] 用之於身, 則動靜有法而百行備焉. 用之於家, 則內外有別而九族睦焉.[317] 用之於鄕, 則長幼有倫而俗化美焉,[318] 用之於國, 則君臣有敍而政治成焉.[319] 用之於天下, 則諸侯順服而紀綱正焉. 豈直几席之上戶庭之間得之而不亂哉![320] 夫以高祖之明達, 聞陸賈之言而稱善,[321] 睹叔孫之儀而歎息. 然所以不能肩於三代之王者,[322] 病於不學而已.[323] 當是之時, 得大儒而佐之, 與之以禮爲天下,[324] 其功烈豈若是而止哉! 惜夫,[325] 叔孫生之爲器小也.[326] 徒竊禮之糠粃,[327] 以依世諧俗取寵而已,[328] 遂使先王

---

314) 釆 : 同'採'.(今)

315) 襲 : 因也, 言因襲秦時故事.(春)

316) 物 : 事. 荀子禮論, 禮, 上事天, 下事地, 尊先祖而隆君師. 可見禮是大事.(新)

317) 九族 : 以自己爲本位, 上推至四世之高祖, 下推至四世之玄孫爲九族. 一說父族四母族三妻族二爲九族.(漢) 睦 : 和洽.(今)

318) 倫 : 輩分.(今)

319) 敍 : 次序.(今)

320) 直 : 但.(今) 几席之上 : 指朝宴而言.(今) 戶庭之間 : 指朝賀而言.(今) 戶庭 : 戶外庭院.(新)

321) 聞陸賈之言而稱善 : 陸賈著新語, 粗術存亡之徵. 大抵謂黷武者亡, 崇禮者興. 每奏一篇, 高帝未嘗不稱善.(今) 陸賈 : 楚人, 秦漢間著名策士, 爲高祖謀臣, 官拜太中大夫.(新)

322) 肩 : ① 上脫'比'字. '比肩'爲常語, 當補'比'字. 比肩, 居於同等地位.(新) ② 並列.(今)

323) 病於不學 : 其缺點在於未嘗學問.(今)

324) 與之 : 輔佐之.(今)

325) 夫 : 歎詞.(新)

326) 器 : ① 抱負.(今) ② 器度, 才略.(新)

之禮淪沒而不振, 以迄于今, 豈不痛甚矣哉!"

○【械繫劉敬】

械繫劉敬

上自將擊韓王信,[329] 居晉陽, 聞冒頓居代谷, 欲擊之. 使人覘匈奴,[330] 冒頓匿其壯士肥牛馬, 但見老弱及羸畜.[331] 使者十輩來,[332] 皆言匈奴可擊. 上復使劉敬往. 敬還曰, "兩國相擊, 此宜夸矜,[333] 見所長,[334] 今臣往, 徒見羸瘠老弱,[335] 此必欲見短,[336] 伏奇兵以爭利.[337] 愚以爲匈奴不可擊." 上怒, 罵敬曰, "齊虜以口舌得官,[338] 今乃妄言沮吾軍![339]" 械繫敬廣武.[340]

○【白登之危】

---

327) 糠粃 : ① 穀皮曰糠, 穀不成曰粃. 粃, 與秕同.(胡) ② 糠粕.(新) ③ 瑣碎無用之物, 喩不能得禮之精義.(今)

328) 依世 : 曲從于世俗.(新)　諧俗 : 附和庸俗.(新)　取寵 : ① 求取帝王之寵愛.(今) ② 博取別人喜愛稱讚.(新)

329) 韓王信 : 上年以馬邑降匈奴也.(要)

330) 覘 : 偵察.(今)

331) 見 : 形電反, 露也. 下見所長見短幷同.(春)　羸 : 瘦.(新)

332) 十輩 : 十人.　輩 : 次, 趟. 量詞.(新)

333) 夸矜 : ① 張大形勢. 夸, 同誇.(今) ② 炫耀.(新)

334) 見 : 顯示.(新)

335) 徒 : 但.(今)　羸瘠 : 瘦弱.(新)

336) 見短 : 顯露短處, 以引誘敵人.(今)　見 : 音'現'.(綱鑑)

337) 奇兵 : 出乎對方預料而突然襲擊的部隊.(新)　奇 : 兵出不意曰奇.(今)　利 : 勝.(新)

338) 齊虜以口舌得官 : 婁敬本齊人, 以說高帝都關中, 拜郎中, 號奉春君, 賜姓劉氏, 故高帝罵敬爲齊虜, 以口舌得官.(今)

339) 妄言 : 胡說八道.(新)　沮 : 敗壞.(新)

340) 械繫 : 戴上鐐銬, 拘禁起來.(新)

白登之危 / 用陳平祕計解圍 / 高祖困平城 / 劉敬爲建信侯

帝先至平城, 兵未盡到, 冒頓縱精兵四十萬騎,[341] 圍帝於白登七日,[342] 帝用陳平祕計,[343] 厚遺閼氏.[344] 乃解圍. 上至廣武, 赦劉敬, 曰, "吾不用公言, 以困平城,[345] 吾皆已斬前使十輩![346]" 封敬爲關內侯, 號爲建信侯.[347]

○【陳平六出奇計】

陳平六出奇計

帝南過曲逆,[348] 曰, "壯哉縣![349] 吾行天下, 獨見洛陽與是耳.[350]" 乃更封陳平爲曲逆侯.[351] 平常從帝征伐, 凡六出奇計,[352] 輒益封邑焉.[353]

---

341) 縱精 : 放任軍隊出戰, 不加管束.(今)

342) 白登 : ① 山名, 在今山西省大同縣東.(今) ② 平城東北三十里有白登山, 白登臺在焉.(春)

343) 陳平祕計 : 平使畫工圖美女, 間遣人, 遺閼氏云, "漢有美人如此, 今皇帝困阸欲獻之." 閼氏畏奪己寵, 因謂單于曰, "漢天子亦有神靈, 雖得其地, 不能有之." 於是匈奴開其一角, 得突出.(春) 祕計 : 以其失中國之體, 故祕而不傳.(胡)

344) 厚遺 : 贈以豊盛之禮物.(今) 閼氏 : 閼, 於連反, 氏, 音支, 匈奴皇后號.(春)

345) 困平城 : 以此受困於平城.(今)

346) 使十輩 : 說匈奴可擊的十次來報告的使者.(新)

347) 封敬爲關內侯, 號爲建信侯 : 關內侯一般有封號無封邑, 劉敬的封邑多達二千戶, 號'建信'又是漢縣名, 所以梁玉繩史記志疑認爲是列侯而非關內侯.(新) 關內侯 : 秦制, 有侯號而居京畿, 無國邑, 至漢有食邑.(要)

348) 曲逆 : 故城在今河北省完縣東南.(今)

349) 壯哉縣 : 壯觀啊, 曲逆縣.(新)

350) 與是耳 : 與這個縣而已.(新) 是 : 指曲逆縣.(今)

351) 更封 : 徙封. 陳平初封戶牖侯, 至是徙封爲曲逆侯.(今)

352) 六出奇計 : (一) 離間項羽范增計, (二) 夜出女子突滎陽圍, (三) 躡漢王足諫立韓信爲齊王, (四) 僞游雲夢擒韓信, (五) 解平城圍, (六) 當王從擊臧荼陳豨英布時.(新)

353) 輒 : 每每.(新)

○【蕭何治未央宮】

蕭何治未央宮

上至長安，蕭何治未央宮，[354] 上見其壯麗，甚怒，謂何曰，“天下匈匈，[355] 勞苦數歲，成敗未可知，是何治宮室過度也！”何曰，“天下方未定，故可因以就宮室.[356] 且夫天子以四海爲家，非壯麗亡以重威.[357] 且亡令後世有以加也.[358]”上說.[359]

四海爲家

○【宮室罷敝天下 蕭何啓之】

宮室罷敝天下蕭何啓之

溫公曰，“王者以仁義爲麗，[360] 道德爲威，未聞以宮室鎭服天下也. 天下未定，當克己節用以趨民之急，[361] 而顧以宮室爲先，[362] 豈可謂之知所務哉！昔禹卑宮室而桀爲°傾˙宮.[363] 創業垂統之君，[364] 躬行節儉，以°˙示子孫，[365] 其末流猶入於淫靡，[366] 況示之以侈乎！乃云“無

---

354) 未央宮：在雍州長安縣西北十里長安故城中，名未央宮者，取詩夜未央勤政之意也.(春)
355) 匈匈：擾也.(春)
356) 就：建成.(新)
357) 亡：與'無'同.(中)　重威：① 加重其威嚴.(今) ② 使威重. 即充分顯示威嚴.(新)
358) 毋令後世有以加也：① 加，超過. 此謂無令後世所營宮室，較今所營築者更爲壯麗.(今) ② 不能讓後世的建築規模有可能超過它.(新)
359) 說：讀曰'悅'.(今)
360) 麗：美.(新)
361) 趨民之急：奔走解救百姓的急難.(新)
362) 顧：反.(今)
363) 卑：卑下簡陋.(今)　傾宮：① 傾靡侈麗之宮室.(今) ② 傾宮巍峨的宮殿. 望之似欲傾墜，故稱.(漢)　傾：(春)本作'瓊'，誤.(◉)
364) 垂統：把基業流傳下去. 多指皇位的承襲.(新)

令後世有以加", 豈不謬哉! 至于孝武,[367] 卒以宮室罷敝天下,[368] 未必不由酇侯啓之也![369]

○【徙都長安】

徙都長安

上自櫟陽徙都長安.[370]

【壬寅(前199) 高帝八年】

○【高祖欲遣長公主於匈奴】

高祖欲遣長公主於匈奴

冒頓殺父代立妻群母

匈奴冒頓數苦北邊.[371] 上患之, 劉敬曰, "天下初定, 士卒罷於兵,[372] 未可以武服也.[373] 冒頓殺父代立,[374] 妻群母,[375] 以力爲威,[376] 未可以仁義說也.[377] 誠能以適長公主妻之,[378] 彼必慕, 以爲閼氏,[379] 生子, 必爲

---

365) ˚˙ : (春)本有'訓', 當削.(◉)

366) 末流 : 指頽風弊俗.(新) 淫靡 : 過分享受, 恣意浪費.(新)

367) 孝武 : 漢武帝劉徹, 景帝之子, 孝武是諡號.(新)

368) 卒以宮室罷敝天下 : 罷, 讀曰'疲'. 敝敝卽疲敝. 此謂武帝以營築宮室, 終使天下百姓, 疲敝不堪.(今)

369) 酇侯 : 簫何.(新) 啓之 : 開其端, 帶頭.(新)

370) 自櫟陽徙都長安 : 先雖以婁敬張良之言西都關中, 然都邑未成, 則猶居櫟陽, 今未央宮成, 始自櫟陽徙都長安.(胡)

371) 數 : ① 屢次.(新) ② 所角翻. 下同.(胡) 苦 : 困擾.(新)

372) 罷 : 通 '疲', 疲憊.(新) 兵 : 戰爭.(新)

373) 服 : 征服.(新)

374) 殺 : 讀曰'弑'. 冒頓之父名頭曼, 以鳴鏑射殺之, 遂妻其母.(春)

375) 妻群母 : ① 以其父之諸妻爲妻. '妻'用作動詞.(新) ② 其俗父死妻其母, 兄弟死又聚其妻.(要)

376) 以 : 憑借.(新) 爲威 : 逞威風.(新)

377) 說 : ① 勸服.(新) ② 式芮翻.(胡)

太子. 冒頓在, 固爲子壻, 死, 則外孫爲單于, 豈嘗聞外孫敢與大父抗禮哉![380]" ⁋帝曰, "善!" 欲遣長公主. 呂后日夜泣曰, "妾唯太子一女,[381] 奈何棄之匈奴!" 上竟不能遣.⁋

【癸卯(前198) 高帝九年】

○【取家人子 以妻單于】

取家人子 以妻單于 敬結和親約

上取家人子名爲長公主,[382] 以妻單于, 使劉敬結和親約.

○【建信侯固已疎】

建信侯固已疎

溫公曰, "建信侯謂冒頓殘賊,[383] 不可以仁義說,[384] 而欲與爲婚姻,[385] 何前後之相違也! 夫骨肉之恩, 尊卑之敍,[386] 唯仁義之人爲能知之, 奈何欲以此服冒頓

---

378) 誠 : 如果.(新)　適長公主 : 適, 讀曰'嫡', 皇后所生, 卽魯元公主, 時爲趙王張敖之后.(今)

379) 慕以爲閼氏 : 慕, 向慕. 此謂單于必向慕漢朝之富强而以漢所遣嫡長公主爲閼氏.(今)　閼氏 : 音'煙支', 匈奴皇后名.(國)

380) 大父 : 祖父, 外祖父.(新)　抗禮 : 行平等之禮儀.(今)

381) 太子 : 卽以後卽位的惠帝劉盈.(新)　一女 : 指魯元公主.(新)

382) 家人子 : ① 漢代良家女子被選入宮廷後, 尙未獲得職號的稱呼. 史記劉敬列傳同, 但據史記匈奴列傳漢書匈奴傳及荀悅前漢紀的記載, 此次所選者實爲皇族女子.(新) ② 宮人名號, 有上家人子中家人子.(綱合)　名 : 冒稱.(新)

383) 建信侯 : 劉敬.(新)

384) 說 : 理論(講道理).(新)

385) 與爲婚姻 : 和他建立婚姻關系.(新)

冒頓視其父如禽獸而獮之

哉![387] 蓋上世帝王之御夷狄也,[388] 服則懷之以德[389] 叛則震之以威,[390] 未聞與爲婚姻也. 且冒頓視其父如禽獸而獮之,[391] 奚有於婦翁![392] 建信侯之術, 固已疎矣. 況魯元已爲趙后,[393] 又可奪乎![394]"

○是歲更以丞相何爲相國[395]

【甲辰(前197) 高帝十年】

微周昌太子幾廢

○【微周昌 太子幾廢】

戚姬生趙王如意

戚姬有寵於上,[396] 生趙王如意.[397] 上以太子仁弱,[398] 欲廢之而立趙王. 大臣爭之,[399] 皆莫能得.[400] 御史大

386) 敍：次序.(新)
387) 此：指'骨肉之恩''尊卑之敍'.(新)
388) 御：統治.(今)
389) 懷：安撫.(新)
390) 震之以威：以威勢使他驚懼.(新)
391) 獮：殺害.(新)
392) 奚有於婦翁：奚有卽何有. 此謂冒頓無親親之恩, 雖娶漢女, 何能尊事漢朝.(今) 翁：岳丈.(新)
393) 趙后：趙王張敖的王后.(新) 魯元：元, 長也, 食邑於魯.(國)
394) 奪：奪趙王之后, 以與單于爲閼氏.(今)
395) 更以丞相何爲相國：① 自丞相進相國, 則相國之位, 尊於丞相矣.(胡) ② 相國, 漢書百官公卿表, "高帝卽位置一丞相, 十一年更名相國". 此于九年"以丞相何爲相國", 疑有誤.(新) 更：改稱.(岳白)
396) 戚姬：① 姬戚氏. 姬本婦人美稱, 漢爲內官官號, 秩比二千石, 位次婕妤下.(今) ② 戚, 姓. 姬, 婦官名, 位次在婕妤下.(要)
397) 趙王如意：① 高祖九年立, 高祖死, 呂后毒死趙王.(新) ② 趙王敖廢爲宣平侯, 徙代王如意爲趙王.(要)
398) 太子：劉盈, 後立爲惠帝.(新)
399) 爭：通'諍', 規勸.(新)

周昌期期不奉詔

夫周昌廷爭之彊,[401] 上問其說. 昌爲人吃,[402] 又盛怒, 曰, "臣口不能言, 然臣期期知其不可![403] 陛下欲廢太子, 臣期期不奉詔![404]" 上欣然而笑. ⁋呂后側耳於東廂聽,[405] 旣罷,[406] 見昌, 爲跪謝,[407] 曰, "微君,[408] 太子幾廢.[409]"⁋

○【韓信陳豨謀反】

韓信陳豨謀反

初, 上以陽夏侯陳豨爲相國,[410] 監趙代邊兵, 豨過辭淮陰侯.[411] 淮陰侯挈其手,[412] 辟左右,[413] 嘆曰, "公所居,[414] 天下精兵處也, 而公, 陛下之信幸臣也.[415] 人

---

400) 得 : 成功.(新)

401) 周昌 : 沛人, 從劉邦起事, 封汾陰侯, 官御史大夫, 爲人剛强直諫. 史記張丞相列傳附其傳.(新) 廷 : 朝廷.(新) 强 : 堅決.(新)

402) 吃 : ① 口吃.(今) ② 口不便言.(綱鑑)

403) 期 : ① 通 '綦', 極. 本要說"臣綦知其不可", 因周昌口吃, 又在氣頭上, 一急, 就說成"臣綦綦知其不可".(新) ② 期, 必也. 朱子曰, 期, 極也. 極知其不可, 口吃, 故重言一字也.(要)

404) 期不奉詔 : 絶對不按受詔令.(新)

405) 側耳 : 傾耳聽之.(中) 東廂 : 殿東堂也. 正寢之東西室皆曰廂, 言似箱篋之形.(胡)

406) 罷 : 罷朝.(今)

407) 爲 : 于僞翻.(胡)

408) 微 : 無.(今)

409) 幾廢 : 險些兒給廢掉了.(新)

410) 陳豨 : 宛句人, 佐漢建國, 因攻封陽夏侯, 爲代相國. 後反叛, 兵敗被殺.(新)

411) 淮陰侯 : 韓信.(今) 過 : 拜訪.(新)

412) 挈 : 執, 攜.(今)

413) 辟 : 音'闢', 除也, 屛除左右也.(胡)

414) 公所居 : 儞所管轄的地區.(新)

415) 信幸 : 親信而寵愛.(新)

言公畔,[416] 陛下必不信, 三至,[417] 必怒而自將. 吾爲公從中起,[418] 天下可圖也." 陳豨曰, "謹奉敎![419]"

○【陳豨與王黃等反】

陳豨與王黃等反

太上皇崩,[420] 上使人召豨, 豨稱病不至.[421] 九月, 遂與王黃等反, 自立爲代王, 劫略趙代.[422] 上自擊之. 至邯鄲, 喜曰, "豨不南據邯鄲而阻漳水,[423] 吾知其無能爲矣![424]"

○【豨將多降】

豨將多降

上令周昌選趙壯士可令將者, 白見四人.[425] 上嫚罵曰,[426] "豎子能將乎?[427]" 四人慙, 皆伏地, 封各千戶,

416) 畔 : 同'叛'.(今)

417) 三至 : 如果第三个人又來說你反叛.(岳白)

418) 從中起 : 從京城發兵內應.(新)

419) 謹奉敎 : 敬尊指敎.(新)

420) 太上皇 : 高祖乃尊太公爲太上皇. 按本紀, 秦始皇追尊莊襄王爲太上皇, 已有故事矣. 蓋太上者, 無上也. 皇者, 德大於帝, 故尊其父, 號太上皇也.(史記 卷8 高祖本紀 索隱)

421) 稱病 : 假托有病.(新)

422) 略 : 不以道取曰略.(要)

423) 阻漳水 : 阻漳水以自固.(今) 阻 : 恃也.(春)

424) 無能爲 : 無能爲力.(新)

425) 白見 : ① 白於高祖而召見之.(今) ② 白, 稟告.(新) ③ 見, 賢遍翻.(胡) ④ 謂告白於天子而召見之也. 見, 如字.(春) ⑤ 見, 賢遍翻, 又如字, 則國音有'현'與'견'兩音, 而'召見'今國音不曰'소현'而曰'소견'矣. 其'현'與'견'之音之義, 相懸殊, 而(漢)曰, "召見, 君王或上司命臣民或下屬來見面." 則今姑從'견'矣.(◉)

426) 嫚罵 : 辱罵.(今)

427) 豎子 : 對人的鄙稱. 猶今言'小子'.(漢)

以爲將. 左右諫曰, "今封此, 何功?" 上曰, "非汝所知. 陳豨反, 趙代地皆豨有. 吾以羽檄徵天下兵,[428] 高祖不愛四千戶 未有至者, 今計唯獨邯鄲中兵耳,[429] 吾何愛四千戶, 不以慰趙子弟!" 皆曰, "善!" 上聞豨將皆故賈人, 曰, "吾知所以與之矣.[430]" 乃多以金購豨將,[431] 豨將多降.

【乙巳(前196) 高帝十一年】

○【呂后使武士斬信】

呂后使武士斬信 豨軍遂敗.[432] 淮陰侯信稱病, 不從擊豨, 陰使人至豨所,[433] 與通謀. 其舍人弟上變,[434] 告信欲反. 呂后與蕭相國謀, 詐令人從上所來,[435] 言豨已得,[436] 死, 列侯羣臣皆賀. 相國紿信 相國紿信曰,[437] "雖疾, 强入賀.[438]" 信

428) 羽檄 : 挿上羽毛表示緊急的公文. 如近世的"鷄毛信". 檄, 古代用作征召曉諭聲討等的文書.(新) 檄者, 以木簡爲書, 長尺二寸, 用徵召也. 有急則加以鳥羽挿之, 所以示急疾也.(胡前209年)

429) 邯鄲中 : 邯鄲城中, 此爲趙地, 爲陳豨所有.(新)

430) 知所以與之 : 與, 猶待也. 知與之者, 知所以與之之術也. 豨將皆故賈人, 賈人嗜利, 乃多以金購之. 賈, 音古.(胡) 所以與之 : 如何對付他們的辦法. 商人貪利, 多以金收買, 所以下文云"多以金購".(新)

431) 以金購豨將 : 購, 收買. 豨將多賈人, 賈人嗜利, 故能以金購之使降.(今)

432) 豨軍遂敗 : 十二年追斬之.(春)

433) 陰 : 暗中, 秘密.(新)

434) 舍人 : ① 據史記高祖功臣侯者年表, 舍人指欒說, 他因高密被封爲愼陽侯.(新) ② 親近左右之通稱也. 其弟謝公著嘗獲罪於韓信, 信欲殺之.(綱合) 上變 : 上書密告謀反之事.(新)

435) 上所 : 高祖處.(新)

436) 得 : 被擒.(新)

信悔不用蒯徹計 信爲兒女子所詐 夷信三族

入, 呂后使武士縛信, 斬之長樂鐘室,[439] 信方斬, 曰, "吾悔不用蒯徹之計,[440] 乃爲兒女子所詐,[441] 豈非天哉!" 遂夷信三族.[442]

○【韓信謀畔 夷滅宗族亦宜】

韓信謀畔 夷滅宗族亦宜

漢得天下 皆信之功

溫公曰, "世或以韓信爲首建大策,[443] 與高祖起漢中, 定三秦,[444] 分兵以北, 禽魏, 取代, 仆趙, 脅燕, 東擊齊而有之, 南滅楚垓下, 漢之所以得天下者, 大抵皆信之功也. 觀其距蒯徹之說,[445] 迎高祖於陳,[446] 豈有反心哉! 良由失職怏怏,[447] 遂陷悖逆.[448] 夫以盧綰里°閈˙舊恩,[449] 猶南面王燕, 信乃以列侯奉朝請,[450] 豈

---

437) 紿 : 欺詐.(今)

438) 强入賀 : 勉力入賀.(今)

439) 長樂 : 長樂宮.(新)　鐘室 : 懸鐘之室.(胡)

440) 吾悔不用蒯徹之計 : 蒯徹勸韓信背漢, 信不從.(今)

441) 兒女子 : ① 女流之輩. 有輕蔑之意.(新) ② 指呂后, 鄙視之辭.(今)

442) 夷 : 誅夷.(今)

443) 首建 : 首先創建.(岳白)　大策 : 指韓信建議劉邦 "擧而東, 三秦可傳檄而定."(新)

444) 三秦 : 項羽分故秦地爲雍塞翟三國, 是爲三秦.(今)

445) 距 : 通'拒', 拒絶.(新)

446) 迎高祖於陳 : 指高祖六年"僞游雲夢, 會諸侯於陳"擒韓信事.(新)

447) 失職 : 指由楚王而降爲淮陰侯.(新)　怏怏 : 失意不快.(新)

448) 悖逆 : 抗命叛亂.(新)

449) 盧綰 : 西漢沛人. 與劉邦同里同日生. 又從劉邦破燕王臧荼, 有功, 封燕王. 陳豨反, 綰使人前往聯合, 幷與匈奴相結合, 事敗, 逃亡匈奴, 死於匈奴.(人)　里閈舊恩 : 盧綰與劉邦同鄕, 其父又與劉邦父相愛, 故言. 閈, 里巷的門.(新)　閈 : (春)本作'開', 誤.(◉)

450) 奉朝請 : ① 古代諸侯春季朝見天子叫朝, 季秋朝見天子叫請. 因稱定期參加朝會爲"奉朝請."(新) ② 韓信但以列侯居京師, 按時朝覲, 而無兵權, 故謂以列侯奉朝請.(今)

高祖不負於信

非高祖亦有負於信哉? 臣以爲高祖用詐謀禽信於陳, 言負則有之. 雖然, 信亦有以取之也.[451] 始, 漢與楚相距滎陽, 信滅齊, 不還報而自王,[452] 其後漢追楚至固陵, 與信期共攻楚而信不至,[453] 當是之時, 高祖固有取信之心矣, 顧力不能耳.[454] 及天下已定, 則信復何恃哉! 夫乘時以徼利者,[455] 市井之志也,[456] 酬功而報德者,[457] 士君子之心也. 信以市井之志利其身, 而以士君子之心望於人, 不亦難哉! 是故太史公論之曰,[458] 假令韓信學道謙讓,[459] 不伐己功,[460] 不矜其能, 則庶幾哉![461] 於漢家勳, 可以比周召太公之徒,[462] 後世血食矣![463] 不務出此,[464] 而天下已集,[465] 乃謀畔

---

451) 有以取之 : 有被捉拿的客觀理由. 以, 所.(新)

452) 自王 : 韓信滅齊後, 要求"爲假王以鎭之".(新)

453) 與信期共攻楚而信不至 : 固陵之戰, 漢與韓信彭越約, 會兵擊楚, 信越皆不至.(今)

454) 力不能 : 張良諫劉邦說"漢方不利, 寧能禁信之自王乎."(新)

455) 乘時以徼利 : 乘人之窘以希求大利.(今) 徼 : 通'邀.' 謀求.(新)

456) 市井 : 商賈小人.(今)

457) 酬 : 同'酬', 償.(新)

458) 太史公論 : 卽史記淮陰侯列傳篇末的"太史公曰".(新)

459) 道 : 老子二十二有"不自伐, 故有攻, 不自矜, 故長". 故瀧川資言以爲指老子之道.(新)

460) 伐 : 自矜誇其才能.(今)

461) "則庶幾"句至"後世血食矣"句連續, 是說, (如果韓信不伐己攻, 不矜其能), 那麽他在漢室的功勳差不多可以與周室周公召公太公等人相比, 世世代代可以受到祭祀.(新) 庶幾 : 近似.(漢)

462) 周召 : 周公姬旦和召公姬奭, 他們都是先佐武王, 後輔成王的功臣.(新) 太公 : 卽呂望.(新) 之徒 : 這一輩人物.(新)

463) 後 : 韓信的後代.(新) 血食 : 爲古代祭祀常用語, 言殺牲取血以祭祀.(新)

逆，夷滅宗族，不亦宜乎!”

○【高祖赦蒯徹】

高祖赦蒯徹 上還洛陽，聞淮陰侯死，問呂后曰，“信死亦何言?”后曰，“信言恨不用蒯徹之計.”上詔齊捕之，蒯徹至，上曰，“若敎淮陰侯反乎?[466]”對曰，“然. 臣固敎之. 豎子不用臣之策，[467] 故令自夷于此，[468] 如用臣之計，陛下安得而夷之乎![469] 失鹿共逐 秦失其鹿，[470] 天下共逐之，高材疾足者先得焉. 跖之狗吠堯 跖之狗吠堯，[471] 堯非不仁，狗固吠非其主 狗固吠非其主. 當是時，臣唯知韓信，非知陛下.”上曰，“置之.[472]”

○【呂后殺彭越】

呂后殺彭越 初，上之擊陳豨也，徵兵於梁，梁王稱病，[473] 使將將

---

464) 不務出此：不專心於學道謙讓. 出，於，在.(新)

465) 集：安定.(新)

466) 若：汝.(新)

467) 豎子：對人的鄙稱. 猶今言'小子'.(漢)

468) 自夷：自尋死路. 夷，滅絕.(新)　于此：如此，落到如此下場.(新)

469) 得而：能. 同義復詞.(新)

470) 鹿：喻帝位.(今)

471) 跖之狗吠堯：① 跖卽盜跖，盜跖至暴而堯至仁，跖之犬可使吠堯，喩人臣但忠於其主，而不問仁暴.(今) ② 卽各爲其主之意.(新)

472) 置：猶舍也，又赦也.(新)

473) 梁王：彭越.(中白)

兵詣邯鄲.[474] 上怒, 使人讓之.[475] 梁王恐, 欲自往謝. 其將扈輒勸王反, 梁王不聽. 梁太僕得罪,[476] 走漢, 告梁王與扈輒謀反. 於是上使使掩王,[477] 囚之洛陽.[478] 有司治,[479] "反形已具.[480]" 上赦以爲庶人, 傳處蜀青衣.[481] 西逢呂后從長安來. 彭王爲呂后泣,[482] 自言無罪, 願處故昌邑.[483] 呂后許諾, 與俱東. 至洛陽, 白上曰,[484] "彭王壯士, 今徙之蜀, 此自遺患, 不如遂誅之.[485] 妾謹與俱來.[486]" 呂后乃令其舍人告彭越復謀

梟越首洛陽

反.[487] 夷越三族. 梟越首洛陽,[488] 下詔, "有收視者,[489] 輒捕之."

---

474) 使將將兵 : 只派將軍率兵.(中白)
475) 讓 : 責備.(今)
476) 太僕 : 官名.(新)
477) 使使 : 派出使者.(岳白)　掩 : 突然襲擊.(新)
478) 之 : 送到.(岳白)
479) 治 : 案問, 此謂案問其謀反之狀.(今)
480) 反形已具 : 謀反罪証確鑿. 扈輒勸彭越謀反, 而彭越不誅之, 是"反形已具".(新)
481) 傳處蜀青衣 : 以驛傳徙處彭越於蜀郡之青衣縣.(今)　傳處 : 流放.(新)　傳 : 驛遞也, 謂輾轉相傳也, 處之於蜀郡.(春)　青衣 : 故城在今西康省雅安縣北.(今)
482) 彭王 : 彭越.(中白)
483) 願處故昌邑 : 彭越起於昌邑, 故自言願徙居其地.(今)
484) 白 : 告.(新)
485) 遂 : 就手, 幹脆.(新)
486) 謹 : 很注意, 很小心.(新)
487) 舍人 : ① 家臣.(新) ② 越之舍人也.(要)
488) 梟首 : 斬首懸掛示衆.(新)
489) 收視 : 收殮照顧.(新)

○【欒布奏事越頭下】

欒布奏事越頭下

梁大夫欒布使於齊,[490] 還, 奏事越頭下,[491] 祠而哭之.[492] 吏捕以聞.[493] 上欲烹之. 布曰, "願一言而死." 上曰, "何言?" 布曰, "方上之困於彭城, 敗滎陽成皐間, 王一顧,[494] 與楚則漢破,[495] 與漢則楚破. ⁋且垓下之會, 微彭王, 項氏不亡.⁋ 天下已定, 彭王剖符受封,[496] 亦欲傳之萬世. 今陛下一徵兵, 彭王病不行, 而陛下誅滅之. 臣恐功臣人人自危也. 今彭王已死,

釋布罪

臣生不如死, 請就烹![497]" 上乃釋布罪, 拜爲都尉.[498]

○【陸賈新語】

陸賈新語

陸賈時時前說稱詩書,[499] 帝罵之曰, "乃公居馬上得

---

490) 梁大夫 : 欒布與彭越有舊交. 欒布後爲燕王臧荼的將領, 臧荼反, 漢攻燕, 俘虜了欒布. 梁王彭越爲他贖罪, 讓他任梁國的大夫.(新)

491) 奏事越頭下 : 欒布受故梁王彭越之命出使齊國, 所以他要在彭越的人頭下面向彭越奏事.(新)

492) 祠 : 祭奠.(新)

493) 聞 : 報告高祖.(新)

494) 顧 : 偏向.(新)

495) 與 : 聯合.(新). 破 : 潰敗.(新)

496) 剖符 : 古代帝王分封諸侯功臣時, 以竹符爲信證, 剖分爲二, 君臣各執其一, 後因以'破符'爲分封授官之稱.(新) 受封 : ① 原指周代諸侯接受天子分封爵祿領地. 後世引申爲接受皇帝的賞賜. 如'漢代張騫因出使西域有功, 而受封爲博望侯.'(華典) ② 封爵之誓曰, "使河如帶, 泰山若厲. 國以永寧, 爰及苗裔.(史記 卷18 高祖功臣侯者年表)

497) 就烹 : 赴湯鑊.(新)

498) 拜 : 任命, 授予官職.(新)

499) 時時 : 非一時也.(春) 說稱 : 引用.(新)

馬上得天下

之,[500] 安事詩書![501]" 賈曰, "馬上得之, 寧可以馬上治之乎? 且湯武逆取而順守之,[502] 文武並用, 長久之術也. 昔者吳王夫差智伯秦始皇, 皆以極武而亡.[503] 鄉使秦已并天下,[504] 行仁義, 法先聖, 陛下安得而有之!" 帝有慙色曰, "試爲我著秦所以失天下吾所以得之者及古成敗之國.[505]" 陸生乃粗述存亡之徵,[506] 凡著十二篇. 每奏一篇, 帝未嘗不稱善, 號其書曰新語.[507]

○【尊顯賢士大夫】

尊顯賢士大夫

漢書本紀曰,[508] "詔曰, '聞王者莫高於周文,[509] 霸者莫高於齊桓.[510] 皆待賢人而成名. 賢士大夫有肯從我游者, 吾能尊顯之. 布告天下, 使明知朕意. 御史

500) 乃公居馬上而得之 : ① 俪老子在馬上取得天下.(新) ② 乃, 汝. 公, 帝自謂.(綱鑑) 居馬上而得之 : 言以戰鬪得天下也.(目)
501) 安事詩書 : 事, 用. 謂詩書於我無所用.(今)
502) 逆取 : 用武力取天下.(新) 順守 : 以禮樂治天下.(今)
503) 極武 : 窮兵黷武.(新)
504) 鄉使 : 假使. 鄉通'向'.(新)
505) 爲 : 于僞翻.(胡)
506) 粗述 : 略述.(今) 徵 : 徵兆.(新)
507) 新語 : 以高祖未嘗聞此言, 故曰新語.(春)
508) 漢書本紀 : 漢書 卷1下 高帝紀.(◉)
509) 周文 : 卽周文王.(漢)
510) 齊桓 : 齊桓公之稱.(中)

大夫昌下相國,[511] 相國酇侯下諸侯王,¶ 御史中執法下郡守,[512] 其有意稱明德者,[513] 必身勸爲之駕.[514] ⁋遣詣相國府, 署行義年.[515] 有而弗言. 覺, 免.¶"

○【樊噲排闥】

樊噲排闥

帝有疾, 臥禁中,[516] 詔戶者無得入⁋羣臣¶,[517] 羣臣絳灌等莫敢入,[518] 十餘日. 樊噲排闥直入,[519] 大臣隨之, 上獨枕一宦者臥. 噲等見上, 流涕曰, 始, 陛下與臣等起豐沛,[520] 定天下, 何其壯也![521] 今天下已定, 又何憊也![522] ⁋且陛下病甚, 大臣震恐, 不見臣等計事, 顧獨與一宦者絶乎![523]¶ 且陛下獨不見趙高之事乎?[524]

---

511) 御史大夫昌 : 周昌已爲趙相, 御史大夫是趙堯耳.(漢書 卷1下 高帝紀 顔師古注)

512) 御史中執法 : 初, 漢御史大夫有兩丞, 一曰御史丞, 一曰中丞, 亦謂中丞爲御史中執法.(通典 卷24 中丞)

513) 意稱 : 美好的聲譽. 意, 通'懿'.(漢)

514) … 必身勸爲之駕 : 有賢者, 郡守身自往勸勉, 令至京師, 駕車遣之.(漢書 卷1下 高帝紀 顔師古注)

515) 行義年 : 品行儀表年齡.(二十四史全譯 漢書 卷1下 高帝紀.)

516) 禁中 : 宮中.(新)

517) 詔戶者 : 下令門衛.(新) 戶者 : 守門戶之侍臣.(今)

518) 絳 : 絳侯周勃.(新) 灌 : 灌嬰.(新)

519) 排闥 : 闖開門.(新) 闥 : 宮中小門.(新)

520) 豊沛 : 沛縣豊邑.(新)

521) 何其壯 : 多麽豪壯.(新)

522) 何憊 : 爲何如此疲憊.(新)

523) 顧 : 却.(新) 獨 : 只.(新) 絶 : 臨終訣別.(新)

524) 趙高之事 : 指趙高於秦始皇死後, 與丞相李斯僞造遺詔, 逼死太子扶蘇, 入胡亥爲二世皇帝, 後又逼二世自殺, 立子嬰爲秦王之事.(新)

帝笑而起.

○【黥布反】

黥布反

初, 淮陰侯死,[525] 淮南王黥布已心恐, 及彭越誅, 醢其肉以賜諸侯.[526] 布大恐, 發兵反. 上召諸將問計. 皆曰, "豎子,[527] 何能爲乎!" 汝陰侯滕公,[528] 召故楚令尹薛公問之. 令尹曰, "是固當反. 往年殺彭越, 前年殺韓信,[529] 此三人者, 同功一體之人也,[530] 自疑禍及身, 故反耳!" 滕公言之上, 上乃召薛公問之, 對曰, "使布出於上計,[531] 山東非漢之有也, 出於中計, 勝敗之數未可知也, 出於下計, 陛下安枕而臥矣." 上曰, "何謂上計?" 對曰, "東取吳, 西取楚, 幷齊, 取魯, 傳檄燕趙,[532] 固守其所,[533] 山東非漢之有也." "何謂中計?" "東取吳,[534] 西取楚, 幷韓, 取魏, 據敖

同功一體之人

薛公對黥布三計

---

525) 淮陰侯 : 韓信.(新)

526) 醢 : 臠割其肉以爲醬. 顔師古曰, 反者被誅, 皆以爲醢, 卽刑法志所謂菹其骨肉是也.(今)

527) 豎子 : 這小子. 罵人的話.(新)

528) 汝陰侯滕公 : 夏侯嬰也. 食邑汝陰縣, 諡文侯, 初爲滕公令奉車, 故號滕公.(要)

529) 往年前年 : 韓信彭越都是在高祖十一年春被殺, 同年七月黥布反. 此言'往年' '前年', 可能爲了避免行文重復.(新)

530) 同功一體 : 一體卽一律. 言其功勞相等, 不分上下.(今)

531) 上計 : 上策.(新)

532) 傳檄 : 傳布檄文.(漢)

533) 固守其所 : 固守其所就之地.(今)

534) 吳 : 黥布奪取吳楚, 靠海則無後顧之憂, 就可全力向西與漢抗衡, 故爲'上計'.(新)

倉之粟，塞成皐之口，勝敗之數未可知也.[535]" "何謂下計?" "東取吳，西取下蔡，歸重於越，[536] 身歸長沙，[537] 陛下安枕而臥，漢無事矣." 上曰，"是計將安出?[538]" 對曰，"出下計. 布，故麗山之徒也.[539] 致萬乘之主，皆爲身，[540] 不顧後爲百姓萬世慮者也. 故曰，出下計." °上˙曰，[541] "善!" 封薛公千戶. ⁌上⁍自將兵而東.[542]

○布之初反，謂其將曰，"上老矣，必不能來. 淮陰彭越，皆死，餘不足畏." 遂反. 果如薛公之言，擊荊擊楚. 引兵而西.

【丙午(前195) 高帝十二年】

○【布軍敗走】

布軍敗走 冬，十月，上與布°軍˙遇於蘄西，[543] ⁌與布相望見，遙

535) 數：命運.(新)
536) 歸重於越：越在東南，故策其歸於越.(要) 重：輜重也.(春)
537) 身歸：投靠.(新) 長沙：此時長沙王爲吳芮的兒子吳臣. 這是栖身邊隅，無進取之志，故爲'下計'.(新)
538) 是：此. 指黥布.(新)
539) 故麗山之徒：黥布在秦末獲罪被送往驪山服勞役. 徒，服勞役的犯人. '麗'，通'驪'.(新)
540) 爲：于僞翻.(胡)
541) 上：(春)本作'帝'，(資治)作'上'，據改. 此'上'字，當作如上文'上曰'之'上'.(◉)
542) 東：向東進發.(新)
543) 軍：(春)本作'兵'，(資治)作'軍'，據改. 此'軍'字，當作如下文'布軍'之'軍'.(◉) 蘄：①蘄縣，屬沛郡.(胡) ②蘄，音'機'. 沛郡蘄城也.(史記 卷91 黥布列傳 正義)

謂布曰, "何苦而反?" 布曰, "欲爲帝耳!" 上怒罵之, 遂大戰. 布軍敗走, 渡淮, 數戰,[544] 不利, 與百餘人走江南, 上令別將追之.[545]

○【大風歌】

大風歌 上還, 過沛,[546] 留, 置酒沛宮,[547] 悉召故人父老諸母子弟佐酒,[548] 道舊故爲笑樂.[549] 酒酣,[550] 上自爲歌詩曰, "大風起兮雲飛揚, 威加海內兮歸故鄕, 安得猛士兮守四方?[551]" 令兒皆和習之,[552] 乃起舞, 慷慨傷懷, 泣數行下,[553] 謂沛父兄曰, "游子悲故鄕.[554] 朕自沛公以誅暴逆, 遂有天下, 其以沛爲朕湯沐邑,[555] 復其民,[556] 世世無有所與.[557]" 樂飮十餘日, 乃去.

(游子悲故鄕) (以沛爲朕湯沐邑 復其民)

---

544) 數 : 所角翻.(胡)

545) 別將 : 配合主力軍作戰部隊的將領.(新)

546) 沛 : 古偪陽國地, 秦置沛縣爲泗水郡治. 漢高初起於此, 改泗水郡爲沛郡, 移郡置相, 沛縣屬焉, 時謂之小沛.(讀史方輿紀要 江南 徐州)

547) 置酒 : 陳設酒宴.(漢) 沛宮 : 沛宮故地, 在徐州沛縣東南二十里一十步.(胡)

548) 諸母 : 稱與父親同輩或年齡相近的婦女. 老婦.(漢) 佐酒 : 陪同飮宴.(新)

549) 道 : 講述.(岳白) 樂 : 音洛. 下同.(胡)

550) 酣 : 治也.(胡)

551) 大風起兮 … 守四方 : 每句韻. 李善曰, "風起雲飛, 以喩羣兇競逐而天下亂也. 威加四海, 言已靜也. 夫安不忘危, 故思猛士以鎭之." 朱熹曰, "大風歌正楚聲也. 亦名三侯之章, 自千載以來, 人主之詞, 未有若是壯麗而奇偉者也.(史記 卷8 高祖本紀 考證)

552) 和習 : 謂跟隨着歌聲學習.(漢)

553) 行 : 戶剛翻.(胡)

554) 游子 : 離鄕遊客.(今) 悲 : 思念, 眷念.(新)

555) 湯沐邑 : 凡言湯沐邑者, 謂以其賦稅供湯沐之具也.(漢書 卷1下 高帝紀 第1下 顔師古注)

○【番陽人殺布】

番陽人殺布 ◤番陽人殺布茲鄕民田舍.[558]◥

○【周勃斬陳豨】

周勃斬陳豨 ◗周勃悉定代郡雁門雲中地, 斬陳豨於當城◖

○◤立兄◗仲之◖子濞爲吳王,[559] 王三郡五十三城.◥

○【以太牢祠孔子】

以太牢祠孔子 ◤十一月, 過魯, 以太牢祠孔子.[560]◥

○【高祖欲易太子】

高祖欲易太子 上從破布歸, 疾益甚. 愈欲易太子.[561] 張良諫不聽.

叔孫通諫易太子 叔孫通諫曰, "晉獻公以驪姬之故, 廢太子, 立奚齊,[562] 晉國亂者數十年.[563] 秦以不蚤定扶蘇,[564] 令趙高得以

---

556) 復其民：免除人民的賦稅勞役.(新)

557) 與：指繳納賦稅.(新)

558) 番：音婆.(胡) 茲鄕：番陽縣鄕名.(新) 田舍：農舍.(新)

559) 吳王：史記有「吳王濞列傳.(新)

560) 太牢：古時祭祀或宴會, 牛羊猪三牲齊全稱太牢.(新) 祠：祭祀.(新)

561) 愈欲易太子：愈, 益也. 謂欲易太子之心益決.(今)

562) 晉獻公以驪姬之故 廢太子 立奚齊：① 晉獻公寵驪姬, 廢太子申生而立驪姬之子奚齊.(今) ② 獻公太子名申生, 公伐驪戎, 得驪姬, 生奚齊, 公欲廢申生而立之. 會申生薦祭母之胙於公, 驪姬預置毒胙中, 公欲享, 姬止之曰, 宜試之. 與犬, 犬死, 與小臣, 小臣死. 申生聞之, 懼, 奔新城. 公乃誅其傅, 申生自殺.(春)

563) 晉國亂者數十年：晉獻公嬖驪姬, 欲立其子, 故廢太子申生, 而以驪姬之子奚齊屬荀息而立之. 公薨, 里克殺奚齊. 荀息立其弟卓子. 里克殺卓子, 迎立惠公. 惠公爲秦所執, 旣歸而薨, 子懷公立. 秦納文公而殺懷公, 晉乃定.(胡)

564) 不蚤定扶蘇：不早定扶蘇爲君. 蚤, 同'早'.(今) 扶蘇：始皇長子也. 不早定太子之位, 後

詐立胡亥,[565] 自使滅祀,[566] 此陛下所親見. 今太子仁孝, 天下皆聞之. 陛下必欲廢適而立少,[567] 臣願先伏誅,[568] 以頸血汙地!" 帝曰, "吾直戲耳![569]" 叔孫通曰,

太子天下本

"太子天下本, 本一搖, 天下震動, 奈何以天下戲乎!" 時大臣固爭者多,[570] 上知羣臣心皆不附趙王,[571] 乃止不立.

○【高祖竟不易太子】

高祖竟不易太子

張良傳云,[572] "呂后使建成侯呂澤劫良,[573] 曰, '君常爲上謀臣, 今上日欲易太子, 君安得高枕而臥?'[574] 良曰, 始上數在急困之中, 幸用臣策. 今天下安定, 以愛欲易太子, 骨肉之間, 雖臣等百人何益! 呂澤

以諫坑儒獲罪, 使監蒙恬軍於上郡. 始皇崩, 趙高乃詐爲遺詔, 賜扶蘇死.(春)

565) 胡亥 : 卽秦二世. 始皇帝次子. 始皇帝崩, 李斯趙高等矯詔殺長子扶蘇, 立胡亥, 及關東盜起, 趙高弑之, 在位三年.(中)

566) 滅祀 : 斷絕宗廟祭祀. 指朝代滅亡.(新)

567) 適 : 謂太子. 適, 讀曰'嫡'.(胡) 少 : 指趙王如意.(新)

568) 伏誅 : 受死刑.(新)

569) 直 : 只是.(新)

570) 爭 : 通'諍', 直言規勸.(新)

571) 趙王 : 戚姬之子劉如意.(◉)

572) 張良傳 : 漢書 卷40 張良傳.(◉)

573) 呂澤 : ① ?-前199. 西漢單父人. 呂后長兄. 以客從劉邦入漢, 還定三秦, 將兵下碭. 劉邦敗彭城, 往從之, 佐定天下. 封周呂侯. 卒諡令武.(人) ② 通鑑考異云, 澤當是'釋之'. 陳仁錫曰, "建成侯名釋之, 周呂侯名澤. 傳文以釋之爲澤, 誤." 梁玉繩曰, "下呂澤同誤."(史記 卷55 留侯世家 考證) ③ 呂釋之 : ?-前193. 西漢單父人. 呂后次兄. 以客從劉邦擊秦, 後歸豐衛劉邦之父. 封建成侯. 卒諡康.(人)

574) 安 : 焉也.(漢書 卷40 張良傳 顔師古注)

彊要曰,¶ '爲我畫計.' 良曰, '此難以口舌爭也. 顧上所不能致者四人.[575] 固請,[576] 宜來. 令上見之, 則一助也.' 呂澤使人奉太子書, 卑辭厚禮,[577] 迎此四人.

四人須眉皓白

四人至, 客建成侯所. 及宴, 置酒. 太子侍. 四人者從太子. 年皆八十有餘, 須眉皓白,[578] 衣冠甚偉.[579] 上怪, 問曰, '何爲者?' 四人前對,[580] 各言其姓名. 上迺驚曰, '吾求公. 避逃我. 今公何自從吾兒遊乎?' 四人曰, '陛下輕士善罵. 臣等義不辱. 故恐而亡匿. 今聞太子仁孝, 恭敬愛士, 天下莫不延頸願爲太子死者.[581] 故臣等來.' 上曰, '煩公, 幸卒調護太子.'[582] 四人爲壽已畢, 趨去. 上目送之.[583] 召戚夫人指視

四皓爲太子羽翼

曰,[584] '我欲易之. 彼四人爲之輔, 羽翼已成, 難動

575) 四人 : ① 謂東園公綺里季夏黃公甪里先生.(春) ② 此所謂四皓也, 避秦之亂, 隱於商山. 索隱曰, 按陳留志云, 園公, 姓唐, 字宣明, 居園中, 因以爲號. 夏黃公, 姓崔, 名廣, 字少通, 齊人, 隱居夏里修道, 故號曰夏黃公. 甪里先生, 河內軹人, 太伯之後, 姓周, 名術, 字元道, 京師號曰霸上先生, 一曰甪里先生. 甪, 盧谷翻.(胡)

576) 固請 : 力請, 再三邀請.(華典)

577) 卑辭 : 亦作'卑詞' 言辭謙恭.(漢)

578) 須 : 面毛也. 今以須爲所須字, 而別作鬚. 在頤曰須, 在頰曰髯也.(要)

579) 衣冠甚偉 : 所以謂之四皓.(漢書 卷40 張良傳 顔師古注)

580) 前 : 進也.(要)

581) 延頸 : 要望也.(史記 卷55 留侯世家 考證)

582) 調護 : 調, 謂和平之, 護, 謂保安之.(漢書 卷40 張良傳 顔師古注)

583) 目送之 : 以目瞻之訖其出也.(漢書 卷40 張良傳 顔師古注)

584) 戚夫人 : ?~約前194. 卽戚姬. 高祖寵姬. 生趙王如意. 高祖欲廢太子, 立趙王爲太子. 高祖卒, 呂后酖殺趙王, 囚戚夫人, 斷其手足, 去眼煇耳, 飮以啞藥, 置于厠所, 名曰人

矣.' 上罷酒, 竟不易太子者, 良本招此四人之力也."

○【械繫蕭何】

械繫蕭何

相國何以長安地陜,[585] 上林中多空地,[586] 棄.[587] 願令民得入田,[588] 毋收稾, 爲禽獸食.[589] 上大怒曰, "相國多受賈人財物,[590] 爲請吾苑![591]" 下廷尉, 械繫之.[592] 數日, 王衛尉侍,[593] 前問曰,[594] "相國胡大罪, 陛下繫之暴也?[595]" 上曰, "'今相國多'受賈豎金,[596] 請吾苑以自媚於民,[597] 故繫治之.[598]" 王衛尉曰, "有便於民而請之,[599] 眞宰相事, 且陛下距楚數歲,[600] 陳豨黥布

王衛尉諫赦蕭何

堯.(人) 視:讀曰示.(漢書 卷40 張良傳 顔師古注)

585) 陜:同'狹'.(新)

586) 上林:古苑名, 秦舊苑, 在咸陽南, 專供皇帝行獵用. 漢初荒廢, 高祖十二年許民入苑開墾.(新)

587) 棄:荒廢.(新)

588) 入:進上林苑.(新) 田:開墾種田收獲.(新)

589) 毋收稾 爲禽獸食:① 上林苑本空棄之地, 但種稾以給獸食, 今令有司勿復於苑中取稾, 而令民田種其中以取粟.(今) ② 稾, 禾稈也, 言恣人田之, 不收其稾稅也(胡)

590) 賈:音古.(胡)

591) 爲:于僞翻.(胡)

592) 械繫:加桎梏於罪人而囚拘之也.(中)

593) 王衛尉侍:王, 姓也, 史失其名. 衛尉寺在宮內, 掌宮門衛屯兵. 侍, 謂侍天子也.(目)

594) 前問:進而請之.(今)

595) 繫之暴:囚禁他如此嚴厲.(新)

596) 賈豎:舊時對商人的賤稱.(新)

597) 自媚於民:媚, 愛也, 求愛於民.(胡)

598) 治:鞠問其罪.(今)

599) 請之:爲他們請求.(新)

600) 距:通拒.(新)

反, 陛下自將而往, 當是時, 相國守關中, 關中搖足,[601] 則關以西非陛下有也. 相國不以此時爲利,[602] 今乃利賈人之金乎?" 帝不°懌˙.[603] 是日, 使使持節赦出何.[604] 何入謝.[605] 帝曰, "相國爲民請苑, 吾不許, 我不過爲桀紂主. 而相國爲賢相. 吾故繫相國,[606] 欲令百姓聞吾過.[607]"

欲令百姓聞吾過

○【高祖不使治疾】

高祖不使治疾

上擊布時, 爲流矢所中,[608] 行道,[609] 疾甚. 呂后迎良醫. 入見,[610] ⁋曰, "疾可治.[611]"¶ 上嫚罵之曰,[612] "吾以布衣°提˙三尺取天下,[613] 此非天命乎! 命乃在天, 雖扁鵲何益![614]" 遂不使治疾.

以布衣提三尺取天下

---

601) 搖足 : 基礎搖動.(今)
602) 爲利 : 貪利.(新)
603) 不懌 : ① 懌, 悅也. 感衛尉之言, 故慙悔而不悅也.(胡) ② 懌, (朝鮮)中宗諱代'豫'.(增補文獻備考 卷53 帝系考 諱) ③ 懌, (春)本作'豫', 今當作'懌'.(◉)
604) 持節 : 古代使臣奉命出行, 必執符節以爲憑證.(漢)
605) 謝 : 謝罪.(今)
606) 故 : 故意.(岳白)
607) 聞 : 知道.(新)
608) 流矢 : 亂飛的或無端飛來的箭.(漢) 中 : 竹仲翻.(胡)
609) 行道 : 道中.(新)
610) 見 : 賢遍翻.(胡)
611) 疾可治 : 不治之症的委婉說法.(新)
612) 嫚罵 : 辱罵. 嫚, 輕辱.(新)
613) 三尺 : 劍.(新) 提 : (春)本作'持', 誤.(◉)
614) 扁鵲 : 史記扁鵲列傳, 所言扁鵲事跡, 時代多所牴牾. 傳說皇帝時有醫生扁鵲, 後人卽以

○【安劉氏者必勃】

安劉氏者必勃　呂后問曰,“陛下百歲後,[615] 蕭相國旣死, 誰令代之?”上曰,“曹參可.”問其次, 曰,“王陵可, 然少戇,[616] 陳平可以助之.

陳平難獨任　陳平知有餘,[617] 然難獨任. 周勃重厚少文,[618] 然安劉氏者必勃也, 可令爲太尉.”呂后復問其次,[619] 上曰,“此後亦非乃所知也.[620]”

○夏, 四月, 帝崩⁋于長樂宮¶.

○【高祖規摹弘遠】

高祖規摹弘遠　初, 高祖不脩文學, 而性明達,[621] 好謀, 能聽,[622] 自監門戍卒,[623] 見之如舊.[624] 初順民心作三章之約.[625] 天下旣定, 命蕭何次律令,[626] 韓信申軍法,[627] 張°蒼˙

'扁鵲'稱良醫, 非必確指某人.(新)

615) 百歲：喩死也. 人壽不過百歲, 不言死而言百歲, 諱飾之辭也.(中)

616) 少戇：稍嫌憨直認死理. 戇, 迂愚而剛直.(新)

617) 知：讀曰'智'也.(要)

618) 重厚少文：穩重厚道, 但缺少文才.(新)

619) 復：扶又翻.(胡)

620) 此後亦非乃所知也：乃, 汝也, 言自此之後, 汝亦終矣, 不復知之.(胡)

621) 明達：聰明通達.(今)

622) 能聽：能聽納善言而不剛愎自用.(今)

623) 監門：① 守門小吏.(新) ② 酈食其.(國)　戍卒：① 守邊防的士卒.(新) ② 婁敬.(國)

624) 見之如舊：謂一見之, 如舊相識.(要)

625) 作三章之約：高祖初入關, 與父老約法三章.(今)

626) 命蕭何次律令：次, 編次. 漢書刑法志,“何攈摭秦法, 取其宜於時者, 作律九章”.(今)

627) 韓信申軍法：申, 申明. 漢書藝文志“漢興, 張良韓信序次兵法, 凡百八十二家, 刪取要用, 定著三十五家”.(今)

定章程,[628] 叔孫通制禮儀,[629] 又與功臣剖符作誓,[630]

丹書鐵°契˙,[631] 金匱石室, 藏之宗廟.[632] 雖日不暇給,[633] 丹書鐵契

規摹弘遠矣.[634]

628) 蒼 : (春)本作'倉', 誤.(◉) 章程 : ① 規章法式.(今) ② 張蒼以列侯居相府, 領主郡國上計者, 章, 歷數之章術也, 程, 法術也, 謂權衡丈尺斛斗之平法.(綱鑑)

629) 禮儀 : 禮節儀式.(新)

630) 剖符 : 猶剖竹. 古代帝王分封諸侯功臣時, 以竹符爲信證, 剖分爲二, 君臣各執其一, 後因以'剖符''剖竹'爲分封授官之稱.(漢) 作誓 : 史記高祖功臣侯者年表"封爵之誓曰, 使河如帶, 泰山如厲(礪), 國以永寧, 爰及苗裔".(新)

631) 丹書鐵契 : 古代帝王賜給功臣世襲的享有免罪等特權的證件. 以鐵爲契, 以丹書之.(新) 契 : (春)本作'券', 誤.(◉)

632) 金匱石室 藏之宗廟 : ① 古代保存書契之所. 以丹寫盟誓之言于鐵卷, 裝入金匱石室, 加封藏于宗廟.(新) ② 金匱, 猶金縢也. 以金爲匱, 以石爲室, 重緘封之, 重愼之義. 蓋謂以丹書盟誓之言於鐵券, 盛之以金匱石室而藏之宗廟也.(胡) 藏之宗廟 : 使與國同休.(綱鑑)

633) 日不暇給 : ① 事務繁忙, 日日進行, 尙不能足, 故無暇. 言項羽旣平, 諸侯又叛.(新) ② 給, 足也. 衆事繁多, 常汲汲也.(要)

634) 規摹 : 言制度程式.(新) 摹 : 與'模'同.(要)

通鑑節要增損校註 卷六

漢紀

▪ 孝惠皇帝[1)]

在位七年, 壽二十四.
名盈, 高帝長子.
是時海內得離戰爭之苦, 惠帝拱己, 而天下晏然, 可謂寬仁之主, 遭呂太后, 虧損至德, 悲夫!

【丁未(前194) 惠帝元年】

惠帝不聽政
呂后酖殺趙王
斷戚夫人手足人彘
呂后召帝觀人彘

○ **【惠帝不聽政】**

太后酖殺趙王,[2)] 遂斷戚夫人手足, 去眼, 煇耳,[3)] 飮瘖藥,[4)] 使居厠中, °命˙曰'人彘'.[5)] 居數日, 乃召帝觀人彘. 帝見, 問知其°˙戚夫人,[6)] 乃大哭, 因病, 歲餘

---

1) 孝惠皇帝 : ① 諡法, 柔質慈民曰惠.(綱鑑) ② 孝子善述人之志, 故漢家之諡, 自惠帝以下皆稱孝也.(胡)
2) 酖 : 酖酒. 酖鳥有毒, 以其羽浸酒中, 飮之可致死.(今)
3) 煇 : 通'熏', 用火灼燒. 熏耳使聾.(新)
4) 飮瘖藥 : 灌啞藥, 使其不能說話.(新) 瘖 : 不能言也.(胡)
5) 命 : (春)本作'號', (資治)作'命', 據改.(◉) 彘 : 猪.(新)
6) °˙ : (春)本有'爲', 當削.(◉) 其戚夫人 : 這就是戚夫人.(新)

不能起. 使人請太后曰,[7] "此非人所爲.[8] 臣爲太后子, 終不能治天下.[9]" 帝以此日飮爲淫樂,[10] 不聽政.[11]

【戊申(前193) 惠帝二年】

○【蕭何推曹參】

蕭何推曹參 酇文終侯蕭何病,[12] 上親自臨視,[13] 因問°·曰[14], "君卽百歲後,[15] 誰可代君者?" 對曰, "知臣莫如主." 帝曰, "曹參何如?" 曰, "帝得之矣, 臣死不恨![16]"

○【蕭何不治垣屋】

蕭何不治垣屋 七月, 何薨. 何置田宅, 必居窮僻處,[17] 爲家,[18] 不治垣屋.[19]

師吾儉 曰, "後世賢,[20] 師吾儉, 不賢, 毋爲勢家所奪.[21]"

---

7) 請：謁見.(今)
8) 此非人所爲：這不是人干的事.(新)
9) '臣爲'兩句：我身爲太后子, 而不能使先父寵姬免禍, 終究無能治天下.(新)
10) 淫：過也.(要) 樂：音洛.(胡)
11) 不聽政：不理朝政.(新)
12) 酇文終侯：酇, 縣名. 文終, 諡. 侯, 爵也.(要)
13) 臨視：探望.(新)
14) °·：(春)本有'何', 當削.(◉)
15) 卽：如.(新) 百歲：'死'的委婉說法.(新)
16) 恨：遺憾.(新)
17) 居：安排, 安置.(新)
18) 爲家：建住宅.(新)
19) 治：修建.(新) 垣屋：有垣墻的房屋.(新)
20) 後世：子孫後代.(新)

○【曹參壹遵何約束】

曹參壹遵何約束

曹參聞何薨, 告舍人,[22] "趣治行.[23] 吾將入相.[24]" 居無何,[25] 使者果召參. 始, 參微時,[26] 與蕭何善,[27] 及爲將相, 有隙,[28] 至何且死,[29] 所推賢惟參. 參代何爲相, 擧事無所變更,[30] 壹遵何約束.[31] 擇郡國吏木訥於文辭重厚長者,[32] 卽召除爲丞相史,[33] 吏之言文刻深欲務聲名者,[34] 輒斥去之.[35] 見人有細過,[36] 專掩匿覆蓋之,[37] 府中無事.

○【參等守職 遵而勿失】

---

21) 毋爲：不會被.(新) 勢家：有權有勢的人家.(新)
22) 舍人：門客.(新)
23) 趣：通'促', 赶快.(新) 治行：準備行裝.(新)
24) 入相：到朝廷去擔任相國.(新)
25) 居無何：過了不久. 居, 經過. 表示相隔若干時間.(新)
26) 微時：卑賤而未顯達的時候.(新)
27) 善：友好.(新)
28) 有隙：不和洽.(今)
29) 且：將要.(岳白)
30) 擧事無所變更：凡事無所更改.(今) 擧：一切.(新)
31) 一：完全.(新) 約束：制定的法令規章制度.(新)
32) 擇：選用.(新) 木訥：指人質朴而不善辭令.(新) 重厚：端狀敦厚.(新) 長者：有德行者.(新)
33) 除：任命.(新) 丞相史：丞相屬官, 長史以下有掾吏令史等.(新)
34) 吏：辦事人員.(新) 言文：長于言辭.(新) 刻深：嚴酷苛求.(新) 務：追求.(新)
35) 斥去：解職辭掉.(新)
36) 細過：小的過失.(新)
37) 覆：敷救翻.(胡)

參等守職 遵而勿失

帝怪相國不治事，『讓參，』參曰，“陛下自察聖武孰與高帝？[38]”上曰，“朕安敢望先帝！[39]”又曰，“陛下觀臣能孰與蕭何賢？[40]”上曰，“君似不及也.”參曰，“陛下言之是也．高帝與蕭何定天下，法令旣明．陛下垂拱，[41] 參等守職，[42] 遵而勿失，[43] 不亦可乎！”帝曰，“善！”

○【百姓歌曹參】

百姓歌曹參

參爲相國，三年，百姓歌之曰，[44]“蕭何爲法，較若畫一，[45] 曹參代之，守而勿失，載其淸淨，[46] 民以寧壹.[47]”

【己酉(前192) 惠帝三年】

○【漢與匈奴和親】

漢與匈奴和親

以宗室女爲公主，[48] 嫁匈奴冒頓單于．是時，冒頓方

---

38) 察：仔細考慮.(新)　聖武：聖明英武．這句是說，陛下與高帝比誰聖武.(新)
39) ‘朕乃’句：我怎麼竟然敢和先帝比．乃，竟然．望，比.(新)
40) 陛下觀臣能孰與蕭何賢：賢，優也．曹參問惠帝，臣之材能與蕭何相比，何人爲優.(今)
41) 垂拱：垂衣拱手．謂可以不必親理事務.(新)
42) 守職：謹守本職.(新)
43) 遵：遵守蕭何的旣定法令制度.(新)　失：放棄.(新)
44) 歌：頌其功德.(今)
45) 較若：較然，淸淸楚楚，明明白白.(新)　畫一：整齊也.(春)
46) 載：執行.(新)　淸淨：淸靜無爲的政策.(新)
47) 寧壹：安寧統一而不亂.(新)
48) 宗室：宗族．同宗族之人．特指與君主同宗族之人．猶言皇族.(漢)　公主：天子之女曰公主，周禮，天子嫁女，使諸同姓者主之，故謂之公主．帝姊妹爲長公主，姑爲太公主也.(要)

彊, 爲書,[49] 遺高后,[50] 辭極褻嫚.[51] 高后大怒, 議斬其使者, 發兵擊之. 樊噲曰, "臣願得十萬衆橫行匈

季布責樊噲 奴中![52]" 季布曰, "噲可斬也! 前匈奴圍高帝於平城,[53] 漢兵三十'二'萬, 噲爲上將軍, 不能解圍. 今歌吟之聲未絶,[54] 傷夷者甫起,[55] 而噲妄言以十萬衆橫行,[56] 是面謾也.[57] 且夷狄譬如禽獸, 得其善言不足喜, 惡言不足怒也." 高后曰, "善!" 報書, 深自謙遜以謝之. 冒頓復使使來謝,[58] 因獻馬, 遂和親.

【庚戌(前191) 惠帝四年】

○【除挾書律】

除挾書律 除挾書律.[59]

49) 爲書 : 修國書.(新)
50) 高后 : 呂后. 高祖皇后.(◉)
51) 褻嫚 : ① 不恭而傲慢.(新) ② 匈奴傳遺高后書, 陛下獨居, 孤亦獨居, 兩主不樂, 無以自娛, 願以所有, 易其所無.(要)
52) 橫行 : 猶言縱橫馳騁. 多指在征戰中所向無敵.(漢)
53) 圍平城 : 漢七年, 韓王信句結匈奴在太原謀反, 高帝往擊, 在平城被冒頓單于圍困七日, 後用陳平計脫圍.(新)
54) 歌吟 : ① 呻吟.(今) ② 天下歌曰, "平城之下亦誠苦, 七日不食, 不能彀弩."(要)
55) 傷夷 : 創傷. 多有指疾苦.(新) 夷 : 同'痍'.(今) 甫起 : 初癒.(今) 甫 : 始也.(目)
56) 妄言 : 胡說.(新)
57) 面謾 : 當面撒謊. 謾, 欺騙.(新)
58) 復 : 扶又翻.(胡)
59) 挾書律 : ① 秦始皇三十四年頒布民間有私藏詩書和百家書籍者族誅的法令.(新) ② 挾, 藏也. 秦律挾書者族.(要)

【辛亥(前190) 惠帝五年】

○秋，曹參薨．°☞˙

【⁋壬子(前189) 惠帝六年¶】

○◤以王陵爲右丞相，陳平爲左丞相．周勃爲太尉．◥

【癸丑(前188) 惠帝七年】

○【呂后臨朝稱制】

呂后臨朝稱制

秋，八月，帝崩．⁋初，呂太后命張皇后取他人子養之，[60] 而殺其母，以爲太子．[61] 旣葬，太子卽皇帝位，年幼，¶ 太后臨朝稱制．[62]

【甲寅(前187 高皇后呂氏元年)[63]】

○【呂后欲王諸呂】

呂后欲王諸呂

冬，太后議欲立諸呂爲王，[64] 問右丞相陵，[65] 陵曰，"高

---

60) 張皇后：①？～前163．惠帝後．宣平侯張敖女．母魯元公主．呂后卒，被廢處北宮．(人) ②張皇后卽高祖之外孫女，則高祖以外孫女爲子之妻也．(◉)

61) 太子：①孝惠后無子，佯爲有身，取美人子名之，殺其母，立所名子爲太子．(新) ②卽劉恭，稱少帝．(◉)

62) 稱制：①天子之言，一曰制書，二曰詔書．制書者，謂制度之命也，非皇后所得稱．今太后臨朝，行天子事，故稱制．(胡) ②行事皇帝的權力．制，指皇帝的詔令．(新)

63) 甲寅(前187)：高皇后呂氏元年．(春) 高皇后：①呂雉．?-前180．字娥姁．惠帝時，臨朝稱帝．在位八年(前187-前180)．(新) ②諱'雉'之字曰"野雞" 禮，婦人從夫諡，故稱'高'也．(胡)

64) 太后：此指呂后．皇帝的母後稱'太后'．(新) 諸呂：指呂后本家呂氏之人．(新)

65) 陵：王陵(?～前181)，泗水沛縣(今屬江蘇)人．(新)

王陵守白馬之盟

帝刑白馬盟曰,[66] '非劉氏而王, 天下共擊之.' 今王呂氏, 非約也.[67]" 太后不說,[68] 問左丞相平太尉勃,[69] 對曰, "高帝定天下, 王子弟,[70] 今太后稱制,[71] 王諸呂, 無所不可.[72]" 太后喜. 罷朝,[73] 王陵讓陳平絳侯曰,[74] "始與高帝啑血盟,[75] 諸君不在邪! 今高帝崩, 太后欲王呂氏, 諸君縱欲阿意,[76] 何面目見高帝於地下乎?" 陳平絳侯曰, "於今, 面折廷爭,[77] 臣不如君, 全社稷,[78] 定劉氏後, 君亦不如臣." 陵無以應⌐之⌐.

○⌐太后以王陵爲帝太傅,[79] 實奪之相權, 陵遂病免歸. 乃以左丞相平爲右丞相,[80] 以審食其爲左丞相, 不治事,[81] 令監宮中, 如郎中令.[82]⌐

---

66) 高帝刑白馬盟 : 劉邦稱帝後, 殺白馬歃血, 與群臣訂立盟約, "非劉氏不王, 非有功不侯". (新) 刑 : 宰割.(今)

67) 非約 : 不符合盟約.(新)

68) 說 : 通'悅'.(新)

69) 平 : 陳平(?~前178), 漢初大臣.(新) 勃 : 周勃(?~前169), 漢初大臣.(新)

70) 王 : 作動詞用. 封王.(新)

71) 稱制 : 臨朝稱制. 皇帝只是傀儡.(新)

72) 無所不可 : 沒有什麽不可以的. 沒有什麽可以挑剔的.(新)

73) 罷 : 停止.(新) 朝 : 朝會.(新)

74) 讓 : 責備.(新) 絳侯 : 指周勃. 因其封爲絳侯.(新)

75) 啑血 : 歃血. 以口微吸所刑牧畜之血而爲誓約.(今)

76) 縱 : 縱令, 卽使.(新) 阿意 : ① 順從之意.(新) ② 阿諛呂后意旨.(今)

77) 面折廷爭 : 謂當朝犯顔直諫.(新)

78) 全 : 保全.(新) 社稷 : 指國家政權.(新)

79) 太傅 : 官名. 古代帝王的師傅.(新)

80) 左丞相 : 此時尚右, 故陳平自左丞相遷右丞相.(胡)

【丁巳(前184) 高皇后呂氏四年[83]】

○【呂后殺少帝】

呂后殺少帝

四月, 少帝寖長,[84] 自知非皇后子,[85] 乃出言曰,[86] "后安能殺吾母而名我![87] 我壯, 卽爲變![88]" 太后聞之, 幽之永巷中,[89] 言帝病. 遂廢帝, 幽殺之. 五月, 丙辰, 立恒山王義爲帝,[90] 更名曰弘.[91] 不稱元年, 以太后制天下事故也.[92]

【庚申(前181) 高皇后呂氏七年[93]】

○【諸呂憚朱虛侯章】

---

81) 不治事 : 謂不處理丞相職事.(新)

82) … 如郎中令 : 言食其不董丞相職事, 常監宮中若郎中令.(胡) 郎中令 : 官名. 主要職掌守衛宮殿門戶.(新)

83) 丁巳(前184) : 高后四年.(◉)

84) 少帝 : ① 稱被廢的皇帝.(漢) ② 後宮美人之子. 呂后殺其(劉恭)母, 以其爲張皇后(魯元公主之女)之子, 立爲少帝.(新) ③ ?~前184. 卽劉恭. 西漢皇帝. … 呂后下詔廢而殺之.(人) 寖 : 逐漸.(新) 長 : 長大.(新)

85) 皇后 : 指張皇后.(新)

86) 出言 : 說話. 發言.(漢)

87) 后 : 指張皇后.(新) 名我 : 意謂以我爲子.(新)

88) 變 : 謂改變名義.(新)

89) 幽 : 禁閉.(新) 永巷 : 漢時宮中長巷, 往往在這裏幽禁宮中的罪人.(新)

90) 恒山王義 : ① 劉義. 原名山, 改名義, 又改名弘, 所名(名義上)惠帝之子. 高后二年封爲恒山王.(新) ② 呂后八年, 周勃等大臣誅滅諸呂, 以少帝(劉弘)皆非眞孝惠子, 殺之.(人) ③ 劉弘亦稱少帝. 呂后稱制之世, 少帝有二人, 前有劉恭, 後有劉弘.(◉)

91) 更 : 工衡翻.(胡)

92) 制天下事 : 掌管國家大事.(新)

93) 庚申(前181) : 高后七年.(春)

諸呂憚朱虛侯章
劉章以軍法行酒

諸呂擅權用事,[94] 朱虛侯章,[95] 忿劉氏不得職.[96] 嘗入侍燕飲,[97] 章自請曰, “臣將種也,[98] 請得以軍法行酒.[99]” ⁋太后曰, “可.”⁋ 頃之,[100] 諸呂有一人醉, 亡酒,[101] 章追, 拔劍斬之, 太后業已許其軍法,[102] 無以罪也,[103] 自後, 諸呂憚朱虛侯, 劉氏爲益彊.[104]

○【平勃深相結】

平勃深相結
陳平燕居深念
天下安注意相
天下危注意將

陳平患諸呂, 力不能制, 恐禍及己, 嘗燕居深念,[105] 陸賈往,[106] 直入坐曰,[107] “天下安, 注意相,[108] 天下危, 注意將. 將相和調,[109] 則士豫附,[110] 士豫附, 則

94) 擅權：專權, 攬權.(漢)
95) 朱虛侯章：劉章, 西漢宗室. 齊悼惠王劉肥子. 高后時封朱虛侯, 以呂祿女妻之. 呂后死, 與周勃等殺諸呂, 迎劉恒爲文帝, 封城陽王.(人)
96) 忿：忿恨.(新) 不得職：謂失去權力.(新)
97) 燕飲：宴飮. 燕, 通宴.(新)
98) 將種：將門之後.(新)
99) 行酒：行令飮酒.(新)
100) 頃之：頃刻之間.(新)
101) 亡酒：避酒而逃亡也.(胡)
102) 業：已經.(新)
103) 無以罪：沒有理由責罰.(新)
104) 爲：于僞翻.(胡)
105) 燕居深念：燕居, 平居. 深念, 深思. 陳平以諸呂擅權, 國家不安, 且恐禍及己, 故雖平居亦深思對付之策.(今)
106) 陸賈：楚人. 漢初謀臣. 兩次出使南越. 著有新語.(新) 往：往訪.(新)
107) 直入坐：不因門人通報而徑自入座.(新) 坐：徂臥翻.(胡)
108) 注意：重視. 關注.(漢)
109) 和調：團結一致.(新)
110) 豫附：① 樂意歸附.(新) ② 樂附.(今)

天下雖有變，權不分．君何不交驩太尉，[111] 平用其計，兩人深相結，[112] 呂氏謀益衰．

【辛酉(前180) 高皇后呂氏八年】

○【呂祿呂産掌南北軍】

呂祿呂産掌南北軍

秋，七月，⁋太后病甚，乃令趙王祿爲上將軍，居北軍，[113] 呂王産居南軍．[114] 辛巳，⁋ 太后崩．

○【周勃與劉章斬諸呂】

周勃與劉章斬諸呂

酈寄紿說呂祿

爲劉氏左袒

呂祿呂産欲作亂，[115] 憚絳侯朱虛等，[116] 猶豫未決．[117] 絳侯使酈寄紿說呂祿，[118] 以兵屬太尉，太尉入軍門，行令曰，"爲呂氏右袒，爲劉氏左袒！[119]" 軍中皆左袒．太尉遂將北軍．⁋朱虛侯已殺産，帝命謁者持節勞朱虛侯．[120] 朱虛侯馳入北軍報太尉，太尉起拜賀．朱虛

111) 交驩：結交和好.(新)　驩：同'歡'.(今)　太尉：指周勃.(新)

112) 深相結：兩人交情很深.(新)

113) 北軍：漢代衛戍京師的屯兵．其營壘在未央宮長樂宮之北，故名.(新)

114) 南軍：西漢守衛皇宮的禁衛軍．因其守衛的未央宮與長樂宮均在城南，故名.(新)

115) 呂祿呂産：皆后兄子.(要)

116) 朱虛：朱虛侯劉章.(新)

117) 猶豫：遲疑不決.(漢)

118) 絳侯使酈寄紿說呂祿：平勃使人劫酈寄父商，使寄說祿曰，"高帝與呂后共定天下，劉氏所立九王，呂氏所立三王，今太后崩，帝少，而足下不急之國，乃將兵留此，爲人所疑." 祿然其計，從之.(要)

119) 袒：脫去上衣露出手臂．右袒，露了右臂．左袒，露出左臂.(新)

120) 謁者：官名．常充皇帝的使者.(新)

侯曰, "所患獨呂產, 今已誅, 天下定矣!" 遂遣人¶分部悉捕諸呂男女,[121] 無少長皆斬之. ¶捕斬呂祿而笞殺呂嬃.[122]¶

○【宋昌勸代王卽天子位】

宋昌勸代王卽天子位 諸大臣相與謀曰, "少帝及梁淮陽恒山王,[123] 皆非眞孝惠子." 乃使人迎代王.[124] 張武等議皆曰, "漢大臣皆故高帝時將, 習兵事, 多謀詐. 今已誅諸呂, 以迎大

無往觀變 王爲名, 實不可信. 願稱疾無往, 以觀其變." 中尉宋昌進曰,[125] "¶群臣之議皆非也.¶ 夫秦失其政, 豪傑並起, 人人自以爲得之者以萬數,[126] 然卒踐天子位者,

犬牙相制 劉氏也, 天下絶望,[127] 一矣. 高帝王子弟, 地犬牙相制,[128] 所謂磐石之宗也.[129] 天下服其彊, 二矣. 漢興,

---

121) 分部 : 分別行事.(今)

122) 呂嬃 : ?~前180. 名或作須. 呂后妹, 樊噲妻. 封臨光侯. 呂后時用事專權. 呂后卒, 爲周勃等所誅.(人)

123) 少帝及梁淮陽恒山王 : 少帝弘, 梁王太, 淮陽武, 恒山朝.(要)

124) 迎 : (資治)作'召', 史記孝文本紀與漢書文帝紀作'迎'.(◉) 代王 : ① 指劉恒.(新) ② 高帝姬薄氏所生.(胡)

125) 宋昌 : 宋義之子也.(要)

126) 以萬數 : 數以萬計.(新)

127) 天下絶望 : 意謂天下諸侯豪傑對踐天子之位已經絶望, 再不妄想.(新)

128) 地犬牙相制 : 地界交錯, 形勢如犬牙, 互相牽制.(新)

129) 磐石之宗 : 宗, 宗主. 謂漢朝爲天下之宗主. 磐石, 石大而下平, 盤據地面, 不可移動, 以喩其穩固.(今)

除秦煩苛, 約法令,[130] 施德惠, 人人自安, 難動擾, 三矣. 夫以呂太后之嚴, 擅權專制, 然而太尉以一節入北軍一呼,[131] 士皆左袒, 爲劉氏, 畔諸呂, 卒以滅之. 此乃天授, 非人力也. 大王賢聖仁孝聞於天下, 故大臣因天下之心而迎立大王. 大王勿疑也!" ⁋於是代王遣太后弟薄昭往見絳侯,[132] 絳侯等具爲昭言所以迎立王意,[133] 薄昭還報曰, "信矣, 毋可疑者.[134]" 代王乃笑謂宋昌曰, "果如公言."⁋

○【代王議卽位】

代王議卽位 周勃請間 王者無私 周勃上天子璽符

代王⁋馳至渭橋,[135] 太尉勃進曰, "願請間.[136]"⁋ 宋昌曰, "所言公,[137] 公言之,[138] 所言私, 王者無私." 太尉乃跪上天子璽符.[139] ⁋代王謝曰,[140] "至代邸而議之.[141]"⁋

---

130) 約 : 省約.(今)
131) 節 : 指符節.(新)
132) 薄昭 : ?~前170. 薄太后之弟, 文帝之舅. 文帝十年因殺使者獲罪, 被勒令自殺.(新)
133) 爲 : 于僞翻.(胡) 迎立王意 : 迎立代王(劉恒)的旨意.(新)
134) 毋 : 與'無'通.(胡)
135) 渭橋 : 橫跨渭水之橋, 漢時在長安北三里.(新)
136) 請間 : 請求皇帝於閑暇之時傾聽報告情況.(新) 間 : 音閑.(胡)
137) 公 : 公私之公.(新)
138) 公 : 公開.(新)
139) 璽 : 印章. 秦以後專指帝王之印.(新) 符 : 符節. 朝廷遣使和調兵所使用的信物.(新)
140) 謝 : 辭讓.(今)
141) 代邸 : 代王在京師活動所用的公館.(新)

○【代王卽天子位】

代王卽天子位

⁋代王至長安，舍代邸，丞相陳平等皆再拜言曰，"大王，高帝長子,[142] 宜爲嗣．願大王卽天子位!"⁋ 代王西鄉讓者三，南鄉讓者再,[143] 遂卽天子位．

○夜，拜宋昌爲衛將軍,[144] 領南北軍，以張武爲郎中令，行殿中.[145]

---

142) 長子：① 代王方今高帝見子最長．言高帝見在諸子惟代王爲最長也．見，賢遍翻．代王，高帝姬薄氏所生.(胡) ② 是時高帝子存者，唯代王與淮南王而已，淮南爲少，故稱代王爲長子爾.(史記 卷10 孝文本紀 考證)

143) "代王西鄉"兩句：① 意思是，代王面向西以賓主之禮接待衆人，而三次謙讓，又面向南以君臣之禮對待群臣，而再次謙讓.(新) ② 盖王入代邸，而漢廷羣臣繼至，王以賓主禮接之，故西鄉．羣臣勸進，王凡三讓．羣臣遂扶王正南面之位，王又讓者再，則南鄉非王之得已也．羣臣扶之使南鄉耳．遽以爲南鄉坐，可乎．鄉，讀曰嚮.(胡)

144) 衛將軍：武官名．位次上卿.(新)

145) 行：巡觀.(新)

〔附 錄〕

主要記事一覽表

周紀

▪ 威烈王 : 在位 24年

년 도	사 건	면
B.C.403	三家分晉	50
	三晉之列於諸侯 非三晉之壞禮 天子自壞之	51
	趙滅智氏	56
	智伯之亡 才勝德	59
	豫讓復仇	60
	魏文侯不失虞人之期	61
	任座直言	62
	富貴者不可驕人	63
	魏文侯卜相	63
	吳起殺妻求將	65
B.C.402	王崩 子安王驕立	66

▪ 安王 : 在位 26年

년 도	사 건	면
B.C.391	田和簒齊	67
B.C.389	田和求爲諸侯	67
B.C.387	魏文侯薨 太子擊立 是爲武侯	67
	國之寶 在德不在險	67
	吳起田文論功	68
	吳起奔楚	69
B.C.386	田和爲諸侯	70
B.C.381	楚殺吳起	70
B.C.379	田氏幷齊	70
B.C.377	子思言用人	71
B.C.377	子思言君闇臣諂	71
B.C.376	王崩 子烈王喜立	72

▪ 烈王 : 在位 7年

년 도	사 건	면
B.C.370	齊威王來朝	73
	烹阿封卽墨	73
B.C.369	王崩 弟顯王扁立	74

▪顯王 : 在位 48年

년 도	사 건	면
B.C.362	孝公發憤修政	74
B.C.361	衛鞅入秦	75
B.C.359	衛鞅變法	75
	徙木立信	77
	信者 人君之大寶	78
B.C.355	齊威王寶賢	79
B.C.351	明主愛一嚬一咲	80
B.C.350	商鞅廢井田	81
B.C.341	齊伐魏 殺龐涓	82
	孫臏減竈	83
B.C.340	秦封衛鞅商於 號曰商君	83
B.C.338	秦人殺商君	84
	趙良說商君	84
B.C.336	孟子斥利	86
	仁者爲知仁義之利 不仁者不知	87
B.C.333	蘇秦說諸侯合縱	87
	蘇秦爲從約長 幷相六國	90
B.C.332	縱約解散	91

B.C.325	夏四月 秦初稱王	91
B.C.324	蘇秦說齊爲燕	91
B.C.322	張儀相魏爲秦	92
B.C.321	王崩 子愼靚王立	92
	孟嘗君養士	92
	孟嘗君奸雄	93

▪ 愼靚王 : 在位 7年

B.C.318	五國伐秦不克	94
B.C.317	齊大夫殺蘇秦	95
	張儀說魏 倍從約	95
B.C.316	燕噲讓國子之	96
B.C.315	王崩 子赧王延立	96

▪ 赧王 : 在位 59年

B.C.314	齊破燕	97
B.C.312	致士先從隗始	97
B.C.311	張儀說六國連橫	98
	畔衡復合從	101
B.C.310	縱橫之術 儀秦衍最著	101
B.C.299	楚懷王入秦	102
	孟嘗君爲秦丞相	102
B.C.298	孟嘗君自秦逃歸	103
	平原君食客常數千人	104
B.C.296	楚懷王薨於秦	104
B.C.285	齊湣王滅宋	104
B.C.284	燕樂毅伐齊	105
	王蠋死節	105
B.C.284	樂毅撫安齊民	106
B.C.283	賈母倚門而望	107
	藺相如完璧	107
B.C.279	秦趙會澠池	108
	廉藺刎頸交	109
	田單拒燕	110
	樂毅自誓	111
	樂毅犇趙	111
	田單破燕復齊地	112
	田單攻狄	113
B.C.270	秦以范睢爲客卿	114
B.C.260	趙括代廉頗	116
	括母請無隨坐	117
	白起坑趙降卒	117
B.C.259	孔斌燕雀之喩	118
B.C.258	秦攻邯鄲	119
	毛遂自薦	119
	毛遂定從	120
	春申君將兵救趙	122
	魯仲連不肯帝秦	123
	魏無忌迎侯嬴	124
	侯生計竊兵符	124
	魏無忌奪軍救趙	126
B.C.257	秦殺白起	129
	秦異人自趙逃歸	129
B.C.256	秦滅西周	132

▪ 東周君

B.C.255	秦取周寶器	134
B.C.250	秦子楚立	135
	魯仲連輕世肆志	135
	子順曰作之不止	136
B.C.249	秦以呂不韋爲相	137
	秦滅東周	137

秦紀

▪ 莊襄王 : 在位 3年

B.C.247	信陵君率五國之師敗秦	138
	秦太子政立	139

後秦紀

▪ 始皇帝 : 王位 25年, 帝位 12年

B.C.244	李牧爲將 匈奴不敢近趙邊	141
	秦趙燕築長城以拒胡	142
B.C.241	秦師出 五國師敗走	143
B.C.237	李斯諫逐客	143
B.C.235	呂不韋飮酖死	145
B.C.233	韓非善刑名法術	145
B.C.228	荊軻入秦	147
B.C.227	荊軻刺秦王	148
B.C.226	燕王斬太子丹	149
	秦伐楚	150
B.C.225	王翦伐楚	150
B.C.224	王翦殺項燕	150
B.C.222	燕丹謀不遠而動不義 荊軻亦愚	151
B.C.222	秦滅五國	152
B.C.221	齊王餓死	155
	六國相親 則秦安得而亡之	155
	秦王初并天下 稱皇帝	156
	推五勝從水德	157
	秦廢侯王 設郡縣	158
B.C.219	始皇封禪	159
	始皇伐湘山樹	160
	張良五世相韓	160
B.C.218	張良狙擊始皇	161
B.C.215	亡秦者胡也	161
B.C.214	築萬里長城	161
B.C.213	焚書	162
B.C.212	除直道	163
	作阿房宮	164
	坑儒生四百六十餘人	165
B.C.210	始皇崩於沙丘平臺	166
	趙高矯詔立胡亥	167
	葬始皇於驪山	168

▪ 二世皇帝 : 在位 3年

B.C.209	殺諸公子公主	169
	陳勝吳廣起兵於蘄	169
	羣盜鼠竊狗偸	171
	武信君爲趙王	171
	劉邦起兵於沛	172

B.C.209	劉邦繇咸陽	172
B.C.209	呂公見季狀貌　以息女與劉季	173
	季所居上 常有雲氣	173
	壯士願從劉邦者十餘人	174
	季拔劍斬蛇	174
	父老立季爲沛公	175
	項梁起兵於吳	175
	韓廣自立爲燕王	176
	周市立魏公子咎爲魏王	176
B.C.208	李斯說二世行督責	177
	莊賈弑陳涉	177
	張良道遇沛公 遂屬焉	178
	項梁八千人渡江	178
	黥布屬項梁	179
	項梁予沛公卒五千人	179
	項羽拔襄城 皆坑殺	179
	范增請立楚懷王	179
	張良請立韓成	180
	項梁破秦兵	180
	趙高蔽主專權	181
	殺李斯	181
	項梁敗死	182
	項羽爲魯公	183
	宋義爲上將軍　號爲卿子冠軍	183
	懷王遣沛公入關	183
B.C.207	項羽破秦軍	184
	諸侯皆屬於項羽	185

B.C.207	彭越從沛公	185
B.C.207	沛公溺儒冠	185
	沛公輟洗見酈生	186
	沛公所過亡得鹵掠	188
	章邯與項羽同盟	188
	趙高指鹿爲馬	189
	沛公攻武關 入秦	189
	趙高弑二世 立子嬰	190
	子嬰殺趙高	191
	沛公破秦兵	192

漢紀

▪ 太祖高皇帝：在位 12年

B.C.206	子嬰降軹道旁	193
	秦仁誼不施	194
	蕭何收秦圖籍	195
	樊噲張良請還軍霸上	195
	沛公約法三章	196
	項羽坑秦卒	197
	沛公使兵守函谷關	197
	項羽攻破函谷關	198
	項羽欲擊沛公	198
	項伯見張良	199
	沛公見羽鴻門	200
	項莊拔劍起舞　項伯亦拔劍起舞	201
	樊噲擁盾入衛	201
	沛公殺曹無傷	203

B.C.206	項羽殺子嬰 燒秦宮	203
B.C.206	羽思歸故鄕	203
	羽陽尊懷王爲義帝	204
	羽立沛公爲漢王	204
	蕭何勸王漢中　漢王就國	205
	張良說漢王燒絶棧道	206
	張良復歸漢	206
	韓信俛出袴下	207
	信亡楚歸漢	207
	韓信爲大將	208
	韓信論項王	209
	司馬欣董翳降於漢	211
	陵母伏劒	211
	張良遺書項王	212
B.C.205	項羽弑義帝	212
	陳平分肉甚均	213
	陳平歸漢	213
	漢王爲義帝發喪　討項羽	214
	漢王入彭城 置酒高會	215
	漢軍敗於睢水	216
	漢王欲捐關以東　等棄之	216
	隨何使九江	217
	漢王破楚軍於滎陽	218
	陳平受諸將金	218
	漢王謝陳平	219
	蕭何守關中	220

B.C.205	韓信等擊魏	220
B.C.205	韓信定魏地	221
	陳餘背漢 韓信請兵	221
B.C.204	李左車說成安君	222
	韓信背水陣	223
	韓信定趙地	223
	韓信論兵法	224
	韓信師事廣武君	225
	廣武君爲韓信計	226
	九江王布歸漢	227
	酈食其請立六國後	227
	張良沮酈食其謀	228
	陳平反間	229
	割滎陽以西者爲漢	230
	范增以憤恚死	230
	紀信誑楚	231
	漢王堅壁不戰	231
	漢王逃渡河	232
	漢王奪信耳軍	232
	酈生請據敖倉	233
	酈生下齊	234
	蒯徹說信	235
B.C.203	齊王烹酈生	235
	漢王就敖倉食	236
	項羽欲烹太公	236
	漢王數羽十罪	237
	信殺龍且 定齊地	238
	立張耳爲趙王	238

B.C.203	韓信王齊	238
B.C.203	武涉說韓信	239
	蒯徹以相人之術說韓信	240
	割鴻溝爲界	242
B.C.202	漢王追項羽	243
	四面楚歌	244
	羽陷大澤中	245
	羽自謂天亡	245
	羽自刎而死 楚亡	246
	五人共會羽體	247
	漢以魯公禮葬項王	247
	羽不覺悟	248
	漢王馳信壁 奪其軍	249
	漢王即帝位	249
	高祖能用三傑	249
	信召漂母賜金 召辱己少年登用	250
	田橫自剄	251
	赦季布	251
	斬丁公	253
	戮一人 千萬人懼	253
	婁敬請都關中	254
	張良欲從赤松子游	256
	張良明哲保身	256
	韓信陳兵出入	257
B.C.201	高祖僞游雲夢禽韓信	257
	械繫韓信	258
	秦得百二 齊得十二	258
B.C.201	韓信多多益善 漢高善將將	259
B.C.201	剖符封功臣	260
	張良爲留侯	261
	陳平爲戶牖侯	261
	大封同姓	262
	先封雍齒	262
	張良善諫	263
	定元功十八人位次	264
	太上皇	265
	冒頓攻漢	265
	叔孫通起朝儀	266
	叔孫通爲綿蕞 野外習禮	267
B.C.200	高祖知爲皇帝之貴	268
	通制禮皆襲秦故	268
	叔孫器小	269
	械繫劉敬	270
	白登之危	270
	陳平六出奇計	271
	蕭何治未央宮	272
	宮室罷敝天下 蕭何啓之	272
	徙都長安	273
B.C.199	高祖欲遣長公主於匈奴	273
B.C.198	取家人子 以妻單于	274
	建信侯固已疎	274
B.C.197	微周昌 太子幾廢	275
	韓信陳豨謀反	276
B.C.197	陳豨與王黃等反	277

B.C.197	豨將多降	277
B.C.196	呂后使武士斬信	278
	韓信謀畔 夷滅宗族亦宜	279
	高祖赦蒯徹	281
	呂后殺彭越	281
	欒布奏事越頭下	283
	陸賈新語	283
	尊顯賢士大夫	284
	樊噲排闥	285
	黥布反	286
B.C.195	布軍敗走	287
	大風歌	288
	番陽人殺布	289
	周勃斬陳豨	289
	以太牢祠孔子	289
	高祖欲易太子	289
	高祖竟不易太子	290
	械繫蕭何	292
	高祖不使治疾	293
	安劉氏者必勃	294
	夏四月 帝崩于長樂宮	294
	高祖規摹弘遠	294

▪ 孝惠皇帝 : 在位 7年

B.C.194	惠帝不聽政	297
B.C.193	蕭何推曹參	298
B.C.193	蕭何不治垣屋	298
B.C.193	曹參壹遵何約束	299
B.C.193	參等守職 遵而勿失	299
	百姓歌曹參	300
B.C.192	漢與匈奴和親	300
B.C.191	除挾書律	301
B.C.190	秋 曹參薨	302
B.C.188	呂后臨朝稱制	302
B.C.187	呂后欲王諸呂	302
B.C.184	呂后殺少帝	304
B.C.181	諸呂憚朱虛侯章	304
	平勃深相結	305
B.C.180	呂祿呂產掌南北軍	306
	周勃與劉章斬諸呂	306
	宋昌勸代王卽天子位	307
	代王議卽位	308
	代王卽天子位	309

通鑑節要增損校註 (一)

編著者 時習學舍

主編	李忠九	誠信女子大學校 研究敎授
校閱	李斗熙	永同大學校 湖西文化硏究所 硏究員
	權奇甲	雪峰書院 講師
編纂	朴東憲	(前)서울 先史高等學校 敎師
	韓允淑	韓國書家協會 常任理事
	黃鳳德	成均館大學校 漢文學科 博士課程修了
	宣美賢	成均館大學校 漢文學科 碩士
	金奎璇	鮮文大學校 敎授
	尹世衡	崇實大學校 國語國文學科 博士課程修了
	白鎬鉉	春秋書堂 院長
	徐銀善	江南大學校 人文科學硏究所 硏究員
	李承容	檀國大學校 東洋學硏究院 硏究員
	金炫在	韓國古典飜譯院 硏究員
	金甫省	成均館大學校 大東文化硏究院 硏究員
	姜旼廷	成均館大學校 漢文學科 博士課程
	權處隱	成均館大學校 漢文學科 碩士課程

(前任 編纂)

尹錦香	韓國古典飜譯院 硏修部 卒業
金庚泰	儒道會 漢文硏修院 敎授
朴相今	韓國古典飜譯院 一般硏究部 卒業
金鏴坤	順天大學校 智異山圈文化硏究院 HK硏究敎授
鄭聖植	靈山大學校 敎授
李熙平	儒道會 漢文硏修院 敎授
申昌鎬	高麗大學校 敎授

通鑑節要增損校註 一

2014年 11月 17日 初版1刷 印刷
2014年 11月 29日 初版1刷 發行

原著者 | 江贄
編著者 | 時習學舍
發行人 | 金榮煥
發行處 | 圖書出版 다운샘

138-857 서울특별시 송파구 중대로27길 1
전화 02 - 449 - 9172 팩스 02 - 431 - 4151
E-mail : dusbook@naver.com

등록 제17 - 111호(1993. 8. 26)

ISBN 978-89-5817-309-0 94910
ISBN 978-89-5817-308-3 (세트)

값 25,000원